JN115234

拝み屋奇譚

災い百物語

郷内心瞳

Après-midi
PUBLISHING

目次

第三部 造る災い

第四部 気圧す災い

第五部 奇異なる災い

第六部 祟る災い

第七部 化かす災い

第八部 踏みこむ災い

第九部 病める災い

第十部 荒ぶる災い

幕切れ 滅ぼす災い

序文

郷里の宮城で拝み屋という仕事を始めて、そろそろ二十年目を迎えようとしている。

住まいを兼ねた仕事場は、山の裾野にひっそりと立つ、築四十年余りの古びた小さな一軒家。

家の周囲は深い森に囲まれ、日が暮れ落ちると、戸外は墨で塗り潰したような深い闇に覆われる。

こうした環境で、私は長らく仕事を続けている。


拝み屋。


都会にお住まいの方などには特に聞き慣れない響きで、なおかつ何やら得体の知れない印象を抱かれる向きもあるかもしれないが、拝み屋とは書いて字のごとく、拝むのが日々の勤めである。

先祖供養を始め、家内安全や交通安全、受験合格、健康、開運、安産などに関する諸々の祈願。歳末の大祓いに年明けの春祈祷。屋敷祓いに地鎮祭。


それから時として、憑き物落としや悪霊祓いといった、少々物騒な依頼を請け負うこともある。

依頼主の願いが真っ当なものであるなら、大概なんでも拝む。彼らの願いに応え、悩みを祓い、不安を解消し、よりよくなった今後の日常へと帰して差しあげるのが、拝み屋の役目である。

特異な経験を活かして二〇一四年の初夏からは、自身が仕事で見聞きしてきた怪異な出来事を「怪談実話」という体裁で紹介する、いわゆる怪談作家としても活動している。

怪談というと、どうしても「怖い」とか「不気味」などという印象が先行してしまいがちだが、それはおそらく「ホラー」という言葉と、意味を混同しているがゆえの誤解かと思う。

「怪談」とは、その字のままに、本来は「怪しい話」全般を総括して表した言葉である。

別に怖くなくとも不気味でなくとも、ただひとつ、「怪しい」という条件さえ満たしていれば、どんな話でも立派に怪談として成立する。たとえばこんな具合である。


仕事の会議中、上司のヅラが突然、宙に浮きあがって数回転し、再び頭の上に着地した。

確かに湯を入れたはずのカップ麺なのに、蓋を開けてみたら湯など一滴も入っていなかった。

生前、スケベだった父の仏前には、定期的にエロ本をお供えしないと仏壇が揺れて暴れだす。

真夜中、二本立ちになった飼い猫が、前足で襖を開いて寝室に入ってくるのを目撃した。

友人と海水浴に行った際、泳いでいる最中になぜか、自分と友人の海パンがすり替わっていた。

バカかと思われても、こうした話も歴然とした怪談なのだ。ちなみにこれらも全て実話である。

私としては同じ怪談であっても、斯様なたぐいの話のほうが堪らなく愛おしくて大好きだ。

特異な仕事柄、公私を問わず常日頃から、怪異が元で厭な目に遭う機会がそれなりに多いため、白状してしまうと、私は怪談というものに殊更強く「恐怖」や「陰惨さ」を求めることは少ない。むしろ不思議な手触りの話や、ほのぼのとした怪異にまつわる話のほうを露骨に贔屓《ひいき》してしまう。あとは思わず目頭が熱くなるような、人の心や情にまつわる怪談話も大好きである。

好きなものは、人にもぜひとも勧めたくなってしまうものだ。これまで上梓した著作の中でも、折に触れてはたくさん紹介するようにしてきた。

ところが前述したとおり、世間には怪談＝ホラー、怪談とは怖いものという認識が根強くあり、「怪談」と銘打たれたものにはどうしても、「怖さ」を第一に期待してしまう読者が多いらしい。こちらが嬉々として紹介する割に、そうした話は、あまり読者の胸に響くことはないようである。

とにかくとびっきり怖い怪談が読みたい。死ぬほど恐ろしい話を読んでみたい。

そうした怖いもの好きな読者のニーズに応えんがため、これまで二度ほど、とびっきり怖くて死ぬほど恐ろしい話ばかりを何十話も掻き集めた本も世に送りだしている。結果は皮肉なことにどちらとも、拙著の中ではえらく評判がよかったようである。

とはいえ、こちらとしては「ありゃま」といった具合だったのだけれど。

怪談に限らず、己が好きだと感じるものを、誰かに好きだと思ってもらえるように伝えるのは、なかなかに難しいものなのだ。己の技量の未熟さにほとほと痛感させられる日々である。

さて、そうした経緯と実状を鑑みたうえでの、本書『拝み屋奇譚　災い百物語』である。

物々しいタイトルからもすでに漠然とお察しいただけるとおり、拙著としては四冊目に当たる、ほぼほぼ怖い話ばかりを百話集めて編んだ本となる。

このたび、新しい版元で新しいシリーズを始めさせてもらうことになり、記念すべき一冊目はどんなテーマの本にしようかと熟考した末、今回は自分が好きなものより、読者が好きなものをテーマに選ぶことにした。すなわち、怖い話。ホラーとしての怪談である。

この何気ない日常の端々や暗部に潜む、あらゆる災いにまつわる恐ろしい話を百話選り抜いて、世にも禍々しい百物語に仕立てあげる。これを本書のテーマとした。

前記のとおり、紹介するのは平穏無事な日常生活の中で起きた、怪異に関する話が大半である。読めば読むほど、この世間には、怪異から完全に逃れられる場所などどこにもないことが分かり、今後は世の中に対する認識が少しだけ、暗くて気疎いものに変わるかもしれない。

また、のちに本文中でも触れるが、読書中、あるいは読後、妙な障りのようなものがないとも限らない。何しろ「百物語」という形式からして、古来より全てを語ると怪しいことが起きると伝えられてきたものだし、それを鑑みれば、すでに〝ガワ〟からして十分にまずいのである。

斯様に開幕前から何かと物々しい様相ながら、本書は現役の拝み屋が案内役を務める本なので、仮に何かが起きても安心できそう、などという方も中にはいらっしゃるかもしれない。

だが、親愛なる読者諸氏よ。ここで素直にお断りしておく。

万が一、本書を読まれて何かが起こっても、私はおそらく、なんの役にも立ってあげられない。

その理由は、本編を順調に読み進んでいかれれば、おいおいご理解していただけることかと思う。

保険も後ろ盾も命綱もない状態で、総数百にも及ぶ災いをどうか、おひとりで体感していただき、大いに堪能していただければ幸いである。

さらにお断りしておくと、私はこれから始まる本編を嫌々書くのではない。実に楽しい気分で書き始めようとしている。新シリーズのスタートということで、「怖い」というテーマ以外にも、実はあれやこれやと奇矯な仕掛けや構想などが思い浮かび、それらがとても面白そうなのである。

とびっきりの怖い話をお贈りするとともに、それらも早く実践してみたくて堪らない気分なのだ。

だから私は私で、本書の世界を存分に楽しませていただく予定である。

それでは心の準備と覚悟のできた方から、頁を捲《めく》って本編へお進みになっていただきたい。

本編中において、私は「語り部」であると同時に、ひとりの登場人物という立ち位置にもある。

道中ご無事だったら百話の怪談中の要所要所で、再びお目にかかれるはずである。

その折にはできればお互い、なるべく心安けく、健やかな状態でお会いしたいものである。

それではくれぐれもお気をつけて、脳裏に一生こびりついて離れないほどの素敵な読書体験を。

第一部

蔓延る災い

今まで気づいていただろうか？
薄皮一枚隔てたこの世の随所は、
見えざる魔性たちの伏魔殿である。
彼らはあらゆる場所に身を潜め、
あなたに牙を剥く日を待っている。

［第一話］頭の話

数年前、会社員の矢井田《やいだ》さんが、仕事で山中にあるダムの視察に出かけた時のことである。

夕方近く、業務を終えて山道を下っていると、道端に自動販売機が立っているのが目に入った。

ちょうど喉も渇いていたし、ひと息つこうと思って車を停めた。

手頃なジュースを買って取り出し口の前にしゃがみこむと、うしろに停めてある車のほうから、ふいに声が聞こえてきた。

小さな子供の声で、それも複数。

きゃっきゃと甲高い声を弾ませながら、何やらしきりに言葉を交わし合っている。

山道である。周囲は鬱蒼《うっそう》とした森が広がるばかりで、人家のたぐいは一軒もない。

不審に思い、しゃがみこんだまま背後を振り返ると、声はどうやら、自分が停めた車の下から聞こえてくるようだった。

姿勢をさらに低くして車の下を覗いてみる。だが子供の姿など、ひとりたりとて見当たらない。

ただその一方、声だけは確実に車の下から聞こえてくる。

落としたプリンがどうのとか、潰れたトマトがああだとか、両手で揉んだ挽き肉がこうだとか、わけの分からないことを楽しそうに笑いながら語り合っている。

声が聞こえてくるのだからいないはずがないだろうと思い、今度は腹這い気味の姿勢になって車の下に頭を突っこんで見た。

とたんに車が勝手に動きだし、地面の砂利を噛み締めていた後輪が、乾いた音を軋ませながら頭のすぐ真横まで迫ってきた。

ぎょっとなってすかさず頭を引っこめると、車はゆるゆるとした速度で五十センチほど前進し、再びぴたりと止まった。同時に、気づけば子供たちの声もすっかり聞こえなくなっている。

運転席に戻って確認してみたのだが、シフトレバーはパーキングに入ったままになっていたし、サイドブレーキもきちんと引かれたままになっていた。勝手に車が動きだすはずはない。

みるみる気味が悪くなり、そのまま逃げるようにして車をだしたのだけれど、山道を下る道中、先ほど声が交わし合っていた言葉がふいに脳裏へ蘇り、今度は背筋がぞっと冷たくなった。

落としたプリンだの、潰れたトマトだの、両手で揉んだ挽き肉だの。

あれは、タイヤに轢かれた自分の頭がどのようになるのかについて、話していたのではないか。

そんなふうに思いが及ぶとアクセルペダルを踏みつける足の力が勝手に強まり、矢井田さんは生きた心地もしないまま、猛スピードで山道を駆けおりていった。

［第二話］特別ゲスト

公務員の辰井《たつい》さんがその昔、体験したという話である。

辰井さんが小学生だった昭和五十年代というのは、テレビでまだまだ頻繁に心霊関係の番組が放送されていた時代である。

ゴールデンタイムの特番を始めとして、バラエティー番組の一コーナーなどでも折に触れては、視聴者が体験した恐怖体験の再現ドラマや、心霊写真が紹介されていたし、スタジオに霊能者を招いてタレントの守護霊や前世を鑑定する様子が流されていた。

小学校三年生の夏休みに入って、まもない頃のことだった。

昼食時にテレビで流れていた怪奇特集の番組を見て、すっかり気分が盛りあがった辰井さんは、午後から友人たちを誘って「怪奇番組ごっこ」をすることになった。

場所は近所の墓地。それぞれがテレビの番組風に司会者やコメンテーター、霊能者などに扮し、怖い話を語り合うという他愛もない遊びである。

無数の墓石がひしめく敷地の中から適当な場所を選び、みんなでずらりと腰をおろす。

周囲の風景をスタジオに見立て、いかにもテレビっぽい調子でしばらく怖い話に興じていると、前方に見える墓石の間から、白髪頭を振り乱した老婆がこちらへ向かってくるのが見えた。

老婆は黒い喪服姿で、片手には行燈のようなものを携えている。顔には笑みが浮かんでいた、ふらふらと蹌踉《よろぼ》うような足取りにもかかわらず、老婆は墓石と墓石の狭い隙間を物ともせずに次々とすり抜け、あっというまに辰井さんたちのすぐそばまで近づいてきた。

その全身が露わになった瞬間、辰井さんたちは悲鳴をあげて墓地の中を散り散りに逃げ去った。老婆の下半身は、半透明に透けて向こう側の景色が薄黒く覗き、足元に至っては完全に透けて影も形もなかったからである。

這う這うの体でどうにか墓地から逃げだしたものの、辰井さんたちはその日から一週間近くも原因不明の高熱にうなされることになった。

母からは、みんなで腐りかけた供え物でも盗み食いして、幻を見たのだろうと怒られたけれど、仮にそうだとしても、みんなで同じ幻など見るはずもない。

以来、墓地で遊ぶことはもちろん、心霊関係の番組を見ることさえすっかり嫌になってしまい、長じて今に至るのだという。

［第三話］マリーちゃん

介護士の照子《てるこ》さんは幼い頃、マリーちゃんと名づけた人形を可愛がっていた。茶色いおかっぱ頭に青いエプロンドレスを着た全長三十センチほどの人形で、五歳の誕生日に伯母からプレゼントされたものだった。

本来の商品名はまったく違うのだけど、初めて抱っこした時に「マリーちゃん」という名前が思い浮かび、以来ずっとマリーちゃんと呼んで可愛がっていた。

マリーちゃんと一緒に遊ぶ時、初めのうちは、自分の言葉とマリーちゃんの返事を一人二役でこなしていた。けれどもそのうち、こちらが何も考えなくても、頭の中でマリーちゃんの言葉が聞こえてくるようになった。

それはまるで、本当に生きているかのようにはっきりとしたものだった。

なんでも馬が合って話が弾み、おまけに喧嘩することもなかったので、幼い照子さんにとってマリーちゃんは、いちばんの大親友だった。

ところが照子さんが小学二年生になった頃、母からマリーちゃんとの関係を咎められてしまう。

「もういい加減に大きいんだから、人形離れをしなさい」とのことだった。

「イヤだ！」と必死に抵抗したものの、母の意志はさらに固く、マリーちゃんは母の手によってどこかにしまわれることになってしまった。

大泣きしながら家じゅうを探し回ってみたものの、どこを探してもマリーちゃんは見つからず、その日は胸を引き裂かれるような思いで床に就いた。

だが翌朝、目覚めて居間へ向かうと、真っ青な顔をした母の姿と、座卓の上にちょこんと座るマリーちゃんの姿があった。

「どうしたの？」と尋ねたところ、「噛まれたのよ……」と母は答えた。

昨夜遅く、右腕に鋭い痛みを感じて目覚めると、マリーちゃんが腕にがっしりとしがみついて、母の腕を噛んでいたのだという。

マリーちゃんに歯などないはずなのだが、母の右腕には確かに、小さな赤い歯形がついていた。

「本当はしまったんじゃなくて捨ててきたんだけど、ひとりで帰ってきちゃったみたい……」

どうする？　あんたに返したほうがいいのかな？

震え声で母に尋ねられるなり、照子さんも身の毛がよだち、すかさず「いらない」と答えた。

マリーちゃんはその日のうちに菩提寺へ運ばれ、焚きあげられたそうである。

[第四話] 闇よりの諷経《ふぎん》

税理士の高部《たかべ》さんは生まれてこの方、怪異な体験など一度もしたことのない人だった。だから自分にはいわゆる「霊感」などないと思っていたし、そもそもそうした不確かなものを一切信じていない人だった。

そんな彼の認識が百八十度変わったのは、四年前の春先からのことである。

当時、高部さんは、遠方に暮らす友人に招かれ、結婚式に出席した。二次会にまで顔をだすと、その日のうちに帰宅することができないため、最寄りのビジネスホテルに一泊予約を取った。

二次会が終わってホテルの部屋に入った、その晩遅くのこと。

ベッドで気持ちよく寝入っていると、どこからともなく聞こえてくる声に気づいて目が覚めた。声は遠くのほうから聞こえてくるのだけれど、位置がなんとなく妙だと感じ、横になりながら耳をそばだててみる。するとやはり妙だった。

声は外から聞こえてくる。そこまではいい。ただ、声は部屋の窓の直線上から聞こえてきた。

部屋はホテルの五階にある。窓の外には建物も立っていない。

ならば声は、空中から聞こえてくるということになる。

ますます不審を感じて耳を澄ましていくと、どうやら女がお経を唱えている声だと分かった。

それもひとりではなく、大勢の女が声を揃えて一斉に唱えているように聞こえる。

薄気味悪いと思い始めたとたん、声がみるみる大きくなって、こちらへ向かって近づいてきた。

やはりお経を唱える声だった。大勢の女が少し低い声音で、意味の解せない文言を諷経している。

声はあっというまに窓のすぐそばまでやってきて、ぴたりと閉ざされたカーテンの向こうから、鼓膜を震わすような大音量を轟かせ始めた。

思わずぎょっとなってベッドから飛び起き、ほとんど反射的にカーテンを開け放つ。

真っ暗闇に染まった窓の外では、白い着物姿の女がずらりと並び、満面の笑みを浮かべながら一心不乱にお経を唱えていた。

その場で高部さんは、くらりと意識を失ってしまう。

翌朝、意識が戻って窓の外を見てみると、眼下に古びた寺と墓地が広がっているのが見えた。

昨夜の一件と露骨に辻褄が合ってしまったように感じられ、背筋にじわりと冷たい汗が伝った。

以来、高部さんはこうした方面に関して、真っ向否定することだけはなくなったそうである。

［第五話］バカウケ

土生都《はぶつ》さんが腎炎で、地元の総合病院へ入院した時のこと。

朝方、希望した個室のベッドに横たわっていると、看護師が検温にやってきた。

若くて明るい印象の看護師だったのだが、枕元に来て挨拶をした時、彼女の腹がぐうと鳴った。

思わず噴きだしそうになってしまったのだけれど、無礼と思って笑いを押し殺す。

ところが、挨拶を済ませて点滴パックの交換をおこなう際にも、再び彼女の腹が鳴った。

朝食を抜いてきたのか、胃腸の調子がよくないのか知らないが、必死で笑いを噛み殺しながら、勘弁してくれよと思う。彼女自身もバツの悪そうな顔をしているため、気の毒に感じられた。

その後も彼女の腹鳴りは治まらず、熱を測る際にも、脈拍を測る際にも、断続的に腹は鳴った。

彼女はあくまで平静を取り繕い、淡々と仕事をこなしてはいたが、顔にはあからさまな焦りと困惑の様相が浮かび、見ているこちらもどんどんいたたまれない気分になってくる。

そして最後に血圧を測り始めた時にも、やはり「ぐう」と低くくぐもった音が、静まり返った病室内に虚しく響き渡ってしまう。

看護師が露骨に顔色を曇らせ、失意に項垂《うなだ》れかかった時だった。

ベッドの脇にあるクローゼットの扉が突然、ばん！　と音をたてて開かれた。

はっとして視線を向けると、中から小さな子供が飛びだしてきたところだった。
五、六歳ぐらいで、髪は坊ちゃん刈り。白いシャツに、サスペンダーのついた黒い半ズボンを穿いている。顔には、はちきれんばかりの笑みが浮かんでいた。
「ぷっはっはっはっはっはっはっはっはっはっはっはっはっはっはっはぁぁぁ！」

腹の底から絞りだすような甲高い笑い声をあげながら、子供は病室のドアへ向かって一直線に駆けだしていく。土生都さんと看護師が唖然となって見つめるなか、たちまち子供はドアを開け、病室の外へ飛びだしていった。同時に開いたドアが、大きな音をたてて勢いよく閉め直される。

とたんに笑い声もぴたりとやんで、病室内に得体の知れない沈黙が舞い降りる。

「今の、誰ですか？」

自分が発した質問と被さるようにして、看護師からも同じ質問を向けられる。

どちらもあんな子供など、知らなかった。

クローゼットは先ほど寝覚めた時、洗顔セットを取りだすために開けていたが、中に子供など入っている気配はなかった。確かにもぬけの殻だったはずである。

結局、子供の正体は分からずじまいで、お化けのたぐいと思わざるを得なかったという。

［第六話］ピーリング

菜摘子《なつこ》さんが大学を卒業し、街場のアパートで最初の独り暮らしを始めた時の話である。

引越しからひと月近くも経つと、身体が毎日重だるく、どれだけ寝ても頭が半分ぼーっとして、疲れがほとんど抜けなくなってしまった。

仕事のせいかと思ったものの、そちらのほうは就職した当初から概ね順調で、特につらいとか苦しいと思ったことはないし、職場の対人関係も良好だった。

病気を疑って病院にも行ってみたけれど、こちらも単に「疲れが溜まっているようですね」と言われただけで、特にこれといった病名をつけられることもなかった。

わけの分からない疲労感に悩まされていたある日のこと、たまさか実家に帰った時に姉から、「あんた、顔色ひどすぎるよ」と言われた。

それも前から気になっていた。単に血色が悪いというだけではなく、毛穴もすっかり黒ずんで、まるで死人のような顔つきになっている。毛穴の黒ずみはどれだけ丹念に洗顔しても改善されず、鏡を見るたび、暗い気分にさせられていた。

事情を説明すると、姉が「とっておき」だというピーリングジェルをくれた。一回洗うだけで、頑固な角質がごっそり取れて、顔色が見違えるとのことだった。

「本当かな？」という気持ちはあったのだけれど、せっかくなので試してみることにした。


その晩、帰宅して入浴した際にさっそくジェルの蓋を開け、両手で顔に満遍なく塗りつけた。

そうして少し待ったあと、手のひらと指の腹を使い、顔じゅうの肌を優しく丁寧に擦り始める。

するとまもなく、肌の中から柔らかい感触をしたものが次々と浮き出てくる感触を覚えた。

（これは本当に改善するかも……）と、期待に胸を膨らませながら、顔じゅうを存分に擦り回し、両手を顔から離して目を開ける。

手のひらには無数の蛆《うじ》虫が米粒のごとくびっしりと張りついて、もぞもぞと蠢《うごめ》いていた。

金切り声を張りあげ、すかさずシャワーで両手と顔を洗い流す。

蛆虫たちは、お湯と一緒に排水口の中へ次々と吸いこまれ、まもなく一匹残らず消えたのだが、そのさなか、ここしばらく続いていた不調の原因がようやく分かったような気がした。

案の定、アパートを引越したとたん、今までの不調はみるみるうちに改善され、死人のように黒ずんでいた顔色もすっかり元に戻ったそうである。

［第七話］妖かしワニ

真夏の夜半過ぎ、來野《きたの》さんが車で田舎の真っ暗な田んぼ道を走っていると、前方に妙なものが横たわっているのが目に入った。扁平な形にずっしりとした厚みを帯びたそれは、車の行く手を阻むほど大きなものだったので、すかさずブレーキを踏んで衝突を免れる。

障害物の五メートルほど前に停めた車の中から、ヘッドライドに照らしだされたそれに視線を凝らしてみたところ、なんと正体はワニだった。

嘘だろうと思いながら、恐る恐る車を近づけていっても、やはりどう見てもワニはワニである。長い口の先から尻尾まで、おそらく三メートル近くはあろうかという、それは巨大なワニだった。とはいえ、さすがに本物のはずはないだろう。剥製《はくせい》か、作り物のたぐいだろうと思った。

ただ、いずれにしてもどかさなければ先に進めないため、渋々車を降りて撤去に取り掛かる。

とたんにワニがこちらに顔を向け、大きな口をぐわりと開いた。

とっさに背後へ飛び退くも、弾みで道端の田んぼに叩き落ち、全身泥だらけになってしまう。

どぎまぎしながら路上に再び視線を向けると、ワニなどどこにもいなかったという。

［第八話］ブラッドピース

馬久地《めくち》さんが高校時代、悪い仲間たちと夜中に地元の廃ホテルへ肝試しに出かけた時のこと。

名目は一応、肝試しだったが、誰も本物のお化けが出るなどとは思っておらず、現地に着いて内部をひとしきり探検したあとは、持参したスプレーで壁に落書きをしたり、そこら辺に転がる調度品のたぐいを手当たり次第に破壊して楽しんだ。

そうして気の向くままに楽しんだ挙げ句、最後にみんなで記念写真を撮ろうということになる。

昔はフロントだったとおぼしき、フロアのカウンターの前にずらりと並んでピースサインを翳《かざ》し、それを仲間のひとりが携帯電話のカメラで撮った。

ところが撮影した写真を見てみると、おかしなことになっていた。

みんなで翳したピースの手だけが、なぜかひとつ残らず真っ赤に染まっているのである。

馬久地さんや他の仲間も自分の携帯で撮影してみたのだが、なぜかピースを翳した手首だけが、まるで血にでも浸かったかのような赤に染まって写るのだった。

さすがに怖くなってしまい、蒼ざめながら一目散にホテルを逃げだしてきたそうである。

#［第九話］くださいな

山地《やまち》さんという七十代の男性が、こんな体験をしたという。

山地さんは、宮城の北部に位置する小さな田舎町で長年、雑貨屋を営んでいた。

食料品や生活用品も取り扱っているが、メインの商品は駄菓子である。

地元の過疎化と全国的な少子化の煽りを受け、ここ二十年近くは子供のお客もめっきり減って売り上げもだいぶ落ちこんでいたのだけれど、僅かながらも駄菓子を買い求めに来る子供たちはまだいたので、なるべく品数は減らさないように努めていた。


そんなある日の夕暮れ時、店と隣接している居間でテレビを見ていると、店の入口のほうから「くーださーいなっ！」と声が聞こえてきた。

声は女のものだった。

古き昭和の時代ならまだしも、今時、来店の挨拶に「くださいな」とは珍しいことだと思った。

同時に、そこはかとなく懐かしい気分にもさせられる。

一体、どんな客が来たのかと思いつつ売り場へ出ていくと、古びた戸口の前に立っていたのは白いワンピースを着た、髪の長い若い女だった。この辺りでは見かけたことのない女である。

「くださいな」

ふくふくとした笑みをこぼしながら女が言ったので、「いらっしゃい」と答えた瞬間だった。

女がずかずかとこちらへ一直線に向かってきて、山地さんに抱きついた。

何事かと思って驚くさなか、女は山地さんの身体に回した腕に力をこめ、骨が砕けんばかりの勢いでぐいぐいと締めつけ始める。

苦悶の声をあげながら必死で身を捩っていると、ふいに身体が楽になり、気づくと目の前から女の姿が消えていた。何が起きたのかわけが分からず、思わずその場にへたりこむ。

するとまもなく、胸のまんなか辺りがじわじわと苦しくなってきた。

「まずい」と思い始めた時には、すでに息が絶え絶えとなり、視界も急激にぼやけてくる。

どうにか最後の力を振り絞り、自力で救急車を呼んでまもなく、山地さんは意識を失った。

搬送先の病院で再び気がつき、医師から受けた説明によれば、心筋梗塞とのことだった。

幸い命に別条はなく、元気な身体で退院することはできたのだけれど、この一件があって以来、なんとなく潮時のようなものを感じてしまい、ほどなく店は畳んでしまったそうである。

［第十話］告白

数年前の春先、やはり宮城の小さな田舎町に暮らす、美乃梨《みのり》さんが体験した話である。

日曜の昼下がり、美乃梨さんが自室のベッドに寝そべり、くつろいでいた時のこと。

「好ぎなんだあぁぁ！」

突然、耳元で男の大絶叫が轟《とどろ》いたかと思うと、物凄い力で身体を押さえつけられた。

悲鳴をあげながら視線を向けた先には、無精髭を生え散らかした色の浅黒い男の顔があった。

男は泥だらけの作業服に身を包み、美乃梨さんの背中へ馬乗りになっている。

それは近所で畜産農家を営む、堀川《ほりかわ》さんという三十代後半の独身男性だった。

堀川さんは、美乃梨さんの鼻先までぐっと顔を近づけ、両目をかっと剥きだした必死の形相で、野太い声を張りあげる。

「好ぅぎなんだあああぁぁぁぁ！」

「やめてっ！」と金切り声を張りあげ抵抗すると、堀川さんはふいにひどく悲しそうな顔になり、それから目の前で溶けるように姿を消した。

真っ青になって固まっていると、まもなく戸外から救急車のサイレンが聞こえ始めた。
庭先に出て確認したところ、救急車は堀川さんの家の敷地に入っていくところだった。
のちに聞いた話では、堀川さんが牛舎の屋根を清掃中に転落したのだという。
首の骨を折っていて、ほとんど即死だったそうである。

［第十一話］廻る災厄

二〇一八年八月の末近く。少し前にお盆の頃も過ぎ去り、今年も日に日に粛々と、宮城の短い夏が終わりゆく気配を感じるようになってきた時節である。

その日、私は自宅の近所にある実家へ出かけ、家族と夕飯を共にした。

夕方早くに車で実家へ着いたのだけれど、日が暮れ始める辺りから雨が降りだし、夜になって食事が始まる頃には、豪雨に変わっていた。

雨足はその後も弱まることなく、戸外では機関銃のような音を轟かせて雨粒が降り続いている。自宅までは、車でたかだか数分の距離とはいえ、あまり雨勢が強まってから帰るのは気が引けた。家族との雑談が一区切りしたのを見計らい、夜の八時過ぎに実家をあとにする。

ワイパーを「ＨＩ」にして、闇夜に煙る激しい雨粒を掻き分けながら、山へと続く暗い坂道を上っていくと、ほどなく自宅に灯る明かりが見えてきた。

夜間の留守中は泥棒除けのため、家内の電気をひと部屋だけ点けっぱなしにしておくのである。この時は台所の電気を点けっぱなしにしていた。

無事に家まで帰り着き、玄関で待っていた二匹の飼い猫に「ただいま」を言って、中へと入る。

猫たちの餌の減り具合を確認するため、餌入れが置いてある台所へ入った瞬間だった。

台所にある、家の横手に面した勝手口の向こうから、不審な足音が聞こえた。

足音は戸外に頻降《しきふ》る雨音に混ざり、若干くぐもってはいたが、聞き間違いなどではなかった。

ばしゃばしゃと、濡れた地面を蹴りつける足音が、家の横手から裏へと回って走り去っていく。

その様子を耳ではっきりと確認することができた。

一瞬、どうしようかと迷ったのだけれど放っておくのも気持ちが悪く、すぐに懐中電灯を携え、勝手口から外へ飛びだした。無数の雨粒に身を打たれつつ、急いで家の裏手へ回ってみる。

しかし、電灯の明かりが照らす暗闇の先には、激しい雨風に揺らされながら濡れそぼる下草と水たまりがあるばかりで、誰の姿も見えなかった。

それから一度、家の中へと戻り、今度は傘を差し直して家の周りをぐるりとひと巡りしてみた。だがやはり、特にこれといって不審な気配や痕跡が見つかることはなかった。

とはいえ、足音が聞こえたのは事実である。それもどうやら、お化けのたぐいの仕業にあらず、生身の人間が発する足音だと思った。

実はここしばらくの間、私の「熱烈なファン」と自称する非常識な人間たちが、昼夜を問わず我が家を勝手に訪ねてきてもいたので、どうにも不安を拭い去ることができなかった。

一応、念のために実家へ電話をいれてざっと事情を説明し、さらには家じゅうの窓と出入口をひとつ残らず見回って、全てにしっかり鍵が掛かっていることを確認する。

その後、風呂に入って床に就いたのは十時近くのことだった。まだまだ不安を感じていた割に、横になるとすぐさま眠りに落ちることができた。


ところがそれからしばらく経った頃、不穏な気配を感じて目が覚めた。

枕元に置いてある時計を見ると、そろそろ深夜の三時を回ろうとする時間だった。

就寝前には、ざあざあと盛んに降り頻っていた雨足も今はだいぶ弱まり、ぽつりぽつりとした小さな雨音が、戸外で静かに聞こえてくる。

それと一緒に濡れそぼった足音も、耳にはっきりと聞こえてきた。

足音は、雨水にぬかるんだ地面や水たまりを踏みつける、ぴしゃぴしゃという響きを湛えつつ、家の周りをゆっくりとしたペースで廻っているようだった。

先ほど台所で聞いた足音の主が、戻ってきたのだと直感する。

とたんに胃の腑がずんと重たくなって、背筋に冷たい緊張が走った。泥棒なのか気狂いなのか知らないが、警察に通報すべきかどうか、布団の中で硬直しながら大いに思い悩み始める。

だが、それからまもなく妙なことに気がついて、通報という選択肢は頭の中で立ち消えた。

　こちらが布団の中で煩悶し続けるうちに、足音は我が家を三周もしてしまったからである。

　生身の人間ならば、それこそ気でも触れていない限り、こんな真似をするはずがないと思った。けれどもこの期に及んでは、そうした可能性もすでに考えられなくなっていた。

　音はあまりにあけすけで、忍ばす気配すらも感じられない。むしろ、わざとこちらに聞かせて楽しんでいるかのような印象をありありと抱かせる。さらには歩調がまるで機械のごとく正確で、足音にはわずかなムラもなく、常に同じ間隔を保ちながら延々と聞こえ続けてくる。

　それらを耳に、意識を静かに集中していくと、ようやく相手が生身の人間ではないと分かった。事態が呑みこめてからは、先ほどまでとはまた別の意味で、どうしたものかと悩み始める。

　このまま無視を決めこんでいれば、いずれどこかへ消えていってくれるだろうか。

　そんなことを期待しながら、しばらく布団の中で息を潜めていたのだけれど、その後も足音は一向に止む気配がなく、ぴしゃぴしゃと濡れた足音を戸外でしつこく響かせ続けた。

　やがて足音が八周目へと差し掛かる頃、そのうち家の中にまで入ってくるのではないかという危惧も湧き始めてくる。おかげでうかうか眠ることもできなくなってしまった。

　仕方なく腹を括って布団から起きあがり、廊下のいちばん奥に面した仕事場へと向かう。

　そうして赤い織布が敷かれたひな壇式の祭壇の上から、魔祓いの儀式に用いる銅剣を手に取り、今度は玄関口のほうへと向かった。

銅剣の全長は三十センチほど。色は赤黒く、全体的に古びてくたびれた風合いを漂わせている。十年ほど前、懇意にしていた先達から譲り受けた物で、材質の関係から切れ味はまったくないが、人外を相手に振りかざすための器具なので、別に問題はない。

カーテンが閉ざされた玄関戸の前に息を潜めて立ち、足音が近づいてくるのを待つ。

まもなくやってきたそれが玄関戸の前を横切り、勝手口がある、家の東側の角へ曲がったのを確認すると、静かに戸を開けて外へ出た。

水たまりに嵌まって音をたてないよう、注意深く足元を確認しながら静かにあとをつけていく。ほどなく東側に面した角を曲がると、前方を歩く足音の主はすでに姿を消しており、さらに角を曲がって、今度は家の北側へ回ったようだった。

背後から魔祓いを仕掛けてケリをつけてやるつもりだったのだが、少しのろのろと歩き過ぎた。足音を殺しつつも歩調を速め、こちらも急いで北側に面した角を曲がる。

だが次の瞬間、眼前に現れた標的の姿を見るなり、ぎくりとなって身が強張ってしまう。

それは、悠に三メートル近い背丈を有する、髪の長いキャミソール姿の巨大な女だった。

女はこちらに背を向け、細身の巨体を左右にふらふらと揺らしつつ、前へ向かって歩いている。

今のところ、こちらに気がつく様子はないようなので、背後から魔祓いの呪文をがなりながら銅剣を振りおろせば、おそらく一瞬で片をつけられると思う。

しかし、頭で理屈を分かってはいても、目の前に視える女のあまりにも非常識なビジュアルにすっかり気圧されてしまい、みるみるうちに如何《いかん》ともしがたい緊張感に苛まれた。

忍び足で女の背を追いつつも、声はのどにつっかえ、銅剣を握りしめる手もわなわなと震えて、身体がまともに言うことを聞いてくれなかった。

キャミソール姿をした女の身体が異様に大きいというだけで、どうしてこんなに怖いのだろう。長年、いろいろと凄まじい姿をした異形どもを視てきたけれど、目の前を歩く巨大な女の姿は、私が嫌悪を催す生理の中で、まさにどストライクといった感じだった。

勘弁してよと懊悩しつつ、呆然とした足取りで女の背後を追っていると、うっかり水たまりに片足が嵌まってしまった。ばしゃりと鋭い水音が地面で弾ける。

とたんに女がこちらを振り向いた。

狐のごとく両目が異様に細くつりあがった、とても厭な顔をした女だった。

思わずぎょっとなった次の瞬間、ほとんど条件反射で口から勝手に魔祓いの呪文が飛びだし、女に向かって思いっきり銅剣を振りおろしていた。

幸い、女は一瞬で姿が掻き消え、あとにはぽつぽつと地面を叩く、静かな雨音だけが残された。

太いため息を漏らしたのち、さっさと寝室へ戻って寝ようと思ったのだが、両膝ががたがたと勝手に笑いだしてしまい、玄関にたどり着くまでかなりの難儀をさせられる羽目になった。

［第十二話］弱り目に祟り目

翌日、昼頃に目覚めると背中がひどく痛んで、布団から起きあがることができなかった。まるで、巨大な万力で背骨を締めつけられるかのような苛烈《かれつ》な痛みにしばらく悶え苦しんだ末、ようやくの思いで布団を抜けだし、医者から処方された痛み止めを服用する。

三十分ほどでじわじわと効き目が現れ始め、やがて痛みは潮が引くごとく静かに消えていった。何遍味わっても耐え難い痛みだったが、薬で対処できただけ、今日はまだマシなほうである。

この年の二月から、私はグルーヴ膵炎《すいえん》という難病を患い、闘病生活を続けていた。

主に膵頭部と十二指腸、総胆管に囲まれた溝状の領域などに、得体の知れない液体の詰まった囊胞《のうほう》を生じさせるこの病気は、囊胞が膨れすぎたり、限界まで膨れた囊胞が腹の中で弾け散ると、背中のまんなか辺りか左の脇腹、あるいはその両方に凄まじい激痛を引き起こす。

今のところ、有効な治療法も確立されていない病気のため、病院側の対応も痛み止めの処方と、慢性膵炎などに用いる薬を代わる代わる試すぐらいしかできることはなかった。あとは定期的な血液検査とCT検査で、経過を観察するくらいのものである。

病気と診断されて以来、体重はみるみるうちに減り、体力もぐんと落ちた。食欲もあまりなく、好きだった酒も呑めなくなり、身体は常にふらつき気味の思わしくない状態が続いていた。

かてて加えてもうひとつ。

とてつもなく厄介だったのは、魔祓いや憑き物落としといった攻撃寄りのお祓いを執り行うと、決まって膵臓が痛みだすということだった。

こうした症状は、病気と診断される数年前からたびたび起こっていたのだけれど、ここ最近は以前よりも痛みが格段に増し、薬を使ってもまったく治まらないこともあった。

その場合は即時入院である。平均すると大体一週間前後、不本意な入院生活を余儀なくされる。すでに病気が発覚して以来、主には仕事で無理が祟って何度か病院送りになっていた。

だから昨夜、でかい女を祓う時にも相応の覚悟が必要だったのである。何しろ、祓った結果に生じる痛みが想定以上のものだったら入院確定なのだ。慎重にもなってしまうというものである。

魔祓いや憑き物落としが満足にできなくなったせいで、仕事で対応できることも大幅に減った。体力の落ちこみも影響し、病気を患って以降は、なるべくリスクの少なさそうな仕事を吟味して、どうにか看板をおろさずにいる感じである。

弱り目に祟り目という言葉がある。

理不尽な痛みの発症条件もさることながら、昨夜の一件もそうだった。

二月に重たい病気を患い、体調の悪化と体力が落ちこんでいくのにしたがって、私の近辺にはああしてしばしば、得体の知れない異形どもが近づいてくるようになった。

おそらくなのだが、それは死にゆく動物の身に蠅が群がるのと、同じような道理だろうと思う。病気ですっかりへたりきった私に、この世ならざる異形たちが死相のようなものを見いだして、これ幸いとばかりに嫌がらせのごとく、次々と絡んでくるのである。

身体は不調を起こしていても気持ちは前向きにと心がけ、何があっても絶対負けないようにと思ってはいるのだけれど、こうしたことが頻発するとうんざりするのも事実である。

おまけにこちらも身体を壊した影響か、世間では一般的に「霊感」と称される特異な感覚も、以前と比べて微妙に鈍くなってきていた。

常に鈍くなっているわけではないのが、せめてもの救いだったのだけれど、昨夜も足音の主がこの世の者ではないと勘づくまで、かなりの時間が掛かってしまった。

自分の身を守るうえではもちろん、これは仕事にまでもマイナスを及ぼす、甚だ好ましくない事態である。加えて、物心のついた頃から有していた感覚が異常を来たすと、病気と同じくらい不安な気分にも陥ってしまう。

今のところ、仕事に影響が出るほどの問題こそ出ていなかったが、軽視はできない兆候である。なんとか改善策は見つからないものかと思いながらも、答えは何も出てこなかった。

改善策といえば、魔祓いや憑き物落としに関してもそうだった。

少なくとも仕事のほうではこれらの行使を完全に取りやめ、業務内容を縮小するという選択もなくはなかったが、なんだかあまり前向きな感じがしなくて気に入らなかった。

それに、昨夜のようなことがあるたびに無理して魔祓いを繰り返し、身体を壊してしまっては本末転倒もいいところである。何か今までのやり方に変わる、新しい対応法を見つけなければと、ここしばらく考え続けていたのである。

幸いにもこの件に関しては、少しだけ心当たりがあった。

私の知人に、仙台の街中で仕事をしている拝み屋の男がいるのだけれど、彼は私のやり方とはまた違った手法で、依頼主が持ちこむ厄介な案件に対応していた。

少し前から久方ぶりに彼と会って、知恵を貸してもらおうかと考えていたのである。

名を深町《ふかまち》伊鶴《いづる》という。

歳は確か、私よりも二、三、下だったはずだから、今現在は三十代の半ば過ぎぐらいだと思う。

深町の得意分野は、封印と結界の作成。並びに破邪《はじゃ》や解呪《かいじゅ》といった呪術のたぐいである。

一昨年の冬場、妙な縁があって一緒に仕事をしたことがあるのだが、それは見事な腕前だった。

彼が果たした封印の儀式や、何かと制約の多い状況下で見事なまでに作りあげた強固な結界には、大いに助けられた。あれらがなくして、仕事の成功はありえなかったといっても過言ではない。

昔から魔祓いや憑き物落としといえば、昨夜のように対象を銅剣で切り伏せたり、さもなくば、呪文でぼこぼこにして消し去るのがスタイルだった私とは、まるで毛色の違う拝み屋である。

同じことができるとは思っていないし、そんな気もないのだけれど、長年馴染んだ実力行使がやりづらくなってしまった今、やはり何か、それに変わる対応策を見つけなければならないのだ。同じ拝み屋という境遇からしても、深町ならば悪くない気づきを与えてくれそうな気がした。

ただ、腕はいいが偏屈な男なので、こちらの話を快く受け容れてくれるかどうかは分からない。そこだけが少々ネックだったのだけれど、仮に収穫なしならなしで、それでもいい。久しぶりにあの不貞腐《ふてくさ》れたような仏頂面を拝ませてもらうだけでも、気分転換ぐらいにはなるだろう。

さっそくメールで連絡を入れてみる。差し当たり、こちらの状況やくわしい用件などは伏せて、面会の希望だけを伝えた。まもなく返ってきた返事は、「構わない」とのことだった。

とりあえず第一関門は突破である。

三日後の昼過ぎにアポを取り、私は仙台にある深町の事務所へ向かうことにした。

第二部

招く災い

招かれなくても、彼らは勝手にやってくる。
あなたに災いを及ぼすために。
けれどもこちらが要らざることをすれば、彼らは確実にやってくる。
あなたに大いなる災いと、招待してくれた礼を述べるために。

［第十三話］こうなるよ

ある時、会社員の沙奈《さな》さんは、リサイクルショップで回転灯篭を購入した。

葬儀や法事の際、仏前に飾る三脚のついた灯篭で、電気をいれると上部の提灯に明かりが灯り、内部に仕込まれた模様が光に透かされながら、くるくると回る。

本来はれっきとした仏具なのだけれど、無数の花模様を浮かべてくるくる回る淡い水色の光が、得も言われず綺麗に感じられ、思わず衝動買いをしてしまった。

購入した回転灯篭は、自室の一角に飾った。

部屋の明かりを消して灯篭のスイッチを入れると、暗くなった部屋一面が水色の光に照らされ、切り絵の花模様が壁の上を駆けるように舞い踊った。

その光景にすっかり魅せられてしまった沙奈さんは、それから日も置かず、新たな回転灯篭を二基、続けて購入した。

合計三基となった灯篭が部屋いっぱいに織りなす光の流れは、この世のものとは思えないほど幻想的な雰囲気を醸し、さらに一層沙奈さんを感激させる。

自室に三基の回転灯篭を飾り始めて十日余りが過ぎた、真夜中のことだった。

胸を締めつけられるような寝苦しさに目を覚ますと、就寝前に消したはずの灯篭が光を放って、部屋じゅうを青白く染めあげている。

おかしいなと思いながら、明かりを消すため、ベッドから起きあがろうとした時だった。

部屋の片隅の天井から、何か白いものがぶらさがっているのが目に入った。

見ると、白い経帷子《きょうかたびら》を着た女が首を括って、天井からぶらさがっている。

悲鳴をあげて飛び起きながら、さらによくよく仔細を見てみると、真っ青な色差しで首を括る女の顔は、沙奈さん自身のものだった。

ようやく、縁起でもないものだと悟った沙奈さんは、その翌日、部屋に飾っていた回転灯篭を全て処分したそうである。

［第十四話］生首の掛け軸

昭和五十年代の初め、『あなたのワイドショー』という朝の情報番組で、こんなことがあった。

生放送中、番組のワンコーナーで紹介していた、掛け軸に描かれた生首の目が開いたのである。

生首は元々、両目が閉じられた状態で描かれていたのだが、スタジオに飾られた掛け軸を前に、レポーターの男性が由来を説明しているさなか、その背後で右目が薄っすらと開いた。

たちまち局には問い合わせの電話が殺到し、ちょっとした騒ぎになったそうである。

問題となった掛け軸は、青森県弘前市の正伝寺に伝わるもので、「渡邊金三郎断首図《わたなべきんざぶろうだんしゅのず》」という、幕末の京都で惨殺された奉行与力の男性の生首を描いたものだった。

元々は、当時の住職の知人に当たる男性が寺に寄贈した物らしいのだが、知人が所有していた当時も、掛け軸を収めていた箪笥《たんす》が勝手に揺れるなど、怪しいことが起きていたようである。

図らずも、生放送中のテレビ番組で再度の怪異が発生したことにより、件《くだん》の掛け軸は全国的に知られることとなり、今でも心霊マニアの間では有名な事件のひとつとして認知されている。

これは、そんな曰くつきの掛け軸にまつわる話である。

笠谷《かさや》さんは、数年前から心霊関係の世界に嵌まり、熱狂的な心霊マニアになった。

自室の本棚には、心霊関係の資料や怪談実話の書籍などがぎゅうぎゅう詰めになって収められ、テレビの隣にあるラックにも、やはり心霊関係のＤＶＤが何十枚もずらりと並べられている。

とどまることを知らない心霊愛は、そのうちさらに高じて、部屋のインテリアにも心霊関係のアイテムが欲しいと思うようになった。

差し当たって思いついたのが、ポスターである。それも、曰くつきのものがいいということで、ネットで拾った、件の「渡邊金三郎断首図」の画像をプリントアウトして部屋の壁に貼りつけた。

Ａ４サイズの用紙にプリントされた生首の絵は迫力満点で、その日は満足しながら床に就いた。

翌朝、目覚めてポスターを見ると、生首の目が両方とも、丸い円を描いて黒々と染まっていた。

その面貌《めんぼう》は、まるで目玉をくり抜かれ、眼窩《がんか》を剥きだしにしているような有り様だった。

いかにマニアといえど、自室で発生した怪異を歓迎するほど酔狂ではない。

ポスターは即刻剥がして合掌したのち、近所のコンビニのゴミ箱へ捨ててきたという。

［第十五話］セキュリティ

一方、隼田《はやた》さんという男性は、筋金入りのホラー映画マニアである。

二十年ほど前から嵌《は》まりだし、所有しているＤＶＤは、悠に二千枚を超える。

これに加えて、ホラー関係のサウンドトラックやフィギュアなどもコレクションしているため、自宅はまさにホラーずくめ。マニアックな専門店か、お化け屋敷のごとき様相である。

怖いもの好きということで、心霊や怪談関係にも造詣が深いと思ってしまいそうなのだけれど、隼田さんはあくまでもフィクションとしてのホラーが好きなだけであり、こちら方面に関しては特に興味はない。せいぜい『リング』や『呪怨』といったＪホラーを気ままに楽しむ程度である。

霊魂の存在や怪異の発生なども信じておらず、自身がそうした体験をしたこともなかった。

ところが今は少し事情が変わり、彼の部屋には神社から譲り受けた魔除けの御札が貼ってある。

三年前のことだった。

夜遅く、仕事を終えて帰宅すると、ＤＶＤのコレクションがある部屋から、音が聞こえてくる。

どうやら映画の音声のようで、部屋のテレビがついているらしい。

朝方、テレビをつけて家を出た覚えはない。何事だろうと思うなり、背筋に冷たい緊張が走る。抜き足差し足で部屋の前まで向かい、静かにドアを開けてみた。

明かりの消えた薄暗い部屋の中では、テレビの前に白い服を着た女の子がちょこんと座って、画面を食い入るように見つめていた。八歳ぐらいの年頃で、腕には金髪頭の人形を抱いている。

思わず「うおっ！」と声があがり、反射的にドアを「ばん！」と閉め直した。

だが、どうしたものだろう……。閉ざしたドアを見つめながら、つかのま硬直していたのだが、このままにしておくわけにもいかない。仕方なく意を決して、再びそっとドアを開き直してみる。

テレビの前には、すでに女の子の姿はなかった。

電気をつけて部屋じゅうを探してみても、やはり姿は見つからない。気配すらも感じない。

では、先刻見たのは幻だったのかと思えば、そうではなかった。痕跡は残っていたからである。

先ほどと同じく、テレビはつけっぱなしのままになっていて、ホラー映画の映像が流れていた。トビー・フーパー監督の『ポルターガイスト』が、じきにクライマックスを迎えるところだった。

プレイヤーの停止ボタンを押して、トレイを開く。

けれどもディスクは入っていなかった。

嘘だろう……と蒼ざめ、コレクション棚から『ポルターガイスト』のDVDを引っ張りだしてケースを開けてみると、ディスクはこちらのほうに収まったままだった。

以来、隼田さんの部屋の壁には、神社の魔除け札が貼られるようになった。

御札を貼ってからは今のところ、怪しいことは何も起こっていないそうである。

今でもホラー映画は大好きで、コレクションも続けているが、幽霊や心霊現象をテーマにしたホラー映画だけは、どうにも少し苦手になってしまったという。

［第十六話］副作用

「そういうのが手元にあると『寄ってくる』っていいますけど、本当ですか？」

仕事の依頼主や初めて会った人などから、たまに向けられる質問である。

心霊や怪談関係の書籍、映像などを所持していると、それらに反応して本物の霊が寄ってくる。

こうした話は、割と昔から方々で聞かされてきた。

個人的には「ありえない」としておきたい（でないと、書店の怪談本コーナーやレンタル店のホラー映画コーナーは、例外なく凄まじい心霊スポットになってしまう）のだが、前話のような事例もあるため、胸を張って「絶対にありえない」とは言い切れないのが、正直なところである。

「場合によってはあるかもね」といった感じだろうか。

さて、こうした話の流れついでなので、さらりと打ち明けておくのだけれど、実は私が書いた怪談本を買った方々からも時々、「怪異が起きた」という報告を聞かされることがある。

あえて「どの本を買ったから」という詳細は伏せたうえで、以下に三話、私の著作にまつわるとびっきり厭な話を紹介していこう。

面白い？

新菜《にいな》さんという、二十代後半の女性から聞かせてもらった話である。

真夏の深夜、自室に敷いた布団の上へうつ伏せに寝そべり、最近発売されたばかりの私の本を読んでいた時のことだった。

頁もそろそろ半分辺りに差し掛かり、おのずと怖い気分も高まって、どきどきしながら読書を続けていると、ふいに隣から奇妙な気配を感じた。何気なく振り向いた先には、長い黒髪をした中学生くらいの女の子が寝そべっていて、こちらに向かい、あどけない笑みを浮かべている。

「面白い？」

屈託のない声音で訊かれたが、返事の代わりに出たのは悲鳴だった。そのまま突かれたように立ちあがり、再び布団のほうへ目を向けると、女の子の姿は影も形もなくなっていた。

幻かと思い、ためらいながらも気を取り直して、読書に戻る。

だが、まもなく始まった、とある話を読み進めていくうちに、もう読むのはやめようと思った。当該の話中にたびたび出てくる、この世ならざる女の子の容姿が、先ほど自分が見た女の子とあまりにも印象が似ていたため、気味が悪くなってしまったからである。

魔性の香り

若井《わかい》さんという三十代半ばになる男性からは、こんな報告をいただいた。

五年ほど前の夜のことだという。独り住まいのアパートの居間で拙著を読んでいた。

夢中になって読んでいるうちに、気づけば四時間近くも経っていて、時刻も深夜を過ぎていた。

どうやらトイレに行くのも忘れていたらしく、時計を見たとたん、催してきてしまう。

ほどなく用を足し終え、再び居間へ戻ってくると、異変に気づいて戸口の前で足が止まった。

部屋じゅうに仄かな甘みを帯びた香りが充満し、鼻腔をむずむずと刺激してくる。

自宅にこんな香りを発するものなどないはずだし、突然、部屋の空気に香りがつくこと自体がまずおかしい。一体、何事が起きたのかと考えていくうち、答えが頭に浮かんで身が強張った。

部屋じゅうに漂う、仄かな甘みを帯びた香気は多分、白粉《おしろい》の香りだと思う。

それは、先刻まで読んでいた拙著に登場する、白無垢姿の恐ろしい魔性が放つであろう香りと、まったく同じものだった。

白粉を塗られて衾雪《ふすまゆき》のごとく白々と染まった、得体の知れない女の顔が脳裏を掠めていくなり、これ以上の読書は危険と判じて、本は翌日の昼間にどうにか読破したそうである。

誰の声

都内に暮らす大学生の布羽子《ふわこ》さんからは、こんな連絡をいただいている。

ある時、ネットの動画配信サイトに、拙著の怪談を朗読した音声をアップしようと思いついた。（許可した覚えはないのだけれど）さっそく録音機材をセットし、マイクを前に私の本を開いて、まずはテスト用に一話をと、好みで選んだ話を読みあげる。

ざっと読み終えたところで無事に録れているかと確認したところ、確かに録れてはいたのだが、声が自分のものではなかった。

のどを少しひしゃげたような低くざらついた声質で、言葉つきは他人の悪口を語る時のような品のない含みを帯びて湿っぽく、自分よりもはるかに年上の女が発する声のように感じられた。

自分が使っている録音機材に声質を変える機能などない。声質どころか、話し方さえ違うため、マイクの不具合とも思えなかった。

一体何が起きたというのだろう。まるで原因が思い当たらず、戸惑いながら聞いているうちに、録音した一話分の朗読が終わった。機材を検めるべく、停止ボタンへ向かって指を伸ばす。

だがその時、無音になっていた音声データから再び声が流れて、思わずぎくりとなってしまう。

「あたしは根性悪いから。ぬふふっ」


　やはり同じ女の声でひと言、わけの分からない言葉が聞こえたところで録音データは終わった。

　もう一度初めから再生し直しても中身は同じで、声は得体の知れない女のままだった。


　結局、どれだけ調べ尽くしても原因はついぞ判らず、女の声が記録された音声ファイルだけが、今でもＰＣの中に残っているのだという。

　女が最後に残した言葉も気味が悪く、頭に浮かんでくるたび、落ち着かない気分にさせられる。

「なんとかならないでしょうか？」と相談を受けたので、魔祓いの御守りを送ってあげたのだが、その後にお礼の連絡が一度来たきり音沙汰がないので、彼女が今、どうしているかは分からない。

　無事に過ごしているのだったらいいのだけれど。

［第十七話］志望断つ

曽野部《そのべ》君という、若い男性の話である。

彼は無類の怪談好きで、怪談と名がつくものなら、活字でも映像作品でもメディアを問わずに片っ端からチェックするほど、こよなく怪談を愛していた。

おそらく、多くの怪談作家の志望動機がそうであったように、好きな気持ちが高まっていくと、そのうち自分で見聞きした話を世に送りだしてみたくなるものである。

曾我部君の場合もそうだった。

折しも、ネットの某サイトで怪談実話を募集するコンテストのようなものが開かれていたので、まずはこれに作品を送って腕試し。ゆくゆくはプロの怪談作家になりたいと考えた。

コンテストに送る話は熟考の末、自分が小さい頃に見た幽霊の話に決めた。

いわゆる「大ネタ」に分類されるようなインパクトの強い話ではないのだけれど、その代わり、自分自身が体験したことなので、当時の状況をリアルに描けるという強みがあった。

志を強く抱き、曽野部君はさっそく自前のＰＣに向かって原稿執筆に励み始めた。

ところが、やる気満々で書き進めていた原稿は一週間も経たずに筆が止まり、書きかけだった原稿自体もすっぱり消去することになった。

原稿を書き始めてからまもなく、件の小さい頃に見た幽霊が、数十年ぶりに現れたからである。

それは、白い人影なのだという。

目も鼻も口も見えず、ただ、人の形をした朧《おぼろ》げな輪郭ばかりが、あたかも身体の内部に光源を有しているかのように、全身をぼおっと薄白く灯らせた姿で現れる。

背恰好から推し量って、どうやら若い女性のようなのだけれど、確たる自信はない。

白い人影は、原稿を書き始めた翌日の夜から、明かりの消えた玄関口や台所、寝室の隅などに、こちらをじっと見つめるような姿勢で屹立するようになった。

他には何をするわけでもない。常にこちらから少し離れた距離に突っ立って、見つめるようなそぶりをするだけである。そうしてこちらが驚くと、満足したように消えていく。

小さい頃もそうだった。その時の印象が強烈だったので、文章上でリアルに表現できると思い、白い人影を目撃した話をコンテストの応募用にと選んだのだ。

原稿を書き始めて最初に人影を目撃した時は、多分に驚きはしたものの、この一件も話の中に組みこめば、さらにいい感じに仕上がりそうだと思いもした。

けれども、その翌日も、そのまた翌日も、原稿を書き始めるたびに決まって現れる白い人影に、まもなく尋常ではない恐怖を感じるようになってしまった。

あれの正体がなんであるのかは分からないけれど、分からないからこそ恐ろしいと思った。

半面、正体が分からずとも、今になって目の前に再び姿を現した向こうの目的はすぐに察して、さらに恐ろしくなってしまった。

おそらくあれは、自分の話を書いてほしくないのだと察した時、曽野部君は原稿の執筆をやめ、文書ファイルもただちに消した。以来、今のところ、白い人影は現れなくなったという。

他の話を探して応募することもやめた。

書いている最中、またぞろ違う何かが現れたらと考えると、怖くてその気になれなくなった。

さらには、プロの怪談作家になることも諦めた。

こんなことを仕事に選んだら、死ぬまでに一体何遍、怪異に見舞われるか知れたものではない。

自分には、そんなことに耐えられる度胸も適性も絶対にないだろうと思い做し、これまでどおり、ひとりの物好きとして安全圏から怪談を楽しむことにしたそうである。

［第十八話］器の問題

専業主婦の園枝《そのえ》さんは十年ほど前の一時期、本職の拝み屋を志したことがある。

昔から霊感が強く、他人に視えないものが視えたり、聞こえないものが聞こえたりすることが割合多く、特異な才能を活かせればという動機からだった。

まずは形からということで、ネットオークションで見つけた中古の巫女装束を落札した。

後日、衣装が届いたので、さっそく袖を通したところ、そのまま意識を失い、倒れてしまった。意識が戻ったのは、三時間近くも経ったあとである。

昏倒している間はずっと、悪鬼のような形相を浮かべた巫女服姿の中年女が、足元を這い回る無数の赤ん坊たちを踏みつけ、トマトのごとく、ぐしゃぐしゃにしている光景を見続けていた。

巫女装束の前の持ち主が、過去に一体どんなことをしてきた人物なのか、くわしいことまでは分からなかったけれど、普通の人物でないことだけは明白だった。

そんな人物が身に纏っていた危険な衣装を、実際に袖を通すに至るまで見抜けなかった自分は、本職の器ではないと割りきり、拝み屋の夢はその日のうちに断念してしまったのだという。

[第十九話] こちらでした

今から二十年近く前、西田《にしだ》さんが高校時代に体験した話である。

二年生の夏休み、当時所属していたバスケ部で、毎年恒例の強化合宿がおこなわれた。

例年は街場の運動施設の近くにある宿舎に泊まるのだが、その年は同じ宿舎の予約がとれず、施設からだいぶ離れた、山間の古びた宿舎で寝泊まりすることになった。

現地に到着すると、宿舎の裏手に三階建ての廃ビルが立っているのが見えた。

灰色の外壁は黒黴《かび》や泥土で一面薄汚れ、窓もあちこちが割れて、内部の暗い闇を覗かせている。外壁の周囲にはぼうぼうに生え伸びた雑草が蔓延《はびこ》り、いかにも気味の悪い雰囲気である。

屋上に掲げられている赤錆びた看板を見あげてみると、どうやら以前はホテルだったらしいが、建物の荒れ具合を見ると、もうだいぶ前に廃業してしまったようだった。

西田さんが泊まることになったのは、宿舎の二階にある角部屋だった。

十人以上がゆったり寝起きできるほど、広やかな造りの快適な部屋だったのだけれど、宿舎の裏手に面したカーテンを開けると、窓ガラスにブルーシートが貼られて外が見えなくなっていた。

部屋の位置から考えて、窓の向こうには、廃虚になったホテルがすぐ目の前にあるはずである。

「いかにも怪しいぞ」とみんなで思い始め、他の部員たちが泊まる隣の部屋へいってみたところ、こちらの窓にはブルーシートは貼られておらず、窓からホテルが見えている。

さらに不審さが増してしまい、思いきって宿舎の従業員に事情を尋ねてみることにした。

ところが従業員から返ってきた答えは、「窓枠に不具合があって、雨が染みこんでくることがあるため、塞いでいる」という、実に平凡なものだった。

「もしかして、幽霊でも見えるから塞いでいるんじゃないか？」などと話して盛りあがっていた西田さんたちは、少しがっかりしてしまう。

やがて消灯時間が訪れると、大半の部員たちは昼間の練習疲れから、すぐに寝息を立て始めた。

しかし、西田さんはなんだか妙に目が冴えてしまい、なかなか寝つくことができなかった。

同じく他の部員もふたり、寝つかれずにいて、布団の中でもぞもぞと寝返りを繰り返している。

「ヒマだな」と西田さんが声をかけると、ふたりとも「ああ」と声を返してきた。

他の部員たちが寝ているなか、下手に起きだして騒ぐわけにもいかず、かといって宿舎の中に暇を潰せるようなものもなかった。だから大人しく寝るしかないのだけれど、それができない。

そうして煩悶しているうちに、部員のひとりがふと「窓の外、見てみねえ？」と言いだした。

従業員は雨除けなどと言っていたが、どうにも信じられないのだという。

大して興味もなかったのだが、どうせ眠れないのだし、時間潰しと思って付き合うことにした。もうひとりの部員も布団から起きだしてくる。

そうして三人で足音を忍ばせ、窓辺へ行くと、ブルーシートの縁に貼られているガムテープの下側だけを慎重に剥がし、上半身を潜りこませた。

ガラスに向かって一列に並び、闇の中に目を向ければ、例の廃ホテルが宿舎の外灯に照らされ、ぼんやりと墨絵のように浮かびあがっているのが見える。

暗闇にそそり立つ巨大な墓石のようにも見えるホテルは、確かに不気味な雰囲気ではあったが、それだけだった。どれだけ視線を凝らしたところで、特に何か怪しいものが見えるわけでもない。見えるのはただ、ガラスに映りこんだ自分たちの後頭部だけである。

そこでようやく異変に気づいた西田さんたちは、悲鳴をあげてブルーシートから飛びだした。

こちらはガラスに向かって外を見ているのだから、映るのだったら顔が映りこむはずである。何をどうしようと、後頭部が映るはずなどないのだった。

結論として、問題があったのは裏の廃ホテルではなく、宿舎の部屋のほうだということになり、合宿が終わる日まで生きた心地もしないまま、夜の時間を耐え続けることになったのだという。

［第二十話］時間も時間ゆえ

一方、こちらは三十年ほど前、平成時代に入ってまもない頃の話だという。

何かと規制が厳しくなった今となってはありえないことだが、この頃は民放テレビの深夜枠で、いわゆる「お色気番組」が普通に放送されていた。

あまりにも直球且つ、品のない表現で申しわけないのだが、番組内での「おっぱいポロリ」は当たり前。お笑いタレントやセクシー女優による卑猥な乱痴気騒ぎが夜ごと、ブラウン管の中で繰り広げられていた時代である。

さらにはもっと遅い時間帯になると、ピンク映画のたぐいも当たり前のように放送されていた。テレビ用に多少のカットはされていたのだろうが、こちらも今では考えられない話である。

メインターゲット層はどちらも一応、成人男性だったのだろうけれど、テレビは電源を入れてチャンネルを回せば誰でも観ることができる。成人男性のみならず、スケベなことに興味津々な青少年たちも親の目を盗んでこっそり視聴。人知れず、視聴率アップに貢献していたというのが、こうしたエロ番組を取り巻く実情であった。

当時、小学四年生だった長井《ながい》さんも、そんなエロ番組の虜になってしまったひとりである。

彼は四年生に進級すると親から自室を与えられ、部屋には小さなテレビもつけてもらった。

俄然、エロ番組を視聴するには最適な環境であり、たまさか夜更かしをした時に観てしまったお色気番組で性に開花。それ以来、夜な夜な電気を消した薄暗い自室で耳にイヤホンを挿しつつ、お色気番組に興奮するのが、密かな楽しみとなっていた。

そうしたある日のこと、新聞の番組表を見てみると、深夜二時過ぎにとてつもなくいやらしいタイトルのピンク映画が放送されることが分かった。

いつもは夜の十一時から始まるお色気番組に満足して眠るため、そんな遅い時間に放送される番組は観たことがなかった。おまけに翌日は学校である。

どうしたものかと悩んだものの、映画のタイトルは抜群にいやらしく、字面を見ているだけで胸が激しくざわめいてくる。結局、己のリビドーに逆らうことはできず、長井さんはいつもより遅い夜更かしを決行することにした。

夜になって仮初めの就寝時間が近づくと、平素のごとく部屋の中を薄暗くしてイヤホンを挿し、家族に起きている気取られぬよう、こっそりテレビをつけ始める。

半ば日課と化しているため、いつものお色気番組を観ているうちは大して眠くなかったのだが、番組が終わって時刻が深夜を跨ぐと、さすがにだんだん辛くなってきた。

何度か危うく船を漕ぎかけ、寝落ちしそうになりながらも、そのたびにぐわりとまぶたを開き、お目当てのとびっきりいやらしいタイトルのピンク映画が始まるのを必死になって待ち侘びる。

そうしてとうとう時刻が深夜二時を回り、小さなブラウン管いっぱいに映画の放送開始を示す色っぽい雰囲気のテロップが、大きくどんと映しだされた。

思わず身を乗りだし、画面へ食い入るように顔を近づける。

だがそこへ突然、目の前の映像がぶつりと消えて、ブラウン管が黒一色に染まってしまう。

「なんだよ!」と焦りながらボタンを押し直しても駄目だった。電源コードが抜けたのかと思い、調べてみたのだけれど、コードはコンセントに挿さったままである。

わけも分からず焦りまくって、テレビの正面側に付いているボタンを片っ端から押していると、薄暗く濁ったブラウン管に映る自分の斜め後ろに、誰かが立っているのが見えた。

真っ黒い髪の毛を腰の辺りまで長々と生やした、白い着物姿の女である。

女はブラウン管越しに寒気のするような薄笑いを浮かべ、長井さんの顔を見おろしていた。

スケベ心を上回る圧倒的な恐怖に打ちのめされた長井さんは、この一件以来、高校を卒業して家を出るまでの間、自室で深夜を跨いで夜更かしすることはなくなったそうである。

［第二十一話］魔法使い

昭和六十年代の初め、映美奈《えみな》さんが小学校二年生の頃に体験した話である。

長い夏休みも半ばを過ぎ、八月のお盆の時期に入った時のこと。

昼下がり、自宅の近所にある駄菓子屋でアイスを買って、家へと続く狭い路地を歩いていると、道の端に立っていた老婆が、笑みを浮かべてこちらにやってきた。背丈は低いけれど恰幅のよい、なんとなくおむすびのような印象の老婆だった。

「そのアイス、当たりにしてあげようか？」

映美奈さんが片手にぶらさげていたアイスを指差し、老婆が言う。

映美奈さんが買ったのは、当たりが付いた棒アイスだった。ソーダ味をした大好物のアイスで、お小遣いをもらうたびに買っていたのだけれど、今まで当たりが出たことはほとんどない。

「無理だよ。そんなのできるわけない」

訝りながら応えると、老婆は顔じゅうをさらに綻ばせ、「嘘だと思うんなら貸してごらん」と、こちらへ両手を差しだしてきた。絶対嘘だと思いながらも、渋々アイスを老婆に手渡す。

アイスを受け取った老婆は、それを開いた両手の上にそっとのせ、何やら念仏のようなものを唱え始めた。そうしてひとしきり唱え終えると、「ほら」と言ってアイスを返してきた。

そんなことはないなと思いつつも、「当たる」と言われると、やはり結果が気になってしまう。その場で袋を開け、急いでアイスを食べてみた。

すると本当に、アイスは当たりが出てしまった。

すっかり興奮して舞いあがりながら、「嘘！　すごいね！　どうやったの？」と尋ねたところ、老婆は得意げな顔で「魔法だよ」と答えた。

アイスの当たりで老婆とたちまち仲良くなってしまった映美奈さんは、それから小一時間ほど、近くの空き地で老婆と気の向くままに語らい合った。この辺で見かけたことのない人だったので、どこに住んでいるのか尋ねたところ、老婆は「魔法使いの国に住んでいる」と答えた。

アイスの件はすごかったけれど、これにはさすがに「嘘だね」と言って笑い飛ばす。

今度は逆に「よかったら、魔法使いと友達になるかい？」と尋ねられたので、これには素直に「うん、いいよ」と答えた。

「そしたら今度、あんたの家に遊びに行ってもいいかい？」と尋ねられたので、これにも素直に「うん、いいよ」と答えた。

そうしてひとしきり話しこんだあと、映美奈さんは笑顔で手を振りながら老婆と別れた。

その日の夜のことだった。

夕飯を食べたあと、自室でテレビゲームに興じていると、ふいに部屋のドアが叩かれた。母かと思って開けてみると、戸口に立っていたのは魔法使いの老婆だった。

「今夜は星が綺麗だから、一緒に外で眺めよう」

顔じゅうにはちきれんばかりの笑みを浮かべながら、老婆が言う。

面白そうだったので老婆に促されるまま、勝手口から母のサンダルを履いて家を出た。

夜陰に染まった裏庭から頭上を見あげれば、夜空の一面には色とりどりの星々が煌々《こうこう》と輝いて、まるで宝石箱をひっくり返したような光景が広がっていた。

「茣蓙《ござ》を敷いて、もっといいとこで眺めよう」

老婆の指示で納屋から古びた茣蓙を引っ張りだし、裏庭を抜けた先に広がる草むらのほうへと進んでいく。鬱蒼と夏草の生い茂る草地の中から、草丈の短い適当に開けた場所へ茣蓙を敷くと、老婆と並んで大の字に寝そべり、満天の星空を眺め始めた。

夜空に煌めく星々は息を呑むほど美しかったけれど、星の名前や星座の形など、星についてのくわしいことはほとんど何も知らなかった。気になる星を指差して「あれはなんていうの？」と老婆に尋ねてみたのだが、こちらの答えも適当である。

「あれは赤鬼座」「あっちはゴキブリ座」「あそこの大きいやつは、幽霊船座」などと、子供でもすぐに嘘だと分かるようなことばかり並べたてる。

だからひとしきり尋ねたあとは口を閉ざし、黙って星を眺めることにした。

夜空埋め尽くすように輝く無数の星々の姿は、どれだけ眺めていても飽きることがなかった。


そうして半ば夢見心地のように星空を眺め続け、どれほど経った頃だろう。

ふいに大きな声で「おいッ！」と叫ばれた。驚いて顔をあげると、草むらの中から懐中電灯を携えた祖父が、こちらへ向かってやってくる。もう一方の手には、長い棒きれを握りしめていた。

映美奈さんの目の前まで来た祖父は、「こんなところで何をやってる！」と怒鳴りつけた。

祖父の怒りは本物で、即座に「やばい」と感じて身が竦みあがる。祖父がこんなにも怒るのは初めてのことだった。なんとか怒りを鎮めねばと焦りつつ、茣蓙の上から立ちあがりかける。

だがその時、信じ難い異変に気づいて愕然となった。

片膝を立てながら視線を向けた頭上には、星などひとつも浮かんでいなかった。

夜空は黒一色の暗黒にどっぷりと染まって、見あげるのも怖いくらいの無に豹変している。

予期せぬ事態にそわそわと落ち着かない気分になりつつも、今度は隣へ向かって視線を移した。

元を正せば自分を誘ったのは老婆なのだし、祖父から庇ってもらいたかった。

だが、視線を向けた先には、誰の姿もなかった。

今の今まで並んで寝ていたはずの老婆は、その痕跡すらも残さず、すっかり姿を消していた。

「この辺は危ねえから、近づくなって言ってあんだろう」

こちらが真っ青になって震えあがるさなか、祖父が気遣わしげな面持ちでつぶやいたひと言に、ようやく自分がどれだけ恐ろしいことをしていたのかを理解する。

家の裏手に広がるこの草むらは、蝮《まむし》の一大生息地と言われる場所だった。だから小さい頃から絶対に近づいてはいけないと誡《いまし》められてきたのである。

おまけに蝮は夜行性とも聞かされている。こんな場所でこんな時間に地面へ寝転がっていたら、どんなことになるか。

幸い、咬まれはしていなかったものの、想像しただけで身の毛がぞわりと逆立った。


その後、祖父に手を引かれて家に戻ると、時刻はすでに深夜を跨ぐ時間になっていた。

一時間ほど前、たまさか母が映美奈さんの部屋を覗いた時、姿が消えていることに気がついて、家族総出で捜し回っていたのだという。

自分が家を抜けだし、草むらへ向かった経緯を説明すると、家族たちはみるみる顔色を曇らせ、「明日、拝み屋さんのところに行こう」という話になった。

翌日、地元で古くから看板をあげている拝み屋の許へ相談に伺ったところ、老齢の拝み屋から厳めしい声風で「また来るぞ」と言われた。

相手はこの世に迷い出てきた亡魂のたぐいではなく、底の知れない魔物だろうとのことだった。

その場で即刻、映美奈さんはお祓いを受け、「肌身離さず、かならず身につけておくように」と、魔除けの御守りを作ってもらった。

家の四方に貼る魔除けの御札も頂戴し、帰宅後すぐに祖父と母が、家内にそれを貼って回った。

その夜は震え慄《おのの》きながら両親の寝室で寝たのだけれど、老婆が再び訪ねてくることはなかった。

以来、老婆の姿を見ることは二度となかったそうである。

［第二十二話］堕ちた英雄

二〇一八年九月初め。三日前に交わした約束したとおり、私は旧知の拝み屋・深町伊鶴に会うため、仙台市内におもむいていた。

車で向かえば手っ取り早いのかもしれないが、日頃、田舎道ばかりを走っている私はどうにも、仙台の市街地における、あの交通量が多くてごちゃごちゃと入り組んだ道を走るのが苦手である。だから仙台行きとなるといつも私は、最寄りの地元駅まで車で向かい、そこから列車に乗って現地へ足を運ぶようにしていた。

狭くて窮屈な道路に溢れんばかりの車と信号機がごった返し、常に渋滞気味な街場の移動には車などより、徒歩のほうこそ小回りが利いて何かと便利だったし、駐車場の利用料金を気にして時間に縛られることもないので、一石二鳥というものだった。

ちなみにこの日も、朝からひどい雨だった。列車に揺られて漫然と座するさなか、ついこの間、真夜中にバカでかい女を祓った時の記憶が厭でも脳裏に蘇り、げんなりとした気分にさせられる。雨のせいで気温も低く、その肌寒さも不穏な記憶の反芻《はんすう》に陰気な臨場感をもたらしてくれた。

深町の自宅兼事務所は、仙台駅から少し離れた大通りにある。地元駅から仙台駅へ到着すると、今度は地下鉄に乗り換える。

ほどなく最寄り駅へと降り立ち、冷たい雨が頻降《しきふ》る街中を心持ち急ぎ足で歩きだしたのだが、最後に深町の事務所を訪れたのは、もう二年近くも前のことである。記憶が曖昧模糊《あいまいもこ》としていて、どうにも足取りがおぼつかない。

それでも周囲に見える店の看板や、通りにずらりと立ち並ぶ建物、街路樹の印象などを頼りに十分ほど進んでいくと、どうにか無事に目的地へ到着することができた。

外壁が赤い煉瓦造りの、古びた高層マンション。ここに深町伊鶴の自宅兼事務所がある。

おそらく建物自体が甚だ古いせいなのだろう。エントランスは今時、オートロック式ではなく、年季の入った観音開きの分厚いガラス扉が嵌められているだけで、誰でも好きに出入りができる。

エントランスホールの正面に設置されたエレベーターに乗って、深町の暮らす十一階へと上る。

箱が止まって扉が開くと、眼前に長々と延びる外廊下には、高層階に特有の強くて冷たい風が吹き荒んでいた。おまけに風は雨も巻きこみ、無数の水滴を好き放題に振り散らばしている。

思わず深い息を漏らしたものの、うんざりしたところで、何がどうなるわけでもなかった。

風の寒さと雨粒の冷たさに身を縮こまらせながら大急ぎで廊下を突き進み、ようやくの思いで事務所のドアの前へとたどり着く。

ところがインターホンを鳴らしても、中から応答がない。

少し待ってから、もう一度鳴らしてみたが、やはり返事はなく、ドアが開くこともなかった。

「嘘だろう……」と思って、今度は電話をかけてみる。すると、二十回ほどコールしたところでようやく電話がつながった。

「ああ、深町さん。こんにちは。先日、メールで約束させてもらったとおり、ただいまあなたの事務所の前まで来ているんですけど、もしかしてご不在でしょうか?」

「……いや、在宅中です。申し訳ない。今すぐドアを開けるので、少し待っていてください」

こちらの質問に深町は寝起きとおぼしき、ひどく重たく擦れた声で応えた。

まもなくドアが開き、中から深町が、のそりと緩慢な動きを見せながら姿を現した。

相も変わらず、顔を含め、胴も手足も、全体的に細長い。単に痩せ型とか華奢とかいうよりは、全身を紐のように細く引き伸ばしたような印象である。ここまではいい。

だがそれに加えて、久方ぶりに見る深町の顔は、まるで死人のごとく蒼ざめていた。

長めに伸ばしている髪も寝癖だらけのうえ、ぼさぼさに乱れてすっかり傷んでしまっている。

服装も、以前だったら洒落たデザインをしたダブルの黒いスーツ姿が常で、拝み屋というより、金持ち相手の葬儀屋といった印象だったのだけれど、今着ているのは部屋着なのか寝巻きなのか判然としない、紺色のスウェットである。おまけに上も下も、薄汚れてよれよれだった。

挙げ句の果てに、彼は酒の香りをぷんぷん漂わせてもいる。

先ほど電話で声を聞いた時は、単なる寝起きなのかと思っていたが、どうやら寝起きに加えて、だいぶ酔っ払ってもいるらしい。戸口に突っ立つ身体が、微妙にぐらついている様子から見てもそれは容易に察することができた。

「やあ、ずいぶんご無沙汰してましたね。あいにくの雨の中、ここまで大変だったでしょう？」

あくびを噛み殺しながら顔じゅうの筋肉を弛緩させ、深町がだらしない微笑を浮かべてみせた。

これは完全に想定外だった。なんというザマだろう。

少なくとも私が知る限り、こいつはこんなに締まりのないクズキャラではなかったはずなのに、一体何があったというのか。気にするなというほうが、土台無理な話だった。

だが、こちらが何か尋ねようとする前に、向こうのほうが先に質問を向けてきた。

「んん？　ひどく顔色が悪いな。夏風邪かな。それとも何かあったんですか？」

自分の顔色を棚にあげ、何を言うのかと思ったが、おそらくそれは病気疲れによるものだろう。

仮に背中や腹に痛みが生じていない時でも、私の顔色は常に悪かった。

病気に関しては、別に隠すようなことではないのだけれど、気安く話せるようなことでもない。

泥酔している今のこいつに説明したところで、どれだけ理解できるか分かったものではないので、さらりとスルーしてやることにした。

「あんたのほうこそ、どうしたっていうんです？　単なる不快な寝起きってわけでもなさそうだ。顔色は私に負けじと悪いと思うし、それにえらく酒臭い。昨夜呑んだ酒の残り香っていうよりは、今しがたまでしこたま呑んでたようなどぎつい臭いだ」

「ご名答。実はついさっきまで呑んでました。あなたとの約束はもちろん覚えていたんですけど、時間調整をちょっと間違えてしまいましてね。本当は今日の朝方まで呑んだらひと眠りしようと思っていたんですが、気づくと昼になってました。タイムスリップしたみたいな気分だった」

自嘲的な笑みを拵《こさ》えながら、深町がふわふわと笑った。

「それで仕方なく、約束の時間まで仮眠をとっていたんですけど、やっぱり酒の効能は凄まじい。仮眠のつもりが、ぐっすり眠りこんでいたみたいですね。こんな私を軽蔑しますか？」

「別に。それよりよければ、中に入れてもらいたいんですが、いかがでしょうかね？」

「ああ、これは失敬。積もる話もありそうだ。リビングでゆっくり話しましょう」

大仰に頭を振りつつ、深町がようやく私を中へ招き入れた。

十二畳ほどの広々としたリビングは、深町の仕事場でもあった。部屋の一角には祭壇が組まれ、水晶玉に香炉、鈴など、私にも馴染み深い商売道具が整然と並べられている。

部屋の壁際にはアンティーク調の大きなガラスケースが三つ並べられ、中には綺麗なドレスで着飾ったビスクドールなどの人形たちが、何十体もずらりと鎮座ましましている。

こちらも以前は小綺麗な雰囲気だったのだが、今は床の至るところに空っぽになった酒瓶やらツマミの空袋、ぱんぱんに膨らんだコンビニ袋などが散乱し、かつての荘厳さは見る影もない。

どうやらワインとピスタチオがお気に入りらしい、やたらと同じものが転がっている。

「よければ一杯飲《や》りませんか？　せっかくだし、ふたりで呑んだほうが多分楽しい」

ガラステーブルを挟んだソファーに腰をおろした深町が、テーブルに置かれたワインボトルを持ちあげながら、陽気な声でのたまった。

「いや、気持ちはありがたいんですが、帰りは車なもんで遠慮しときます」

「そうですか。ちなみに私は呑んでも構いませんか？　今さら急に素面《しらふ》へ戻ることもできないし、おそらく呑んでいないと、逆に眠たくなってしまうと思う」

「お好きにどうぞ。ついでに何があったか話してもらえるといい感じです」

そんなことをしに来たはずではなかったものの、成り行き上、見て見ぬふりもできなかった。

私が水を向けると、深町はグラスに赤ワインをたっぷりと注ぎながら「うん……」と唸った。

「自分でも無様だっていうのは、よく分かっているんですよ。本当にみっともないザマだと思う。ただ、ちょっと前からいろいろと厄介な問題事を抱えこんでいましてね。こうして呑んだくれて自分を誤魔化しでもしていないと、とても正気でいられるような心境ではないんです」

細いため息をテーブルに向かって吹きつけるようにして、うつむき気味に深町が言った。

「その『いろいろ』が知りたい。一体何があったって言うんです？　あんたらしくもない」

「うん……まあ、そうだな。確かにこれでは抽象的だな。だったらいろいろ話してみるか……」

今度は戸惑いがちにのろのろと顔をあげ、深町が話し始める。

「三日前だったか。実は、あなたから久しぶりにメールをもらった時、私はほっとしたんですよ。しかもあなたのご用件が、こちらを訪ねてきたいとのことだったので、なんだか救われたような気分にさえなった。……でもどうだろう。今は自分がどんな気分なのか、よく分からない」

「それはどうして？」

「誓って言いますが、救われたような気分になったというのは本当です。でも、私は決して今日、あなたを巻きこむつもりで招待したわけじゃない。ただその、あなたと久しぶりに顔を合わせて、話して、笑って、少しほっとしたかっただけだ。それはくれぐれも誤解しないでいただきたい」

「まどろっこしいな。自分で何を話してるのか、分かってますか？　要するになんなんだ」

「まどろっこしいときたか、ふん。どうせ私は面倒くさい人間だよ。自分でもよく分かっている。だったらいっそ、見るだけ見てもらったほうが早いか……。でも違いますからね。私はこの件にあなたを巻きこむ気は毛頭ない。何があったのかと事情を訊かれたから、それを説明するために見せるだけ。ただそれだけです。他意はない。分かっていただけますね？」

「オーキードーキー。話が先に進むんだったら、なんだっていい。好きなようにしてください」

「……分かりました。じゃあちょっと、こっちに来てください」

私が答えると、深町はワインの入ったグラスを持ったまま、おぼつかない足取りで立ちあがり、祭壇の隣に面したドアのほうへと向かった。私も立ちあがり、ふらつく彼の背中を追う。

深町がドアを開いて電気をつけると、中は八畳ほどの空間になっていた。

こちらの部屋にも、全ての壁際に大きなガラスケースがずらりと並んで、綺麗なドレスを着た洋人形たちが何十体もぎっしりと収納されている。ケースは、部屋のまんなかにも背中合わせに二基設えられ、やはりこちらにも無数の人形たちが詰めこまれている。

他には、呪術や祭祀に関する書籍を収めた本棚がひとつあり、その側面には、お祓いの仕事で使うとおぼしき大幣《おおぬさ》が数本、上からビニール袋を被って立て掛けられていた。

ガラスケースと本棚の間のちょっとした隙間や天板には、中に何が入っているのか分からない段ボール箱が、縦に積まれて置かれているのも見える。なんとなく部屋全体の雰囲気から察して、こちらは半ば物置のような位置付けで使われている場所なのかと思った。

「見てもらいたいのはそっちじゃない。あれですよ」

私が本棚のほうへ視線を向けていると、深町が部屋の奥側に面した一角を指差した。

室内の中央に置いてあるガラスケースが死角になって気づかなかったのだが、部屋のいちばん奥に当たる壁の角に、四方を注連縄に囲まれた、何かの一部がちらついて見える。

深町に促され、それの正面へと至ったとたん、ぎょっとなって思わず背後に仰け反りかけた。

直径六十センチほどの四角い注連縄の中では、髪の長い女の上半身がすっくと脊《せ》を突き立たせ、どろりと濁った眼差しでこちらをじっと見つめていた。

一瞬、生きている女かと見紛うほどに、それは圧倒的な存在感を醸して我が目に映ったのだが、よく見てみると人形だった。

しかし、あまりに精緻な造りをしているため、まるで生きているかのように感じられる。

人形は裸で、ちょうど剥きだしになった乳房の下辺りから、肋骨を数本残して身が切れていた。腕は片方しかなく、左腕は上腕から三分の一ぐらいの位置で欠損している。残った右腕のほうは肘を折り曲げ、胸の前で眠った蛇のようにのったりと横たわっていた。

そんな姿をした人形が、注連縄を張られた銅像用とおぼしき木製の台座の上に乗せられている。

「なんだこりゃ……」

「私を今、酒浸りにさせている原因のひとつですよ。このおぞましい物体がなんなのかと言うと、実は私と郷内さんにも浅からぬ縁があるものです。お分かりになりますか？　その共通点もまた、私をひどく胸苦しい気分にさせている」

気だるそうにワインを呷りながら深町は答え、やおら人形へ向かって片手を伸ばし始めた。

第三部

造る災い

人は頭脳と心の生き物である。
空想という認知の中で、ありとあらゆるものを創りあげる。
誰かのためを想って織りなす心の力は、時に素晴らしい奇跡を実現させる。
だが、想像力は時として、予期せぬ災いを造りあげてしまうこともある。

［第二十三話］バッカン坊や

上杉《うえすぎ》さんが小学校四年生の時、図工の時間で絵本と人形を作る課題があった。

すでに製本してある白無地の四角く薄い本の中に、自分で考えた話を好きな画材を使って描き、さらに絵本の主人公となるキャラクターの人形を、やはり好きな素材を使って作る。

上杉さんは、『バッカン坊や』という話を考えた。

つるつるの禿げ頭に青い全身タイツ、赤いマントを羽織った少年で、次々と現れる怪人たちを自慢のパンチでやっつけるという、単純明快な話である。

ちなみにバッカン坊やの「バッカン」とは、頭が少々悪いというキャラ設定からくる「バカ」、敵を殴る際に生じる擬態音「ばっかーん！」のふたつをかけたものだという。

大した捻《ひね》りもない話だったたし、絵は得意なほうだったので、絵本はすぐにできあがった。

一方、人形のほうは、絵本が早く仕上がった分、時間をかけてかなり凝った造りにした。

円筒形をしたチップスターの空箱を胴体に用い、頭部は手のひらサイズの小ぶりなゴムボール、手足にはトイレットペーパーの芯を使い、それらをタコ糸でつなぎ合わせる。

五体ができあがると、両手の先と頭のてっぺんにもタコ糸を取りつけ、輪ゴムでバッテン状に結んだ割り箸と結び合わせて、上から自在に動かせるようにした。マリオネットの要領である。手足には、きちんと関節も仕込んだので、完成した人形は面白いほどによく動いた。

動くバッカン坊やの人形は、絵本ともども同級生たちからも大好評で、先生からも褒められた。上杉さんが得意になって操るバッカン坊やが見たくて、授業時間が終わってからも彼の周囲には、黒山の人だかりが絶えなかった。

その後もバッカン坊や人気は継続し、休み時間が来るたびに同級生にせがまれ、即興で考えたミニミニショーを演じてみせたり、時にはみんなに人形を貸して自由に遊んでもらったりもした。絵本のほうも、先生から授業で余った白無地の本を譲り受け、ふたつの続編が描き下ろされた。こちらも評判がよく、貸し出しを希望する同級生があとを絶たない人気を勝ち取った。

当の上杉さん自身もバッカン坊やにはただならぬ愛着を抱き、小まめな人形のメンテナンスや、ミニミニショーで披露する操演の練習に余念がない日々が続いた。寝る時も枕元に人形を置いて、先々の新しい展開に楽しい思案を巡らせながら眠りに就いた。

ところが、天井知らずに思えたバッカン坊や人気も、ふた月ほどでピークを過ぎ、興味を示す同級生は日に日に数を減らしていった。やがて半年を過ぎる頃には、クラスの話題に上ることもほとんどなくなり、上杉さん自身も憑き物が落ちたかのように、すっかり興味を失ってしまう。

それから二十年以上経って、上原さんが三十代になった頃のことである。

休日に母とふたりで自宅の物置を整理していると、古びた段ボール箱の中からバッカン坊やの人形が出てきた。懐かしいと思って箱から引っ張りだしたのだけれど、とたんにぞわりと背筋に粟が生じて、人形を放りだしてしまった。

物置の床上に放りだされた人形は、頭と胴がぱんぱんに膨らみ、手足が異様に伸びていた。

仔細を見れば、トイレットペーパーの芯で作った手足の関節の間から、からからに干からびた肉とおぼしき茶色い物体がずりずりとはみだしていて、元の長さの二割ほどに丈を伸ばしている。

作業用に携帯していたカッターで恐る恐る、はちきれんばかりに膨れあがったゴムボール製の丸い頭を切り開いてみると、黄土色のどろりとした液体がこぼれだし、魚の腐ったような臭いが鼻を突いた。中には半分溶けかかった茶色い肉のようなものが隙間なく詰まっている。

自分を含め、家族の誰もがこんなことをした覚えなどなかったし、そもそも人形を壊しもせず、頭の中や関節の間にこんなものを詰めこむのは、物理的にありえないことだった。

まるで人形の内側から勝手に肉が湧いてきたようにしか思えず、気味が悪くなった上杉さんはすぐに人形をゴミ袋に詰めこみ、その日のうちに廃棄してしまったそうである。

［第二十四話］ジェントルマン

コンビニ店員の永山《ながやま》さんは五年ほど前まで、ＳＮＳで日常的に荒らし行為をおこなっていた。

アカウントを作った当初は、日々の雑感など、ごくごく平凡なコメントばかりしていたのだが、ある日、些細な出来心がきっかけですっかり悪いほうへと転化した。

仕事で客から理不尽な因縁をつけられ、むしゃくしゃしていた時のこと。たまさか目についた他人のアカウントの発言が鼻につき、憂さ晴らしのつもりで口汚いコメントを書きこんだ。

予期せぬ突然の暴言に相手はすっかり混乱したようで、しどろもどろな抗議をしてきたのだが、その反応が面白く、思っていた以上の憂さ晴らしになった。

以来、仕事や私生活でイラつくことがあるたびに他人のアカウントを攻撃するのが習慣となり、そのうち別に嫌なことがなくても、ＳＮＳ上で無差別に罵詈雑言を繰り返すようになってしまう。

そんな永山さんのアカウント名は、ジェントルマン。

アカウントを作った時には「紳士的な振る舞いを信条に」と思い、考案した名前だったのだが、荒らし行為を始めてからは、嫌味と皮肉がたっぷり籠められた、毒の利いた名前に一変した。

ネット上で匿名を笠に着て、他人様を手当たり次第に傷つけるなど、人間のクズと言われても仕方のない最低最悪の行為なのだが、永山さんにはそうした認識などまったくなかった。

むしろその逆で、永山さんの中にあるジェントルマン像は、ダークヒーローに近いそれだった。漆黒のタキシードに身を包み、氷のように冷たく厳《いか》つい眼光をぎらつかせ、ネットで頭の悪いコメントを垂れ流す愚かな人間たちを舌鋒《ぜっぽう》鋭く粛清する闇のヒーロー。

それが彼の思い描くジェントルマンであり、もうひとりの自分自身ともいうべき存在だった。

罵詈雑言、誹謗中傷の吐き散らしはSNSのみにとどまらず、ニュースサイトのコメント欄や匿名掲示板などにも及び、オールラウンドで見知らぬ他人を数えきれないほど傷つけまくった。

中には果敢にコメントを返して立ち向かってくる者もいたが、相手が音をあげるまで徹底的に応戦してやった。時には相手の筆舌がこちらの勢いを上回り、旗色が悪くなることもあったが、そんな場合は何事もなかったかのように切りあげるだけでよかった。

元々、ネット上で勝ち負けを決める明確な判定などない。要は相手にどれだけ嫌な気分をさせ、心にどれだけ深い傷を負わせたかで結果が決まるようなものだと考えていた。

そう考えれば、最初にこちらが相手を攻撃した時点で、勝負はすでに決まっているとも言えた。だから永山さんのほうは、どれだけ相手から強い反論をされようとも少しも傷つくことさえなく、ほとんど無敵の心地で荒らし行為を続けていくことができた。

そうした愚行がすっかり板についていて、しばらく経った頃のことである。

ある晩遅く、自宅アパートの居間で愛用のノートPCに齧《かじ》りつき、いつものごとくネット上で他人を悪し様に罵っているうち、だんだん小腹が空いてきた。

台所へ行ってカップ麺に湯を注ぎ、再び居間へ戻ってくると、薄汚いタキシードに身を包んだ自分自身が、ノートPCの前に座っていた。

タキシード姿をしたもうひとりの自分は、満面にへらへらとだらしのない笑みを浮かべながら、ひどい猫背になって画面に向かい、盛んにキーを叩いている。

黒いタキシードは、埃と染みが至るところに付着して、襟元や袖口は生地がぼろぼろになって擦り切れていた。おまけにその黒い全身からは、汗の饐《す》えたような不快な臭気が、戸口に立った距離からでもぷんぷんと漂ってくる。

予期せぬ光景に呆然となってしまい、手にしたカップ麺を床に落とすと同時に、目の前にいたもうひとりの自分は、電気が消えるようにぱっと姿を消してしまった。

今まで格好いいとばかり思っていた自分の姿が、どれだけ無様で醜いものなのかを思い知った永山さんは、この日をもってネット上における迷惑行為の一切をやめたそうである。

［第二十五話］恐山の怪

その昔、『あなたの知らない世界』という怪奇番組があった。

視聴者から寄せられた恐怖体験をドラマで再現したり、時には怪異が発生した現場へおもむき、実地検証などをおこなったりしたうえで、放送作家の新倉《にいくら》イワオ氏を始め、スタジオに集まったゲストたちがトークを交えつつ、解説をおこなうという構成だった。

昭和四十八年から日本テレビの放送網でスタートし、初期の放送は『お昼のワイドショー』の一コーナーとして、後期は昭和六十二年に放送開始の『午後は○○《まるまる》おもいっきりテレビ』の中で平成九年まで放送が続けられた。

『お昼のワイドショー』時代には、毎週レギュラーで放送されていた時期もあったらしいのだが、基本的には夏休みなど長期休暇の時期に、二週間ほどの短期集中で毎日放送されるのが常だった。

放送時期が長期休暇中の昼時ということもあり、子供たちの目にも触れやすかったこの番組は、古き良き昭和の心霊ブームに多大な影響を及ぼしたという功績がある一方で、当時の子供たちに強烈なトラウマを残したものである。

おそらくは制作費の関係から、名もない俳優ばかりを起用して作られた番組内の再現ドラマは、「視聴者から寄せられた実話」という生々しさも一役買って、とにかく毎回、尋常ではないほど恐ろしいムードを醸しだしていた。

特殊効果も安っぽいものなのだけれど、代わりに演出が巧みなため、そのチープさがかえって得体の知れない不気味な効果をあげていた。

斯様に過激な再現ドラマが、当時は学校の長期休暇が訪れるたび、昼時のテレビに流れていた。時間帯からして、家族と昼食を楽しみながら番組を観ていた子供は、全国的に珍しくなかったし、怖いものが苦手な子にとっては、このうえなく忌まわしいひと時だったことは想像に難くない。

私自身も『あなたの知らない世界』を観ながら育ってきた世代ゆえ、あの再現ドラマの数々がどれだけ恐ろしいものだったのかは、我が身をもって知っている。情け容赦の一切ないドラマの恐怖演出にすっかり打ちのめされてしまい、トラウマになってしまう子供が多かったというのも、多分にうなずける話なのだ。

現在、三十代の後半を迎える会社員の日比谷《ひびや》さんも、『あなたの知らない世界』の世代であり、同番組の再現ドラマで強い恐怖を味わった、当時の子供のひとりである。

ただ、彼の場合は少々事情が異なり、単に「怖かった」だけでは話が終わってくれなかった。

『あなたの知らない世界』の中で紹介された作品のひとつに、「恐山の怪」という話がある。

　私の記憶が正しければ、元は昭和六十年代初頭にゴールデンタイム枠の怪奇特番で紹介された再現ドラマなのだが、その後に『あなたの知らない世界』でも、何度か短縮版が放送されている。

　話を要約すると、恐山に旅行へ出かけた中年男性が悪霊にとり憑かれ、しだいに正気を失って、最後には完全に発狂してしまうという、ただそれだけの身も蓋もない筋書きである。

　しかし、ドラマに出てくるその悪霊というのが、凄まじく恐ろしいビジュアルをしている。

　それは中年の痩せた女で、血の気の引いた薄白い面貌に、狐のように鋭く尖った目をしている。髪はどっぷりと墨に浸したかのごとく漆黒の長髪で、服装は経帷子風の白い着物である。

　ここまでは昔からの伝統的な幽霊のスタイルそのものなのだが、この悪霊はさらにもうひとつ、なぜか歯にべったりとお歯黒をつけている。その顔つきがあまりにも異様で禍々しいのである。

　劇中、悪霊はカメラに向かって、何度も顔を大映しにして、こちらへ向かって笑みを浮かべる。そのたびに捲れあがった唇から黒い歯を覗かせる顔が、筆舌に尽くし難いほどに恐ろしい。

　話が結末を迎えるまで、劇中では何度も繰り返し、この悪霊の顔を延々と見せつけられる。

　前述したとおり、「単に主人公が発狂するだけ」という絶望的なストーリーラインも相俟って、当時のドラマを観た者たちの間で「恐山の怪」は、同番組内における数ある再現ドラマの中でも、もっとも異様で恐ろしいエピソードとして、今でも語り草となっている。

私も実際に小学校中学年の頃に観ているのだけれど、嘘でも誇張でもなく、本当に一度見たら二度と忘れないほど、それは非常に強烈なものだった。

もう三十年以上も昔のことになるので、多少は記憶の中で印象のほうが強まっている可能性も否定できないにせよ、少なくとも私自身は、その後の映像作品において、未だにあれほど邪悪で生々しい幽霊の姿を表現できた実例を見たことは一度もない。

私の記憶が正しければ、元は昭和六十年代初頭にゴールデンタイム枠の怪奇特番で紹介された再現ドラマなのだが、その後に『あなたの知らない世界』でも、何度か短縮版が放送されている。


日比谷さんが「恐山の怪」を観たのも、やはり小学校中学年ぐらいの時だったという。

夏休みの昼時、自宅の居間でひとり、昼食を食べているさなかに『あなたの知らない世界』で紹介された短縮版を観ている。観終えたあとは、激しく後悔したそうである。

まだ日も明るいというにもかかわらず、トイレにさえも行けなくなるほど強い恐怖に見舞われ、家族が仕事から帰ってくるのを、今か今かと必死の思いで待ち侘びた。

強い恐怖は翌日以降もわずかも褪せることなく継続し、まぶたを閉じると、お歯黒に染まった黒い歯を剥きだしに嗤《わら》う悪霊の顔が浮かんできて、そのたびに身悶えすることになった。

あまりにも怯えるため、最初は心配していた両親もそのうち苛々してきて、最後にはとうとう

「男のくせにいい加減にしろ！」などと叱りつけられる始末だった。

そうした両親の叱責もそれなりに効き目があったのか、ひと月ほどすると、ようやく生々しい恐怖は少しずつ薄まってきて、悪霊の顔を思いだすこともなくなっていった。


ところがその後、テレビの悪霊のことなど、すでにすっかり忘れてしまった頃のことである。学校の遠足でプラネタリウムへ行った時、上映中に催してしまい、ひとりでトイレへ行った。静まり返ったトイレで小便をしていると、ふいに背後で妙な気配を感じ、胸騒ぎを覚えた。恐る恐る振り返った先には、白い着物を着た女が立っていて、血の気の引いた薄白い面貌から黒い歯を剥きだしにした、身の毛のよだつ笑みを浮かべていた。

それは紛れなく、『あなたの知らない世界』で観た、あのお歯黒の悪霊そのものの姿だった。ありったけの悲鳴をあげてトイレを飛びだしてきたものの、この時に抱いた恐怖の凄まじさは、以前にテレビで怯えた時に抱いた恐怖の比ではなかった。

確かに姿は恐ろしいが、実際にはドラマの世界の存在だった悪霊をこの目でじかに見たことは、日比谷さんの頭を激しく混乱させ、さらに深刻な恐怖に陥らせてしまう。

またいつ何時、目の前に現れるのではないかと思うだけで気が気でなく、それから一年近くも得体の知れない悪霊の出現に怯え続けることになった。

さらにそれから数年が経ち、そうした恐怖もほとんど薄まりかけていた頃のことである。

今度は中学二年生の時、真夜中の自室に悪霊は現れた。

寝苦しさに目を覚ますと枕元に立っていて、長い髪を柳の葉のごとくざわざわと垂らしながら、黒い歯を剥きだしにした笑みを浮かべ、こちらをじっと見おろしていた。


大学時代には、友人たちと居酒屋で呑み会をした帰り道、独りで夜更けの路地を歩いていると、真っ暗に染まった道の前方から滑るような動きでやって来て、危うく掴みかかられそうになった。


こうしたことが数年おきに、おおよそ日比谷さんの記憶から悪霊の件が薄まりかけている時を狙うようにして、尽きることなく繰り返されている。

社会人になってからも、勤め先の薄暗い倉庫の片隅や、行きつけにしているコンビニの駐車場、出張先のホテルの廊下などになんの前触れもなく出現しては、そのたびに心臓が凍りつくような恐怖を感じさせられている。

長じてからは、過去にドラマを観た時の体験が強いトラウマになって、自分の無意識が勝手に幻覚を作りだしているのだと考えたこともあった。

自分は心の病気なのだと確信して、心療内科へ通っていた時期もある。

だが、今現在はそうした考えを全て切り捨て、病院にも一切通わなくなった。

五年ほど前のことだという。

当時、交際し始めたばかりの彼女とふたりで、温泉旅館へ泊まりに出かけた。

夜中、厭な夢にうなされて目覚めると、電気の消えた部屋の片隅に件の悪霊がぬっと突っ立ち、こちらを見ながらにやにやと嗤っていた。

血の気を引かせて悲鳴をあげたとたん、隣で寝ていた彼女も目を開け、悪霊のほうを見ながら一緒になって悲鳴をあげた。

まもなく悪霊は、暗闇の中へ溶けるように姿を消していったのだが、安堵を覚えるよりも先に、彼女が起こした反応のほうが気になってしまう。

ためらいながらも、何が見えたのか尋ねたところ、彼女は今にも泣きだしそうな顔をしながら、「白い着物の女を見た」と答えた。それも「真っ黒い歯をした女を見た」と答えた。

これで長年自分が見続けてきたものが、少なくとも幻覚などではないことが証明された。

だが、幻覚ではないのであれば、あの女は一体なんなのだろう。

遠い昔の怪奇番組の再現ドラマで、おそらくは無名の女優が演じたのであろう作り物の悪霊に、どうして自分はここまで執拗に脅かされ続けるのか。

未だに答えも分からぬまま、彼は得体の知れない悪霊の出現に悩まされているのだという。

日比谷さんからこの話を聞かされてから、当時の再現ドラマに関する情報を調べてみた。

すると、こんな後日譚が出てきた。

再現ドラマの元となった、恐山の悪霊に憑依されて精神に異常を来たしたという男性はその後、霊能者からの除霊を受け、それなりに時間はかかったものの無事に回復しているのだという。

意味合いが曖昧ゆえ、個人的には仕事で「除霊」という言葉は使わないようにしているのだが、霊能者が悪霊を「除霊した」ということは、おそらく単に追い払ったというわけではないと思う。

説得をして円満にお引き取りいただいたか、供養で成仏させたか、存在自体を完全に滅したか。

どんな手段を用いたにせよ、同じような被害が二度と出ないよう、相応の対応をしたはずである。

だからおそらく、実際の悪霊が日比谷さんにつきまとっているわけでもないと思う。

ならば、彼の前に現れ続けるお歯黒女の正体とは、果たして一体なんなのであろうか。

［第二十六話］旅立ちぬ

大学生の千賀子《ちかこ》さんは、街場のアパートに独り暮らしをしている。

築三十年ほどの古びた二階建てのアパートなのだが、家賃が安い割に部屋の状態は綺麗なので、基本的には快適に暮らすことができていた。

アパートに暮らし始めてから一年近くが経とうとする、春先のことだった。

ある日、二階の自室へ延びるアパートの側壁に面した外階段を上っていると、階段のちょうどまんなか辺りの壁に、薄黒い染みができているのを見つけた。

おそらく黒黴だろうと思う。染みは縦に一メートルほどの長さをしていて、見ようによっては、なんだか正面向きになった人間の上半身のようにも見えた。

初めのうちはさして気にすることもなかったのだけれど、気づくと染みは日に日に濃くなって、ひと月もした頃には影法師のようにどす黒くなり、ますます人の上半身を思わせる形になった。

斯様に思うのは千賀子さんだけはなく、彼氏も同じだった。

アパートへ遊びにくるたびに「めちゃくちゃ薄気味悪いな」と言って笑う。

それだけならまだいいのだが、しだいに調子に乗って、「あいつは階段を上り下りする連中が背中を向けると、目を開いて睨む」だの、「夜中になると壁から抜けだして、アパートの周りを徘徊している」だの、趣味の悪いことを言うようになった。

冗談だとは分かっていながらも、あまりにもしつこく言うため、しだいに怖くなってしまった。階段を上り下りする際には、嫌でも意識するようになる。

さっさと消してくれたらいいのにと思い、管理人に尋ねてみたこともあるのだが、アパートはただでさえ古びた建物なので、今さら染みのひとつぐらいを急いで消す気はないらしかった。


そうして、染みができてふた月ほどが経った頃、夜中にアパートへ救急車がやって来た。

後日、管理人に聞いたところによると、二階の一室に暮らす住人が、階段から誤って滑り落ち、脚の骨を折ったとのことだった。

事情を知って、なんとも厭な気持ちになってしまう。

さらにそれからひと月近くが経った週末、高校時代の友人と久しぶりにスケジュールが合って、夕食のご馳走がてら、アパートへ招待することにした。

約束の日、夕暮れ近くにアパートを訪れた友人と楽しいひと時を過ごし、お開きになったのは、時計の針がそろそろ深夜を跨ぐ頃だった。玄関口で彼女を見送り、部屋のドアを閉める。

ところがドアを閉めてまもなく、部屋の外から彼女の悲鳴が聞こえ、続いて何やらがたがたと大きな音が、戸外の空気を震わすように轟いた。

慌てて外へ出てみると、外階段の下にぐったりとなって横たわる友人の姿があった。

真っ青になって階段を駆けおり、声をかけたところ、幸いにも友人の意識ははっきりしていた。

何があったのかと尋ねると、「階段の壁から影が出てきて、突き飛ばされた」と友人は答えた。

それからすぐに救急車を呼び、友人に付き添って病院へ向かった。左腕と右足首の骨折という重傷だったものの、命に別条はないとのことだった。

先の住人の転落事故に加え、この一件でとうとう、前から暗に思い描いていた恐ろしい想像が、現実のものとして裏付けされてしまうことになった。

友人の身に起きたことを彼氏に話すと、さすがに顔色を曇らせて、その後は一切、壁の染みに関する作り話をしなくなった。

けれども友人の一件から、さらにふた月ほどが経った頃、またしても二階に暮らす別の住人が、夜中に階段から転げ落ち、病院へ担ぎこまれてしまう。

彼氏は真っ青になって「俺のせいじゃねえよ！」と否定したが、そんな原因めいたことよりも、この頃になると、果たしてこのままこのアパートに暮らし続けても大丈夫なのだろうか、という不安に駆られるようになった。

そうしてふたりの住人が怪我をしてから、二週間近くが過ぎた日のことである。

その日、千賀子さんは大学の行事で遅くなり、深夜近くにようやくアパートへ帰ってきた。

外階段を使う時、できれば壁の染みを視界に入れたくなどないのだけれど、目を離していると、ふいに突き飛ばされるのではないかという恐怖のほうが強く勝り、厭でも毎回、視線を注意深く向けながら上り下りをするようにしていた。

この夜も、染みは黒々とした陰気な色味を湛え、古びた壁の上に浮き出ていた。

見れば見るほど、真正面を向いてこちらを見つめる、人の上半身にしか思えない形をしている。

ぞわぞわと背筋に走る悪寒に身震いしながら階段を上りきり、急ぎ足で自室へ戻った。

ところがその翌朝、ゴミをだすために部屋を出ると、階段の染みが跡形もなく消え失せていた。

夜中に業者が清掃したとも考えられず、管理人に尋ねても「知らない」とのことだった。

ならば染みは、どうやって消えたのか？　考え始めてまもなく、染みは「消えた」のではなく、自らの意思で壁から抜けだしていったのではないかと思い、肌身がぞっと凍りついてしまった。


その後、再び染みがアパートの壁へ戻ってくることはない。

今はどこをさまよっているのだろうかと考えると、ひどく気味が悪くなって仕方がないという。

［第二十七話］でっちあげ

新田《にった》さんは、宮城県内の山間部で小さな民宿を営んでいる。

祖父の代から続くこの民宿は、よく言えば鄙《ひな》びた風情の漂う味わい深い宿。

有り体に言えば築五十年あまりを経て、すっかり色褪せてしまったボロ宿である。

こんな構えでも、昔は一家が満足に暮らしていけるだけの利益を得ていたのだが、新田さんの代になってからは思うように客足が伸びず、経営は年々苦しくなっていた。

殊に東日本大震災を経たのちは、さらに客足は遠のく一方。ひとりでも宿泊客を呼びこむべく、様々な宿泊プランやイベントも企画したのだけれど、いずれも空回りするばかりだった。

そうした先の見えない毎日を過ごすなか、彼は苦し紛れにこんなアイデアを思いついた。

座敷童子の出る宿——。

東北地方には、座敷童子が出るという老舗宿が何軒もあることを、新田さんは知っていた。

加えて、そうした宿が全国から訪れる宿泊客で繁盛していることも、新田さんは知っていた。

県は違えど、うちも同じ東北に軒を構える民宿である。しかも適度に古びてもいる。

無論、このボロ宿で座敷童子が目撃されたなどという話は、今まで一度も聞いたためしがない。苦しい経営状況を鑑みても、そんなものがいないというのは、百も承知のことだった。

けれども座敷童子の実在性など、そもそも客観的に実証しようのないものである。いるのかいないのかなど、この際どうでもよいことだった。

それで客を呼びこめるのなら、どんな嘘でもついてやる。

開き直った新田さんは、この「でっちあげプラン」をさっそく真剣に考え始めるようになった。

ところが、それからひと月近くが経った頃、すっかり心変わりをした彼は、件の「プラン」を一切取りやめることにした。こんなことがあったからである。

プランを考え始めてからまもなく、家族の口から不審な報告が次々と聞かされるようになった。

新田さんの奥さんは、夜中に宿の中をうろついて歩き回る足音を何度も聞くようになった。ぺたぺたと湿った小さな足音で、間隔が小刻みなことから、子供の足音ではないかという。

新田さんの家族にそんな小さな子供はいない。

高校生になる娘は、部屋にひとりでいる時や風呂に入っている時などに、時折背中を何者かにそっと撫でられるようになった。やはり湿ったような冷たい感触である。

はっとなって振り返るのだが、背後には毎回、誰の姿もないのだという。

中学生の息子は、誰もいないはずの台所や風呂場、客が泊まっているはずのない部屋などからずるずると何かが這うような音が聞こえてきたり、妙な気配を感じるようになった。

息子のほうも、確認してみると誰の姿もないという。

これらの報告を受けるたび、新田さんは心密かにほくそ笑んだ。

もしかすると、嘘が現実になったのではなかろうか。切迫した自分の願いが座敷童子に届いて、本当にこの宿にやってきてくれたのかもしれないと思ったのである。

嬉々としながらプランを練りあげていく一方、家族にはそうしたことを企てているという話は一切しなかった。実際に全てが形となって売りこみを始める時に話そうと考えていた。

嘘の宣伝に家族を巻きこむのは、内心心苦しいと思っていたので、こうして家人らに先んじて存在をアピールしてもらえるのは一石二鳥でもあった。

プランを説明する際に家族が全員怪異を体験していれば、納得もさせやすいというものである。来たるべき日まで少しでも多く、不思議な体験をしていてくれればいいと思った。

そうして実際、家族たちが引き続き、些細な怪異を体験していくなか、まもなくひと月近くが経とうとする頃のことだった。

その晩、新田さんは宿の事務所に籠もり、遅い時間まで件のプランを練っていた。

ＰＣに向かって、こうした怪しい趣向のＰＲをさりげなく宣伝できるサイトに目星をつけたり、それらしい謳い文句を考えたりしていると、ふいに廊下のほうから足音が聞こえた。

初めのうちは家族か客かと思ったのだが、足音はべたりべたりと、なんだか妙に粘ついていて、まるで足の裏にゴキブリ捕獲器でも引っつけているかのような具合に聞こえる。

時刻はそろそろ深夜二時。こんな遅い時間に、一体誰がこんな足音を鳴らしているのだろうと不審に思い、廊下に出てみる。

耳をそばだて、足音が聞こえてくるほうへと視線を向けてまもなく、新田さんは血相を変えて事務所に駆け戻り、扉に鍵まで掛ける始末になった。

薄暗い廊下を歩いていたのは、全身をどろどろの粘膜に覆われた「何か」だった。

背丈は小学生ぐらいで、一応は人とおぼしき形をしているのだけれど、粘膜に覆われた表皮は濃い黄土色に染まり、丸い形をどす黒い斑点が全身にびっしりと鏤められている。

まるで人の形をした蛞蝓《なめくじ》のようだった。どう見ても、座敷わらしなどではない。

こんなものに夜な夜なうろつかれたら、客足は増えるどころか、宿は確実に潰れると思った。

不安を感じた新田さんは、その日のうちに潔く、不純極まる「座敷童子でっちあげプラン」を断念することにしたのだそうである。

［第二十八話］瀬梨亜さん

保科《ほしな》さんは三十代の半ばを迎えてもなお、一度も彼女ができたことのない人だった。

学生時代の頃から、好きになった女性たちには何度も想いを打ち明けてきたのだが、いずれも受け容れてはもらえず、玉砕。「いいお友達でいましょう」と諭されるのが常だった。

三十代に入ってまもなくからは、お見合いサイトの利用を始め、婚活パーティーにも積極的に足を運ぶようになった。しかし、こちらもよい縁には恵まれず、空振りばかりが続いてしまう。

そうして半ば自暴自棄になった時期に、出会い系サイトで知り合った女に入れこんでしまった保科さんは、自分が騙されていることも知らず、若い頃から貯めこんできた貯金の大半を彼女に貢ぎこんだ挙げ句、逃げられてしまう。

あとに残ったのは五十万近い借金と、一生消えない心の傷だった。

それで保科さんはもう決して、誰のことも好きにならないと固く心に誓った。

自分は取り立てて、見た目がよいわけではないけれど、目を覆うような醜男でもないと思うし、身なりにもそれなりに気を使っている。酒も煙草もギャンブルもやらない。

強い自己主張をすることもなく、好きになった人には静かに寄り添ってあげたいと思っている。恋愛は優しく、穏やかでありたいというのが、昔から抱き続けてきた理想だった。

しかし、これまで出逢った女性たちからすると、己のそうした価値観が物足りないらしかった。強い自己主張をしないのは、奥手で口下手な気質と見做されるらしく、静かで穏やかな日常を理想と定めることは、陰気で退屈なものだと思われてしまうらしい。

確かに自分は、決して口数が多いほうではないし、女性の心を揺さぶるような小洒落た台詞が言えるわけでもない。

趣味はせいぜい、本を読んだり映画を観たりする程度で、運動全般は昔から、自分でするのも、人がするのを見るのも苦手。カラオケで唄ったり、宴席で盛りあがったりするのも苦手である。

自分を冷静に客観視してみると、奥手で、口下手で、陰気で、退屈な男と思われてしまうのも無理からぬ話だろうと思えた。要は男としての魅力がないのだ。

だから「いい人ね」と言われることはあっても、「素敵な人」と思われたことはないのである。

悪い女に騙されたことに加え、世の女性たちからも恋愛対象として見られていないのであれば、これ以上相手を求めても、ひとり相撲になるだけだろうという思いもあった。

ゆえに保科さんは、今生において一切の恋愛活動をやめることにした。

だが、そうは心に決めても、やはり物寂しさは感じてしまうものである。

そこで保科さんは、心の中に空想の恋人を創ることにした。

薄白くなめらかな肌をした細面に、長く伸ばした碧《みどり》の髪が麗しく、身体の線が飴細工のようにたおやかで、少し憂いを帯びた笑顔がよく似合う。そんな儚げな印象の女性である。

それは若い頃から保科さんが、理想のパートナー像として思い描き続けてきた女性の姿だった。

保科さんは彼女に「瀬梨亜《せりあ》さん」という名前を授け、心の中で会話を楽しみ始めるようになった。

瀬梨亜さんは保科さんの心の中にいる存在なので、どこにいる時でも常に彼と一緒だった。

仕事中のふとした合間や仕事帰りの買い物、自宅アパートへ帰宅してから始める夕飯の席など、内なる声で気の向くままに瀬梨亜さんへ話しかけ、彼女の答えを想像しながら時を過ごした。

休日には自室で寝そべりながらや、近所の公園での散歩中、街場で買い物を楽しむさなかなど、本当に瀬梨亜さんがそばにいるような雰囲気で話しかけ、静かで穏やかなひと時を楽しんだ。

そうしてひと月近くも瀬梨亜さんのことを思いながら暮らし続けていると、しだいにこちらが声をかけるだけで何も考えずとも、彼女のほうから自然に言葉が返ってくるようになってきた。

まぶたを閉じればはっきりと、儚げな微笑みを浮かべた彼女の顔が見えるようにもなってきた。

一途に愛情を籠めて接すれば接するほど、瀬梨亜さんはこちらの思いに応えてくれるかのように、保科さんの心の中でますます鮮やかな像を結び、声風《こわぶり》を明瞭に発させ、存在感を高めていった。

瀬梨亜さんとの密かな共暮らしが始まって、三月ほどが経った頃のことである。

休日に保科さんは、瀬梨亜さんとふたりで遊園地へ出かけた。

無論、ふたりといっても実質は、保科さんひとりである。周囲に彼女の姿は見えない。

瀬梨亜さんとはしゃぎ合いながらエントランスを潜ると、目の前には夢の世界が広がっていた。

西洋のお城と城下町を模した園内は、淡々しいパステルカラーでふわりと優しく彩られている。

広々と作られた敷地の見渡す限り一面に、賑やかな滑走音や回転音、陽気な音楽を鳴り響かせるたくさんのアトラクションがひしめき並び、大勢の家族連れやカップルたちで賑わっている。

うきうきと心を弾ませながらさっそく園内を歩きだし、瀬梨亜さんに話しかける。

「瀬梨亜さん、最初は何に乗りたい？」と尋ねると、彼女は「観覧車に乗りたい」と答えた。

ふたりで観覧車に乗り、それからコーヒーカップ、メリーゴーランド、回転ブランコに乗った。

絶叫マシーンにも乗った。

普段は物静かで大人しい瀬梨亜さんなのに、初めての遊園地で気分がすっかり高揚したらしい。ジェットコースターやフリーフォールにも「乗りたい」とお願いするので、少し怖かったけれど、付き合ってあげることにした。

ふたりで微笑みながら悲鳴をあげると、怖いよりも楽しいが勝って、ますます心が浮き立った。

そうしているうちに、絶叫マシーンの流れから「今度はお化け屋敷に入ろう」という話になる。

お化け屋敷は、園内のいちばん奥まった寂しい場所に立っていた。

あまり人気がないのか、周囲に人の姿はほとんどない。

西洋の城下町風に造られた園内の雰囲気に合わせ、外観は古びた洋館がモチーフになっている。チープな造りだったけれど、周囲に漂う殺伐とした空気が相俟って奇妙な迫力を帯びていた。

とはいえ、いざ中に入ってみれば、まったくの子供騙しで怖くもなんともなかった。

醜いというよりは、不細工な顔をした魔女の人形が、大鍋で人の骨をぐつぐつ煮ている光景や、なぜか口から蒸気を噴きだす狼男、鉄格子の向こうから唸り声をあげるゾンビなどを眺めながら、順路にしたがい進んでいく。

いずれも造りが安っぽいうえに演出も雑で、何かと出くわすたびに笑いが漏れて仕方なかった。瀬梨亜さんも怖がるどころか大はしゃぎで、くすくすと笑いながらふたりで暗闇の中を歩いた。

やがて順路の前方に、出口を遮る黒い遮光カーテンの隙間から射しこむ、細い光が見えてきた。カーテンをくぐってお化け屋敷を抜けだし、瀬梨亜さんに「面白かったね」と声をかける。

ところが、瀬梨亜さんから言葉が返ってこない。

もう一度声をかけてみたが、やはり頭の中から彼女の声は聞こえてこない。

こんなことは初めてだった。どうしてしまったのだろうと思い、しだいに激しく動揺し始める。

戸惑いながらも、瀬梨亜さんの声と姿を必死になって心に思い浮かべようとしているところへ、背後でさらさらと布がざわめく音がした。

振り返ると、か細い片手で黒い遮光カーテンを捲りあげ、お化け屋敷の出口から瀬梨亜さんが出てくるところだった。

薄白くなめらかな肌をした細面に、長く伸ばした碧の髪。

淡いペパーミントグリーンのワンピースに包まれた、飴細工のようにたおやかな美体。

顔には少し憂いを帯びた、儚げな笑みが浮かんでいる。

それは人違いでもなんでもなく、どこからどう見ても、保科さんが長らく想い描き続けてきた、瀬梨亜さんそのものだった。

お化け屋敷の中から姿を現した瀬梨亜さんは、保科さんの目をまっすぐ見つめて微笑みながら、楚々とした足取りでこちらに歩み寄って来る。

神さまが奇跡を起こしてくれたのだと、保科さんは思った。

これまでまっすぐな思いで温め続けた、己の無垢な願いを叶えてくれたのだろうと感じ入る。

これから先は心の中ではなく、この同じ現実で、彼女と一緒に過ごすことができるのだ。

考えただけで胸が高鳴り、涙が出そうになってくる。たちまち堪らない気分になってくる。

瀬梨亜さんを思いきり抱きしめてあげようと思い、こちらも彼女に向かって足を踏みだした。

とたんに笑みを浮かべる瀬梨亜さんの口から、べろりと舌が垂れ落ちた。

細くて扁平な先端が乳房の下辺りにまで達するほど、それは異様なまでに長い舌だった。

粘り気を帯びた唾液をたっぷり絡めてぬらぬらと濡れ光る、蛇のように長い舌を垂らしながら、瀬里奈さんがこちらへ向かってずんずんと歩み寄って来る。

頭の中でくしゃりと何かが潰れて壊れる音が聞こえた瞬間、保科さんは悲鳴をあげて踵を返し、一目散に遊園地から逃げだした。


その晩遅く、自宅で震えながら布団に包まっていると、玄関のチャイムが鳴った。

瀬梨亜さんが来たのだと思うなり、身体がびくりとなって歯の根が噛み合わなくなった。

幸い、チャイムが鳴ったのは一度きりだったが、凄まじい恐怖に駆られてまんじりともできず、怯えて一夜を明かすことになった。

遊園地での一件以来、保科さんは瀬梨亜さんのことを頭に思い浮かべることをやめた。

彼女に対する好意や愛情は、もはや一片たりとも心に残っていなかった。

代わりに激しい恐れと不安が生まれ、忌避する念が強まるばかりだった。

だが、こちらがいくら思いだしたくなくても、頭の中にはたびたび勝手に、長い舌を垂らしたあのおぞましい形相が思い浮かんで、その都度、背筋をぞっと凍りつかせることになった。

加えて遊園地での一件以来、時折外で、瀬梨亜さんによく似た人物を見かけるようになった。

朝の通勤時に駅のホームで電車を待っている時や、ショッピングモールへ買い物に出かけた時、あるいは休日に街中を歩いている時など、人ごみの中に儚げな笑みを浮かべた綺麗な女性がいて、こちらにじっと視線を向けていることがある。

姿を認めると決して直視はせず、その場をさっと逃げだすようにしている。

だから今のところ、一線を越えた危うい事態に見舞われることはない。

ただ、瀬梨亜さんとおぼしき女性と出くわしてしまったその日の夜は、決まって深夜一時頃に自宅の玄関チャイムが、一度だけ鳴らされる。

そのうち、家の中に入って来られるのではないかと思うと、気が気でならないそうである。

かつてはあれだけひたむきに愛し、大事にしていたはずの恋人に、どうして自分はこんな目に合わされることになってしまったのか。

一体何が瀬梨亜さんを、あんな得体の知れない化け物に変えてしまったのだろうか。

理由も道理も分からないままに、保科さんはひたすら強い恐怖と不安に慄く日々を送りながら、今現在に至るのだという。

［第二十九話］優樹菜参號器

「なんだこりゃ……」

四方に注連縄《しめなわ》を張られた木製の台座の上に鎮座する、得体の知れない上半身だけの人形。

それを愕然とした表情で見つめながらつぶやくと、すかさず深町が答えた。

「私を今、酒浸りにさせている原因のひとつですよ。このおぞましい物体がなんなのかと言うと、実は私と郷内さんにも浅からぬ縁があるものです。お分かりになりますか？　その共通点もまた、私をひどく胸苦しい気分にさせている」

そして気だるそうにワインをひと口呷ると、やおら人形へ向かって片手を伸ばした。

注連縄の下から潜らせた深町の手が、丸みを帯びて滑らかな線を描く人形の右肩をぐっと掴み、上半身だけの身体をくるりと後ろ向きに回転させる。

「さて、見てください。これが読めますか？　なんのことだかお分かりになります？」

思わせぶりに囁きながら、続いて人形の背中にかかった長い黒髪を手の甲でふさりと掻きあげ、生白いうなじを露わにして見せた。

中腰になって顔を近づけると、うなじのちょうどまんなか辺りに、黒字の細く几帳面な筆跡で「優樹菜参號器《ゆきなさんごうき》」と横書きされているのが見えた。

人形の肌を間近で見たことで、改めてその精巧さにも唸らされる。材質はシリコンだろうか？ 弾力性を帯びた柔らかなそうな皮膚の上には、細かい皮溝まで緻密に再現されている。

「読めるけど意味が分からない。いや、なんとなく分かるかもしれないけど、まだこれだけでは、はっきりした答えはだせない。けどまあ、この人形が普通じゃないってことだけは断言できます。注連縄越しにも妖気みたいな厭な感じが、肌にぴりぴり伝わってくる」

「差し当たっては、それぐらい分かっていただければ結構です。あとはリビングで話しましょう。見ているだけで胸糞が悪くなってくる」

忌々しげにつぶやくなり、深町はこちらの答えも待たず、リビングのほうへと戻っていった。同感だったので彼の背を追い、物置然とした狭い部屋を急ぎ足で抜けだす。

「ひと月ほど前に、新しい依頼主から引き取った人形です。まあ……あれを『人形』と言うのは、個人的にかなりの抵抗がありますがね……。名前は先ほどご覧いただいたとおり、優樹菜参號器。依頼主の名前と同じです。というか、あれは依頼主の姿を模したものだ」

空っぽになったグラスに新しい赤ワインをどぼどぼと注ぎながら、深町が言った。

ひと月ほど前、つまりは八月の上旬辺りのことなのだろう。

深町の事務所へ古い常連客からの紹介を受けて、ひとりの女性が相談に訪れた。

名を泉沢優樹菜《いずみさわゆきな》という。歳は三十代の後半。

以前は仙台から少し離れた県南の田舎町に夫とふたりで暮らしていたのだが、五年前に離婚し、今現在は仙台市内のマンションに独りで暮らしている。ちなみに結婚当時の姓は野島《のじま》という。

彼女が深町に持ちこんできた依頼は、自分の身辺に起きている怪異の解消と、件のおぞましい人形の処分だった。

優樹菜は震災の年、二〇一一年に前の夫と結婚している。こちらの名前は明道《あきみち》という。

歳は優樹菜より五つ下だというので、結婚当時は二十代半ば、離婚時は三十代の前半といったところだろうか。優樹菜は姐さん女房だったわけである。

ふたりは恋愛結婚で、一年ほどの交際期間を経て結ばれている。結婚へ至るまでの交際期間はすこぶる順調で、明道から結婚の申し出があった時にも断る理由は何もなかったという。

結婚当初もしばらくは幸せな日々が続いていたのだが、やがて問題が勃発する。

問題は、しだいに明らかになってきた明道の価値観だった。

優樹菜にとってはあまりに特異なその価値観は、どうしても受け容れることができなかった。

みるみるふたりの間に軋轢が生じるようになり、あえなく結婚生活は二年で幕をおろした。

ちなみに「特異な価値観」とやらに関して、深町は言葉を濁してくわしく語ることはなかった。だからこちらも敢えて、くわしく尋ねることはしなかった。

離婚に当たって、優樹菜自身は特に未練を残すこともなく、一区切りをつけたつもりでいたし、その後の暮らしにおいては、元夫の顔を思いだすことさえほとんどなくなっていった。

ところが、離婚から五年ほどが経った今年の八月初め。明道の母親から、電話で連絡が入った。

明道が死んだのだという。

自殺とのことだった。かつてふたりで暮らしていた県南の一軒家で、首を吊って死んだらしい。六月上旬辺りのことで、先頃、四十九日を済ませたばかりとのことだった。

遺書には己が死に至る動機などは一切書き記されていなかったのだが、代わりに遺言のような文面が事細かに綴られていた。主には自身の資産の整理についてや私物の処分に関してだったが、そのうちのひとつに、優樹菜が離婚時に家へと残していった私物を本人に返却してほしいという一文があった。私物は全て明道の手で、大きな段ボール箱にまとめられていたそうである。

明道の訃報についてはそれなりのショックを覚えたし、冥福を祈る気持ちもあったのだけれど、私物の返却に関しては「何を今さら」という感じだった。

いずれ大した物を置いてきた覚えはなかったし、明道の母親とは結婚当初から折り合いが悪く、こちらのほうもこの期に及んで関わりたくなどなかった。

「不要なので、そちらで処分してほしい」と優樹菜は伝えた。ところが母親のほうは食い下がり、「あくまでも息子の遺言だから」と言って譲らない。それでも固辞し続けていると、しまいには「離婚してまで迷惑をかけるつもりなのか?」などと露骨に毒を吐かれてしまう。

それでかちんと来た優樹菜は、私物の引き取りを承諾することにしたのだという。

だが後日、宅配便で送られてきた段ボール箱を開けたとたん、心底後悔する羽目になる。

一五〇サイズの大きな箱の中には、細々とした私物に混ざって件の薄気味悪い人形が収められ、虚ろな眼差しでこちらをじっと見あげていた。たちまち悲鳴があがり、腰を抜かしてしまう。

こんな人形になど、まったく身に覚えがなかったため、すぐさま先方へ連絡を入れた。

けれども向こうは、「あくまでも息子の遺言にしたがっただけだから」と突っぱねるばかりで、まともに取り合ってはくれなかった。人形の詳細についても何も知らないという。

勝手に返送したところで話が拗《こじ》れるだけだろうし、物が物だけにゴミとして処分するだけでも、それなりに一手間かかりそうな具合である。厄介なことになってしまったなと思う。

さて、どうしたものかと頭を抱えて考え始めた時だった。

はたりと思いだしたことがあり、とたんに点と点が線でつながったような感覚を覚えた。

優樹菜はここしばらくの間、身の回りでたびたび奇妙なことが起きたり、得体の知れない夢を見たりするようになっていたのである。

たとえば、少し前にこんなことがあった。

夜、バスルームの洗い場で、壁に掛けてある鏡に向かって顔を洗っていた時だった。手のひらで泡立てた洗顔フォームを顔に馴染ませ、顔じゅうを泡まみれにして洗いこむさなか、ふと目を開けると、鏡に写る自分の顔に違和感を覚えた。

何がおかしいのかと思ってみれば、鏡の中の自分の顔は、洗顔フォームの泡にまみれていない。つるりとした素肌を晒し、能面のような冷たい面持ちで鏡の中に写っている。

はっと驚いて身を引いたとたん、鏡に写る自分は元の泡まみれの顔に戻っていた。

さらにその前には、こんなこともあった。

休日の昼間、リビングのソファーに寝そべりながら映画を観ていると、そのうち眠気が差して眠ってしまった。そこへまもなく誰かに肩を強く揺さぶられ、眠りから引き戻されてしまう。まぶたを開けた眼前には、やはり能面のように冷たい面持ちをした自分自身が素っ裸の恰好で、優樹菜の肩をゆさゆさと揺さぶっていた。

ぎょっとなって声をあげるなり、もうひとりの自分は目の前からぱっと姿を消してしまった。

こうしたことがふた月ほど前から何度か、忘れた頃になると、あたかも虚を突くように発生し、そのたびに優樹菜の心胆を寒からしめていた。

優樹菜を怯えさせる相手は、決まってもうひとりの自分である。

得体の知れない夢についても、それは同じだった。

夢の中で優樹菜は、もうひとりの自分に追い回されたり、首を絞められたりしてしまう。あまり頻繁に見ることはないのだけれど、ここしばらくの間、夜半に見せられる悪夢といえば、決まってもうひとりの自分に苦しめられる情景だった。

得体の知れない人形が届くまでは、奇妙な出来事も悪い夢も、単なる仕事疲れやストレスから生じるものだと思っていた。

だが、これらと人形を線で結び合わせたところ、たちまち事情が一変したような様相を帯びる。振り返ってみると、優樹菜がもうひとりの自分を目撃し、悪夢にうなされるようになったのは、明道が死んだ時節と、ほぼ同時期からのことだった。おまけに自分自身を模した精巧な人形まで存在していたとなれば、関連性を疑わないほうがむしろ、不自然に思われた。

日頃はこうした怪しい出来事に対して格別な関心はないし、根っから信じているわけでもない。しかし、今回の件に関してはどうにも気味が悪かったし、厭な胸騒ぎのようなものも感じる。おまけに身辺に起きる怪異と悪夢に平行して、近頃は体調もあまり思わしくなかった。たびたび偏頭痛に悩まされていたし、理由も分からず身体が鉛のように重だるくなる時もあり、休日の大半を寝て過ごすようなことも増えていた。なんの対応もせずにこのまま放っておいたら、これからますますよくない事態になるのではないかという懸念が頭中に湧いてくる。

「そこで知り合いのつてを頼って紹介されたのが、私だったというわけです」

グラスに半分ほど残っていたワインを一気に飲み干し、どんよりとした声音で深町が言った。

「しかし、経過を鑑みると、私はどうやらこの仕事には不適任だったようです。相談が始まってもうひと月にもなるのに、事態を収束させるどころか、悪いほうに転化させてしまっている」

「悪いほうにというと？」

「まあ、その件は追い追い話しましょう。その前に肝心なことを説明するのを忘れていましたよ。まあ、察しはつくかもしれませんが、あの人形を拵えたのは、元夫の明道です。依頼主の話では、どうにも昔からプラモデルやらガレージキットやら、立体物関係の造形が大好きだったみたいで、優樹菜参號器の緻密な造形は、いわば趣味で培った技術の賜物といったところでしょうかね」

「なるほど。なんとなくそんな気はしてました。要するに、離婚した元奥さんの身代わりとして、慰み用にそっくりさんのコピーを造ったって感じかな？」

「大体当たっています。だが、薄々分かっているくせに肝心なところをあなたは言おうとしない。誘導尋問するわけじゃありませんが、このひと月、私があの人形にどんなアプローチをしてきて、どんな結果となったのか、ざっと説明していきましょうか」

グラスに新しいワインを並々と注ぎながら、どことなく投げやりな笑みを浮かべて深町が言う。

「先ほどご覧になっていただいたとおり、あれがただの慰み用の人形でないことは一目瞭然です。今回の怪異におけるひとつの原因と見做して、まずは普段通りのやり方で問題の解決を試みた」

ひと口に拝み屋といっても、得意分野は人によってそれぞれ異なる。

あの世とある程度、任意で交信ができる者。魔祓いが得意な者、魂鎮めや封印などが得意な者。失せもの探しや未来予知を得意とする者。まさに十人十色といったところである。

先の部でも触れているとおり、深町の場合は、封印と結界の作成。並びに破邪や解呪といった呪術のたぐいを得意としていた。

ちなみにこの事務所にも、恐ろしく強力な結界が張り巡らされている。少なくとも外部からの霊的脅威に対する備えは強固の極み。おそらく蟻んこの霊でも中に入ることはできないだろう。

「私は生身の人に仇をなすものを相手にする時は、大概人形を使う」

そう言って深町は、ガラスケースに収められている人形たちへ顎をしゃくった。

深町の説明によれば、仕事で手がけることになったこの世ならざる者たちは、まずはその魂を人形の中へと封じこめるのだという。当然、封じこめられた連中は、自らの意思ではもう二度と人形の外へ抜けだすことはできなくなる。

そののち、深町は彼ら、ないしは彼女らに対し、人形の身体を通して辛抱強く説得を繰り返す。語りかけに応じて成仏を望む者には供養の経を誦《しょう》して魂を鎮め、これで一切の工程が完了となる。

一方、説得に応じる気のない者に対しては、人形の中に拘禁したまま、存在自体がゆっくりと消滅していくのに任せる。消滅するまで最短で数週間、最長で数年間と、対象によってかなりのばらつきはあるものの、閉じこめてさえおけば大抵の者は確実に消滅するのだという。

「今回は人形そのものが対象だったので、別の人形に封じる手は使えなかった。こうした場合は先ほどお見せした、結界仕込みの注連縄の中に対象を安置して説得をおこなうようにしています。ところが駄目だった。向こうの態度は、こちらの言葉を聞く以前の問題だった」

人形は深町の言葉になんらの反応も示さず、ひたすら沈黙を決めこむばかりだったのだという。けれども、だからといってその反応は、人形に何も宿っていないという裏付けにもならなかった。人形はただ、呼びかけに応じないだけの話であり、異形の身躯から放たれる気配は異様そのもの、まるで生きている死体のごとく、不穏な風合いをありありと醸しだしている。

「初めは、人形に持ち主の魂が宿ったか、もしくは他の何者かの魂が入りこんでいる仮定として事に当たっていたわけですが、呼びかけに反応がない以上、どちらも違うようだと判断しました。そこでお次は、人形を〝単なる呪いの発生装置〟として仮定し、解呪に取り掛かってみたんです。二年前に手がけた仏壇と同じですね。自らの意思を持たず、作り主の意図した条件にしたがって自動的に機能する忌々しい機械みたいなもんだ。そういうものだと私は仮定した」

ところがこちらも、結果は空振りだったそうである。

かなり綿密に解呪の儀式を執り行ったものの、件の人形は依然として禍々しい妖気を放ち続け、その勢いを弱めることすらできなかったのだという。

「この辺りから、だんだん焦りが滲んできた。ならば一体何が有効なのかと思って、私としては不得手な魔祓いの儀式も一通り試してみましたが、こちらも梨の礫《つぶて》。何がどうなるでもなかった。ついでに言うとショックなことに、注連縄の監獄に封じこめてかれこれひと月以上になりますが、あいつは毛筋ほども勢いが衰えない。長らくこの商売を続けているが、こんなことは初めてです。常日頃、非常識な事象を扱う我々の常識でさえも、規格外の存在と思わざるを得なくなった」

いかにも腹立たしげな顔つきでワインをぐびりと煽り、一拍置いてさらに深町が続ける。

「で。それに合わせて、こうした特殊なポストに就任できる存在についても思いを巡らせてみた。結果、ようやくあれの正体が分かって、それまで自分がおこなってきたアプローチの何もかもが根本的に間違いだったことに気づかされたしだいです。あの人形、一体なんだって思います？」

「タルパ」

私が即答すると、深町は「ご名答」とつぶやき、太い息を漏らした。

「そうです。おそらくあれはタルパだ。依頼主の元夫の浮かばれない魂が宿っているのでもなく、どこぞの悪霊が入りこんだわけでもなく、ましてや呪いの発生装置でもない。タルパなんですよ。それも恐ろしく手の込んだ細工を施されて造られたタルパだ。まったくもって忌々しい」

やっぱりな。

初めに人形を目にした時に抱いた直感が的中し、私もげんなりとした気分にさせられる。

元々はこちらが深町に相談したくて訪ねてきたというのに、気づけば立場も逆転しつつあった。

なんの因果でこんな流れになっていくのだろう。

とはいえ、ここまで話を聞いてしまった以上、今さら途中で退散するわけにもいかないだろう。

まだまだ長い話になることを覚悟しながら、私は深町の言葉に耳を傾けることにした。

［第三十話］不滅の少女と全能の姉

タルパとは何か。

平たく説明するなら、生きている人間の心が造りあげる、いわば人工的な幽霊である。イマジナリーフレンドを頭に思い浮かべてみると、多少は理解しやすいかもしれない。幼い子供が、お気に入りの人形やぬいぐるみに話しかけて遊ぶ、例のあれである。大人の目からしてみれば、子供が空想ごっこを楽しんでいるふうにしか見えないものだけれど、当の子供自身は、人形やぬいぐるみが本当に生きていると信じて遊んでいる場合がある。

とりわけ想像力に優れた子などは、自分の頭の中でいちいち相手の言葉や反応を考えなくても、慣れると勝手に相手が答えをだしてくれるようにもなる。

また、人形やぬいぐるみなどの器物を対象とせず、創造主の頭の中に「不可視の友達」として形成される場合もある。どちらのケースにおいても、実在するかのような現実味を伴って一緒に遊ばれるのは変わらず、当人たちの日常的な楽しみや心の支えとなって機能する。

これがイマジナリーフレンドである。

タルパも基本的には同じ骨子を持つ存在なのだが、イマジナリーフレンドが幼い子供を中心に創造されるものであるのに対して、タルパのほうは特に年齢的な偏りはない。

創造に至る過程も、己の意志により任意で創られる場合と、強いストレスなどが発端となって無意識に創られる場合もある。

イマジナリーフレンドが子供の発達過程における正常な精神現象と定義されているのと同じく、タルパのほうも基本的には、人畜無害な精神現象の一種として捉えることができる。

だが、イマジナリーフレンドとタルパとの決定的な違いは、創造へと至る過程や存在における構成要素の中に、少なからず霊的な背景や呪術的な要素を内包している点である。

長くなるうえに複雑な話にもなるため、詳細は割愛するが、「タルパ」という言葉自体が元々、チベット密教における「トゥルパ」という、化身などを表す概念から生まれている。

この概念を二十世紀の神智学者が誤解して広めた結果、長い時間の流れの中で「トゥルパ」は「タルパ」と名を変え、いつしか一個人が己の想像力で思い描き、必要によっては瞑想や明晰夢、呪術などを用いて創りあげる、架空の存在を表す概念となってしまった。

あらぬ誤解のないように補足しておくと、この広い世間で人知れずタルパを創りあげて有する人々の大半は、決して悪い人たちではない。自身が創造したタルパと良好な関係を構築しながら、日々を穏やかに暮らしている人たちがほとんどである。それは誤解しないでいただきたい。

そのうえで本題に入ろうと思う。

なぜに私と深町が件の人形をタルパと知って、苦虫を嚙み潰したような顔になるのか。

「二年前に関わった、おぞましい着せ替え人形どもを思いだしましたよ。覚えているでしょう？顔面に白黒コピーした幼女の顔写真を貼りつけたやつ。それから全身黒ずくめで図体のでかい女。あの手の化け物とまたやり合う羽目になるのかと思ったとたん、身の毛がよだつ思いがした！」

テーブル越しにこちらへ身を乗りだし、吠えるように深町が言った。

深町が口にだした「おぞましい着せ替え人形」というのは、二年前の冬場にふたりで手がけた仕事の中で相手をすることになった、人形タイプのタルパである。

優樹菜参號器も同じタイプのタルパに該当するのだけれど、こちらのくわしい説明へ入る前に、眼前に座る酔っ払いが一緒に吐きだした、「全身黒ずくめで図体のでかい女」について説明する。

こちらは呪術的な手法を用いて創られたタルパである。

創造主は当然、呪術に関する素養を有する玄人だった。

なんらかの目的意識を持ち、呪術的な手法を駆使して創造されたタルパというのは、創造主の頭を抜けだし、具体的な姿を伴って他者へ干渉することができる。

これがタルパを「人工的な幽霊」と、私がなぞらえるゆえんである。同時に斯様な特質こそが、イマジナリーフレンドとタルパの境界を隔てる決定的な違いと言ってもいい。

ただの幽霊と違って大層厄介なのは、具現化したタルパというのは基本的に魔祓いのたぐいがほとんど通じず、供養に応じるようなこともないという点である。

ちなみに件の全身黒ずくめで図体のでかいタルパは、私が始末した。存在を完全に滅するまで実に三時間も要した挙げ句、事が済んだあとは身体がぼろぼろになってしまった。あんな悲惨な思いは二度としたくないと思っている。

基本的な前置きが済んだところで、いよいよ人形をベースにしたタルパの話である。

人形やぬいぐるみなどを対象として創りだすイマジナリーフレンドと同じく、タルパも器物を素体として創造することが可能なのだ。こちらもイマジナリーフレンドと在り方を異にするのは、素体である器物の中からタルパが抜けだし、やはり幽霊のような挙動を示すという点である。

特にその道のプロが造った人形タイプのタルパは質が悪い。

二年前の仕事ではずいぶんと長い間、手を煩わせられた苦い思い出がある。

ただ、人形タイプのタルパに関しては、驚くほど簡単に始末のできる手段がある。

「やり合うも何も、さっさとやってしまえばいいじゃないですか？　あんな不気味なお人形さん、いつまでも薄暗い物置に座らしておく理由はないでしょう。さっさとぶっ壊してしまえばいい」

人形タイプのタルパというのは、素体を壊してさえしまえば、容易く消滅してしまうのである。

深町だって知っているはずなのに、どうしてそれをやらないのかと思った。

「そんなことは言われなくてもとっくにやりましたよ。やった結果、前より状況が悪くなった」

むっとした様子で答えるなり、深町はテーブルの上に置いていた自前のスマホをいじり始めた。

「ほら、こいつ。こっちのほうはすでに潰してあるんです。こいつの名前を当ててみますか？」

言いながらこちらへ向けた液晶画面には、素っ裸の人形が写っていた。

顔の造り自体は優樹菜参號器と同じだったが、左腕と胸から下が欠損している参號器に対して、写真に写る人形のほうは五体が全て揃っている。サイズもかなり小さいように思える。

「もしかして優樹菜壱《いち》號器か、弐《に》號器？」

「弐號器です。やはり首の裏に書いてあった。リカちゃん人形よりひと回りほど大きいサイズで、肌の素材はシリコン製。身体の中に金属製の骨格が組みこまれてあって、全身の関節がある程度、自由に動かせるようになっていた。ちなみに参號器のほうも、基本的な造りは多分同じです」

言いながら、スマホをことりとテーブルの上に置く。

「依頼主の許に届いた荷物の中には、弐號器と参號器が入っていたそうです。先月の半ば近くに弐號器のほうをばらばらに分解してやったんですが、それからまもなく依頼主から連絡が入った。夜中に寝ていたところを、もうひとりの自分に襲われたそうです」

夜半過ぎ、震える声で電話をよこした優樹菜の話によれば、夢の中以外でもうひとりの自分に襲われたのは、この時が初めてのことだったそうである。

ベッドで仰向けになって眠っていたところ、腹の上に異様な重みを感じて彼女は目を覚ました。まぶたを開けると、もうひとりの自分が馬乗りになって、こちらを見おろしていたそうである。

はっとなってすかさず上体を起こしたのだけれど、そこでもうひとりの自分と揉み合いになり、ようやくの思いで寝室を飛びだした時には、両腕が引っ掻き傷だらけになっていた。

寝室から飛びだしたと同時に、もうひとりの自分が姿を消してしまったのは幸いだったものの、両腕についた傷は生々しく残ったままで、とても夢とは思えなかったそうである。

「話を聞いた時、すぐに参號器も処分しようと思ったんですが、そこで『待てよ』と考え直した。この当時だって参號器は注連縄の中に拘禁しているんだから、仮に弐號器を潰したことによって参號器が荒ぶったとしても、注連縄の中に素体がある以上、依頼主を襲うことはできないはずだ。この状況は一体何を示唆するのか。考え始めてまもなく、私はとても厭な予感を覚えてしまった。どういうことだか、お分かりになりますか?」

「あまり考えたくはないんだけど、四號器以降の優樹菜が存在するってことかな?」

「まさしくそのとおり。私の結界に不備でもない限り、弐號器を処分してからの流れを鑑みると、あれには四號器以降の人形が存在していると考えたほうが、正しい気がしてならなくなってきた。そうなると参號器にも迂闊に手がだせなくなってくる。私の推測は間違っているでしょうか?」

険しい表情を浮かべて尋ねる深町に、私も「まあね」とうなずくよりなかった。

おそらく深町の推測は正しい。

未だに全容がはっきりしないため、どんな仕組みになっているのか詳細までは理解しかねるも、少なくとも四號器以降の人形、それに加えて壱號器もどこかに存在していて、なおかつ今現在も稼働中という線は濃厚である。

こうなると、現物を見つけだささない限りは手詰まりかもしれない。

「依頼主のほうは前回の襲撃以降、今のところ、大きく変わったことは起きていないそうですが、夢は相変わらず見るし、体調も芳しくないままだと言っている。けれども今の私にできることは、せいぜい参號器を半永久的に封印しておくぐらいで、他にしてあげられることはもうなさそうだ。はっきり言ってお手上げなんですよ。だからこうして己の無力さに呆れ果て、自暴自棄に駆られ、私はずっと酒を呑み続けている」

言いながら深町は、再びグラスに並々とワインを注いだ。

「なるほどね。大酒呑みに大変身した事情のほうは大体分かりました。ところで、人形を造った元夫っていうのは、何者なんだか聞いてます？　自分自身で人形に何號器とか銘打っている以上、離婚のショックとかで突発的にできあがったタルパとは思えない。明確な意図を持って造られた、それも多分、悪意を持って造られたものだと思う。元夫は本職の霊能関係者か何かですか？」

尋ねると深町は大仰に頭《かぶり》を振ってみせた。

「いいえ。少なくとも依頼主が離婚するまでの間は、こちらの業界とは一切縁のない人物だった。そのように聞かされています。要するに素人だ。だがその素人が、己の歪んだ情念の発露として、恐ろしく厄介な化け物を拵えてみせた。そうした事実もまた、私を呻吟《しんぎん》させる一因になっている。なんだか自分の昔のことを思いだして、依頼主の顔をまともに見られなくなってくるんです」

こちらに向かって「分かるでしょう？」といった顔を見せ、沈んだ声で深町がつぶやく。

「よくないことかもしれないが、実を言うと私は今のところ、依頼主に対してタルパについての説明を一切おこなっていません。大体において、タルパという概念や存在自体が、普通の人には理解し難い話になるでしょうし、解決の糸口すらも掴めていないのにそんな説明をしたところで、依頼主をただ悪戯に怯えさせるだけだ。だから話していないという事情もある」

「まあ……説明するかしないかについては、今後の状況にもよるんでしょうけど、今のところは間違った判断でもないでしょう。隠してはいるけど、嘘をついているわけじゃない」

「タルパの説明については確かにそのとおりかもしれませんが、隠しているといえばもうひとつ、私は依頼主に隠していることがあるでしょう？　己の無力さを痛感して絶望するのと同じくらい、それも私を苦しめている。この気持ち、あなただったら解ってもらえるんじゃありませんか？」

「まあね、分かるか分からないかで言えば、多少は分かると思う話かな」

今度は縋《すが》りつくような目つきで尋ねてきた深町の言葉に答え、思わず細いため息がこぼれる。

ふたりとも、拝み屋という仕事を始める、はるか昔の話である。

私も深町も、自前のタルパを創造した過去がある。

それはどちらも意図して創ったタルパではなく、己の無意識が創りあげたタルパだった。

私は中学二年生の頃、クラスで受けた集団無視が引き金となって、当時の自分と同じ歳をした十四歳の少女を、理想の友人として創りだした。名を桐島加奈江《きりしまかなえ》という。

深町は高校一年生の頃、クラスの輪にうまく馴染めず悩んでいた頃、ふとした弾みで始まった虚言と空想の果てに理想の姉が創りだされた。名を深町清美《ふかまちきよみ》という。

彼女たちとの交流は夢の中でおこなわれ、眠りに入ると彼女たちに会うことができた。

加奈江も清美も初めのうちは、自身を取り巻く悲惨な状況に疲弊しきっていた私たちにとって、大きな心の拠り所になってくれた。私も深町も、自身の心に生まれたタルパたちが大好きだった。

ところがある日、がらりと状況が一変する。

夢の中だけの存在と思っていた彼女たちが、目の前の現実に生身の姿となって現れたのである。

その後の流れについては、互いにかなり異なる様相を見せる。

私の場合、現実に現れた加奈江は完全に正気を失っており、それから二十年以上にもわたって半ば怪物と化した彼女から、しつこくつけ狙われ続けることになった。

ようやく事態が一応の収束を迎えたのは、つい数年前のことである。

深町のほうはさらに事情が込み入っていて、こちらのほうもその後は苦難と葛藤の連続だった。

同じく事態が収束を迎えたのも、まだほんの数年前の話なのである。

先に挙げた、全身黒ずくめで図体のでかい女のように、呪術的に創造されたタルパでなくても、斯様に通常のタルパも時として創造主の頭を勝手に抜けだし、人工的な幽霊と化す場合がある。

これを俗にタルパの暴走という。

当時の我々と同じく、素人の創ったタルパが暴走を来たした事例を過去に何件も見てきている。

暴走を来たす理由は様々だったが、多くは創造主の心の揺らぎが原因になっているようである。

殊に強いストレスが原因となって無意識に生まれたタルパは、その傾向が強いように思われる。

タルパは心の中に住み着く理想のパートナーであると同時に、創造主の心を映す鏡でもあるのだ。

創造主の心が不安定になればタルパも不安定になるし、何かと影響を及ぼすのである。

これは、意図して創りあげたタルパにも当て嵌まることだった。

自身が創造したタルパと良好な関係を築けている人たちに、苦言を呈するつもりは毛頭ない。

だが、これからタルパを創ろうと考えている人たちは、くれぐれも肝に銘じておいてほしい。

タルパは関わり方を間違えると、手のつけようのない諸刃の剣になる場合もあるということを。

私も深町も長年それで苦しんできたし、今でも自分の心の弱さを顧みて、恥じ入ることがある。

そして現に今も、目の前にいるこの男は、おそらく後ろめたい気持ちになっているのだろう。

「自分も依頼主の元夫と同じで、過去にタルパを創った経験があるから仕事がやりづらいとか？　なんとなく後ろめたい気持ちになるのは分からないでもありませんけど、別にあんたの場合は、誰かを傷つけようと思って創ったわけじゃない。そんなに気にしなくてもいいと思いますがね」

半ば呆れた心地で言い返すと、深町はえらく落胆したような面持ちになった。

「そんなふうに言われても私は腑に落ちない。どうにも私は、依頼主の元夫と自分自身を重ねて考えてしまうんですよ。依頼主の元夫は、フィギュアだのプラモデルだのの愛好家だったわけで、部屋にはその手のコレクションがずらりと大量に並んでいたそうだ。一方、私のほうはどうか？　ジャンルはまったく違うし、使い道もまったく異なるが、ご覧のとおり、仕事場の至るところにアンティークドールたちがびっしりと並んでいる。今のところ伏せている例のタルパの件も含め、もしかして依頼主から、元夫と同じような人種と思われていまいか？　そんなことを想像すると、なんとも落ち着かない気分になってしまうんですよ。甚だ仕事がやりづらいんです」

「いやあ、そっちの件も特に意識する必要はないと思いますけどね。仮に依頼主からどんな目で見られていようが、きちんと依頼さえ解決できればいいんです。違いますか？」

「違いません。理論的には大変筋が通っている話です。だがこの件は理屈だけの話だけじゃない。感情とか緊張とかにまつわる話でもある。時に郷内さん、あなたはこれまで親類縁者や友人知人、その他、自分がプライベートで知っている方を相談客として見たことがありますか？」

「本当にまどろっこしいな……。なんなんだよ、ありますよ。それがどうかしたんですか？」

「泉沢優樹菜は、私の高校時代の同級生だ！　およそ二十年ぶりの再会になる！」

「はあ？　なんですと！」

まったく予想だにしていなかった深町の告白に、一瞬頭が真っ白になる。

「想像してみてください。たとえ作り物とはいえ、私は現在、自分の元同級生の裸体を見ながら得体の知れない案件に頭を悩ませているわけです。これが冷静でいられると思いますか？」

「まあ……確かにかなり気まずいものはありますよね。分かります、その気持ち」

「ここ最近は彼女がここに来ることはないが、何か起きれば電話とメールでの連絡は受けている。言いわけするつもりはありませんけど、元同級生だってだけでも仕事がやりづらいっていうのに、こんなに気まずい状況では頭がおかしくなりそうだ。一体私はどうしたらいいっていうんだ？」

「いや、普通に言いわけしてますし、そんなに気まずいんだったらいっそのこと、他の同業者に相談する相手を替えてもらえばいいじゃないですか。と言っても、関わっているのがタルパじゃ、なかなか対応できるところはないでしょうけど」

「本音を言えば私だってそうしたい気分だ。でもあなたがおっしゃるとおり、タルパに関してはなかなか他では対応できるところがないと思うし、それに加えて当の泉沢さん自身も、できればよそには相談したくないと言っている。私にとっては、まさに八方塞がりって感じなんですよ」

まるでこの世の終わりを迎えたような顔つきで語る深町を見て、この男を酒浸りにさせている最たる理由がようやく分かった。

　これは自分の身に置き換えても、本当に困った状況である。

「ああでも、ここまで吐きだして、少なからず気分は落ち着きました。これまで誰にも言えずに独りで抱えこんできましたからね。やはり今日、あなたに訪ねてきてもらってよかったと思う」

「それは光栄です。なんの解決にもなってはいませんけどね」

「うん、そうだな。確かに解決にはなっていない。しかし、一筋の光明なら見えてきた気がする。改めて考えてみたのですが、先ほどあなたを巻きこむつもりは毛頭ないと言ったのは撤回します。今後は私の代わりに、泉沢さんの相談に乗ってもらうことはできないだろうか？」

「はあ？　何を寝惚《ねほ》れたことを！　大体、その泉沢さん本人は『よそには相談したくない』って言ってるんでしょう？　あんたがそうしたいと言ったって、無理に決まってんじゃないですか」

「違います。『よそには』の前に『できれば』が付きます。私が信頼している同業者だと言えば、彼女も納得してくれるかもしれない」

「信頼なんかしてないくせに。はっきり言って嫌です。これまで他人の仕事の引継ぎをしてきて、ろくな目に遭ったためしがない。今回も恐ろしい予感がぷんぷんする。泉沢さんの話じゃなくて、あんたの話を聞くぐらいだったら付き合ってやるけど、それ以上関わるのは御免です」

今となって振り返ってみると、どうしてこの男が最前から延々と大酒を喰らい続けてきたのか。その理由も分かった気がした。おそらく泥酔した勢いでこの話を切りだすつもりだったのだろう。まんまとしてやられたなと思う。

とはいえ、こちらもこうなることは、話を聞き始めた時から薄々予期していたことでもあった。難病を抱える身体のうえ、まともに魔祓いの行使もできない状態に加えて、ここ最近は特異な感覚自体も鈍化してきている。こんな状態で、果たして何ができるというのか。

まったく自信はなかったものの、相手がタルパとなれば、無下に断るわけにもいかないだろう。結局「共同戦線を張るなら」という条件付きで、深町の要求を受け容れることにした。

差し当たって深町は、優樹菜にこの件を打診してみるという。

それで彼女から承諾を得られれば、次は私がひとりで彼女から聞き取りをおこなうことになる。その後は得られた情報を共有して、解決の糸口を探りだしていこうという流れになった。

帰りしな、深町が心底安堵したような面持ちでこぼした、「あなたは本当に救世主だ」というひと言に「この策士めが」と思いつつ、事務所をあとにする。

まだまだ日の傾く時間ではなかったのだけれど、外では未だに冷たい雨がしつこく降りしきり、事務所を出た外廊下から見あげる空は、夕方よりも薄暗い陰気な鼠色に染まっていた。

自分の体調に関して、深町に何かいい知恵を貸してもらおう。

元々はそんな動機でわざわざ仙台まで来たはずなのに、すっかり話しそびれてしまったことに気がついたのは、すでに地元駅へ向かう帰りの電車へ乗りこんだあとだった。

だが、この時にはもう他のことで頭がいっぱいになっていて、そうした些末なしくじりなどは大して気にもならなかった。

体調の件も含め、深町には黙っていたのだけれど、私の有するタルパはまだ消えていなかった。常に姿が視えるわけではないが、今でも私のすぐそばにいるはずである。

あまりにも長過ぎる話になるので詳細は端折るのだけれど、暴走した加奈江とは四年ほど前の冬場にそれなりの和解を果たし、長らく続いた凶事は一応の収束へと至っている。これは先にも触れたとおりである。

だが、実はその先に続く話がまだあるのだ。

今年の四月、とうに消えたはずだと思っていた加奈江が戻ってきた。

いろいろと込み入った事情があり、姿は十四歳の少女から大人のそれへと成長していたけれど、今度は暴走した状態ではなく、まともな様相で私の前に現れた。

目的は私を守るため。

あるいは私の代わりに、その身を犠牲とするためである。

グルーヴ膵炎と診断されてまだまもないこの頃、私は著しい体調不良にほとんど連日のごとく悩まされていた。そんな折のことだった。

とりわけ背中の傷みがひどい晩に、かなりの昔に手掛けた仕事で解決することのできなかった大きな災厄が、まるで最後のとどめを刺すかのごとく私の許を訪れた。

スピリチュアリズムにおける守護霊という概念を、私は特に強く信奉しているわけではない。信じている人の価値観を否定する気もないが、生きている人の背後にはかならず自分を守護する霊がついているという概念は、これまで体験してきた自身の経験則からどうにもしっくりこない。ただそれだけの話である。

けれどもこの時に加奈江がとった行動は、まさに守護霊のごときそれだった。

おかげで私は、危うく大きな災厄に蝕まれて尽きるところを、辛くも生き延びることができた。だがその代わり、彼女のほうがその災厄を一手に被ることになってしまったのである。

不幸中の幸いにも存在自体が消えることはなかったが、平たく言うなら機能不全の状態に陥り、まともなコミュニケーションがとれなくなった。加えて姿も以前とかなり変わってしまった。

この五ヶ月余り、どうにか加奈江を元の状態に戻してあげたくて、あれやこれやと手掛かりを探し求めていたのだが、なかなか有益な情報を得ることはできなかった。

そこに来て、泉沢優樹菜に関わるタルパの件である。

おそらく今回も空振りに終わる可能性は大である。だから過度な期待はしていない。

関わればとんでもなく厄介な羽目になりそうなのも重々承知しているくせに、それでも深町の申し出を受け容れたのは、ひとえに自分という人間の在り様における問題からだった。

タルパは自分の心を映す鏡である。私の心の在り方が、おそらく今の加奈江にも影響を及ぼす。仮に事情はどうであれ、かつての盟友の窮地を見過ごすような真似をしでかせば、加奈江にもそれ相応の影響が出るかもしれないし、私も自分のことが嫌いになってしまいそうだった。

けれども逆を打つなら、少なくとも悪いようにはならないだろう。

そうした確信だけはあったので、敢えて首を突っこんでみることにした。

おかげで泉沢優樹菜は、深町以上に面倒な事情を抱えこむ拝み屋と関わることになりそうだが、仮に依頼主からどんなふうに思われようとも、きちんと仕事さえ解決できれば問題ない。

まずは深町を介して、彼女からの了解が来るのを待つことにした。

第四部

気圧す災い

脅かすだけの怪異かもしれない。
生命を取る気などないのかもしれない。
だがしかし、人は心臓が止まればそれで死ぬ。
時として、驚くだけでも心臓は止まる。

［第三十一話］踏んだり蹴ったり

実家がお寺だという乙寧《おとね》さんが、高校二年生の春休みに体験した話だという。

西の空が朧な朱と金に染まり始める夕暮れ時、寺の敷地内にある墓地の掃き掃除をしていると、どこからともなく、子供たちのはしゃぐ楽しそうな声が聞こえてきた。

なんとはなしに耳を傾け、声の出処を探って墓地の中を歩いていくと、墓地の隅に立てられた無縁仏を弔う大きな墓石の前に出た。

見れば、墓石の前には小学校低学年くらいの男の子が五人ほどいて、何やら地面にあるものを盛んに蹴ったり踏みつけたりしながら、きゃっきゃきゃっきゃと笑い声をあげている。

田舎で近くに公園もないような土地柄だったから、たまにこうして子供たちが墓地を遊び場にたむろするのは、さほど珍しいことではなかった。

だが、じきに日も暮れる時間である。ひと声かけておかねばと思い、子供たちの前に歩み寄る。

「ねえ僕たち？　もうそろそろ暗くなるから、早めに帰んないとダメだよ？」

声をかけながら子供たちの真ん前で両膝に手を添え、中腰になった時だった。

地面から突き出ているものと目が合い、とたんに顔からざっと血の気が引く。

それは、頭の禿げた老人の首だった。無縁仏を弔う墓石の前の土中から老人の首から上だけがぬっと突きだして、黄色い声をあげる子供たちに踏んだり蹴ったりされている。

老人は顔じゅうに苦悶の表情を浮かべ、目からは大粒の涙がぼろぼろとこぼれていた。

乙寧さんが悲鳴をあげると、子供たちも弾んだ声を一斉に張りあげ、蜘蛛の子を散らすように墓地の方々へ走り去っていった。慄きつつもそれらを目で追い、再び視線を地面へ戻したところ、いつのまにか老人の頭は綺麗さっぱり消え失せていた。

すぐに寺へと駆け戻り、今しがた見たものを父に伝えると、父は本堂に供えられていた供物を両手に持てるだけ持ち、乙寧さんにも持てるだけ持たせ、無縁仏の墓前へとおもむいた。

そうして墓の前に供物を供え、父は長々と経を誦した。

供養を終えると父は、「無縁様を下賤《げせん》なものだと思って、悪さをしにきたんだろう」と言った。

「何が？」と尋ねたのだけれど、父は「悪いものだ」としか答えなかった。

以来、同じものを再び見ることはなかったそうだが、朧な夕陽に染まる墓地の中、嬉々として老人の頭を嬲《なぶ》りつける子供たちの姿は、今でも鮮明に覚えている。

姿形はなんの変哲もない普通の子供にしか見えなかったが、彼らは一体何者だったのだろうと、今でも時折、思うことがあるという。

［第三十二話］ノック

会社員の涼香《すずか》さんが、四年ほど前から悩まされているという話である。

泊まりがけの出張に出かけると、決まって夜中に宿泊先の部屋のドアがノックされる。

たとえドアの脇にチャイムがあっても、されるのはかならずノックである。

ドアは控えめな力加減で、とんとん、と静かに二回鳴らされる。

だが出てみると、ドアの前には誰の姿もない。こんなことが毎回起きる。

最初の頃は、ストーカーにでも狙われているのではないかと思ったこともあった。

それである時、泊まったホテルのドアの前に、じっと待機していたことがある。

真夜中過ぎにとんとん、とノックの音が聞こえた瞬間、すかさずドアを開けてみたのだけれど、部屋の前の廊下には誰の姿もなかった。

それ以来、ノックの音が聞こえてきてもドアを開けることはなくなったそうである。

［第三十三話］打ちあげ

同じく、宿泊先にまつわる話である。

フリーライターの植竹《うえたけ》さんが、地方のビジネスホテルへ泊まった時のこと。

深夜近く、ベッドの中で仰向けに寝入り、そろそろ眠りに落ちようかというさなかだった。

突然、部屋じゅうに「ばああぁぁぁぁぁぁん！」と、凄まじい轟音が鳴り響いたかと思うと、寝ていた身体が布団ごと天井に向かって、下から打ちあげられるかのように浮きあがった。

宙へと投げだされた身体はあっというまに上昇し、目の前にぐんぐん天井が迫ってくる。

うわっ！　ぶつかる！　と焦った直後、今度は身体がくるりと空中で一回転し、視線が真下のベッドのほうへと向いた。

そのままぼすりと落下し、背中から布団を被ったうつ伏せの状態で、身体が再びベッドへ戻る。

何事が起きたのかと思ってすぐに飛び起き、隈《くま》なくベッドを調べてみたのだが、上にも下にも特に不審な点は見当たらず、その夜はびくびくしながら眠りに就いたのだという。

［第三十四話］ベッド鮫

こちらも宿にまつわる話である。

カメラマンの真子《まこ》さんが、仕事で地方のビジネスホテルに泊まった時のこと。

その日は朝からほとんど休む暇もなく、夜まで働き詰めだった。遅い時間にようやくホテルにチェックインすると、手早く化粧を落としてシャワーを浴び、ベッドの中に潜りこんだ。


再び目が覚めたのは、それから三時間ほど経った、深夜一時過ぎのことである。

足元から聞こえてくる、かさかさという乾いた音が耳に障り、眠りから意識が引き戻された。

初めのうちは、寝ながら自分が布団を蹴りつけている音だと思った。

だが、しだいに意識がはっきりしてくるにつれ、自分は脚など動かしていないことに気づく。

不審に思って視線を向けると、掛け布団の一部が天井に向かって盛りあがっているのが見えた。

足元にかかっている掛け布団の右端辺りが、細くて平たい形を作ってぴんと突っ立ち、右へ左へ小さく揺らぎながら乾いた音をたてている。

ちょうど、鮫の背鰭《せびれ》のような形をしているのだが、それがなんなのかは分からない。

けれどもそれが、自分の身体の一部でないことだけは明白だった。

ぞっとしかけていたところへ、背鰭のごとく突っ立つ布団の中身が、ふいにこちらへ向かって一直線に近づいてきた。布団は「ざざ！」と鋭い音を響かせながら、あっというまに顔の前まで接近し、布団の端ががばりと大きく捲れあがる。

捲れあがった布団の中には、蝋燭《ろうそく》のように真っ白く染まった、細長い腕があった。

腕はまるで、蛇が鎌首を擡《もた》げるような恰好で手首をだらりと垂らし、真子さんのすぐ目の前で白い指をうねうねと動かしてみせた。

とたんに視界がぼやけ、何も分からなくなってしまう。


次に意識を取り戻したのは、午前四時半近く。未だに外が暗い時間だった。

ベッドから転げるように抜けだし、怖々と布団を捲ってみたが、腕はもう布団の中になかった。

しかし、またぞろ湧いて出てこないという保証もない。

大急ぎで身支度を整えると、そのままチェックアウトを済ませ、あとはその日の仕事が始まる時間まで、近くのファミレスで震えながら過ごしたそうである。

［第三十五話］割烹着の女

永岩《ながいわ》さんは中学三年生の頃、こんな体験をしたことがある。

高校受験を間近に控えた二学期の冬休み、永岩さんは受験勉強に集中するため、近所に暮らす親類宅へ通うようになった。

農業を営む親類宅の広々とした敷地の中には、家人たちが現在暮らす母屋の少し離れた裏手に、二十年ほど前まで暮らしていた古い母屋もそのままの形で残されている。

電気は通っていないものの、南側に面した二階の一室は日当たりがよく、日中ならば明かりも必要としなかった。暖房用に石油ストーブをひとつ借り、永岩さんは冬休みに入ると毎日朝から日暮れ時まで、この古い母屋の二階で受験勉強をするようになっていた。

そうして連日、静かな環境で勉強に打ち込み、そろそろ年の瀬を迎える時期のことである。

午後の四時過ぎ、窓から射しこむ光がしだいに弱くなり始め、部屋の中が薄暗くなってきた頃、ふいに階下のほうから妙な物音が聞こえてきた。

どうやら包丁がまな板を叩く音らしく、台所のほうから聞こえてくるようだった。

誰だろうと思って階段をおり、台所の戸口に掛かる暖簾を捲りあげてみる。

薄闇に包まれた台所の中では、白い割烹着姿の女がこちらに背を向け、まな板を叩いていた。

背恰好から見て、親類宅の家人ではない。それはまるで身に覚えのない後ろ姿だった。

呆然としながら戸口に突っ立っていると、まな板を叩く音がぴたりとやんだ。

続いて女がこちらへ向かって、ゆっくりと振り返る。

女の顔は、両目と口だけが異様に大きく、顔面との比率が明らさまにおかしな造りをしていた。

まるでアニメのキャラクターの顔をそのまま実写に変えたような形相である。

女は永岩さんと目が合うなり、大きな口をがばりと半月状に広げ、がくがくと全身を小刻みに揺らしながら、まっすぐこちらへ向かってきた。右手には包丁が握られている。


その後、気がつくと永岩さんは裸足のまま、新しい母屋の玄関口にいた。

古い母屋の台所からこちらまで、どうやって逃げてきたのかはまったく覚えていなかった。

親類宅の家人らに今しがた自分が見たものを話したのだが、永岩さんと同じく、そんな女など知らないとのことだった。

この日以来、古い母屋で勉強するのはやめてしまったそうである。

［第三十六話］ダブル

杉内《すぎうち》さんが高校一年生の時のことだった。

ある日、学校から帰ってくると、リビングのソファーで妹が泣いていた。

妹は、杉内さんよりふたつ年下の中学二年生。

普段は明るく活発な娘で、彼女が泣いている姿など、もう何年も見たことがなかった。

そんな妹が制服姿のまま、ソファーへ斜めに腰をおろしながら上半身をくたりと横に折り曲げ、両手で覆った顔をシートの上にうずめて、しくしくと嗚咽をあげている。

只事ではないなと思って、「どうしたんだよ?」と声をかけたのだが、妹はただ泣くばかりで、こちらに面をあげようともしない。何を尋ねてもシートの上に顔をうずめたまま、悲嘆にくれたすすり泣きを続けるばかりだった。

あまりしつこくするのもどうかと判じ、リビングを去って玄関口に面した廊下へと出る。

するとそこへ玄関ドアが開いて、「ただいま」と妹が帰ってきた。

たちまち「は?」となって、みるみる頭が混乱を来たし始める。

「お前、なんでそこにいるんだよ？」

「え？　言ってる意味が分かんないんだけど」

怪訝な顔をする妹の手を引き、再びリビングへ戻ってみる。

だが、つい数秒ほど前には確かにいたはずの妹は、ソファーの上から消えていた。

幻でも見たのだろうかと思い、戸惑いながらもソファーを検めてみたところ、シートの上には
かすかな温もりと、ぐっしょりと湿った涙の跡が残っていたという。

[第三十七話] 芳名帳

笛木《ふえき》さんが高校時代、修学旅行中に体験した話である。

くわしい場所や名前は伏せるが、とある戦争関係の記念館を見学していた時のこと。

館内の見学は、グループ単位で自由におこなうことができたのだが、戦争の資料や歴史になどまるで興味がないため、早々と飽きてしまった。

グループの仲間たちも「もういい。かったるい」ということだったので、集合時間がくるまで、どこか適当な場所で時間を潰そうということになる。

だらだらうろつき回っていると、まもなく入口付近に面した一角に、休憩コーナーを発見した。古びた長椅子が何脚かと、自動販売機やパンフレットラックなどが申しわけ程度に置かれている殺風景な場所だったが、とりあえず休めるだけマシだと思って長椅子に腰をおろす。

仲間たちとバカ話をしながら時間を潰していると、休憩コーナーの片隅に、芳名帳が置かれた小ぶりな机があるのを発見した。なんともなしに芳名帳を開いたところ、視界に飛びこんできた名前に思わずぷっと噴きだしてしまう。

西の都　ブルマ
伊賀の里　ハットリカンゾウ
サイド7　アムロ・レイ

まともな来場者たちの記帳に交じって、戯けた名前が書きこまれている。おそらく自分たちと同じように修学旅行で訪れた生徒が、暇を持て余して書きこんだものではないかと思った。

これは面白いと思い、さっそく笛木さんも「ショッカー基地　仮面ライダー」と書きこんだ。仲間たちに見せると大ウケだったので、ますます気分がよくなった。

そうしてほどなく集合時間が訪れ、上機嫌のまま、記念館のエントランスを出た瞬間だった。

突然、耳元で「ぱあぁぁーん！」と凄まじい炸裂音が轟き、両の鼓膜をつんざいた。

その場を飛びあがるほど驚いて、すかさず仲間たちに「今のなんだよ！」と訊いたのだけれど、彼らは何も聞こえなかったという。他の生徒たちも答えは皆同じだった。

けれども、耳には確かにじんじんと痺れるような感覚が残っており、修学旅行が終わる頃まで、すっかり音が聞き取りづらくなってしまった。

音は戦争映画などで耳にする、鋭く乾いた銃声によく似ていたそうである。

［第三十八話］どちらも被害者

優月《ゆづき》さんが昔、とある田舎の会社に勤め始めた頃の話である。

戸外に白糸のような雨が降り頻る、初秋の夕暮れ時のことだったという。

仕事で使う書類を作成するため、昔の経理に関する資料が必要になった。

上司に場所を尋ねると、地下の倉庫にあるという。

会社の地下には、長い通路が一本延びていて、壁の両側には等間隔で、小さな部屋が八つほど並んでいる。以前はオフィスとして使用されていたらしいのだけれど、社員の評判が芳しくなく、その後は主に倉庫して使われるようになったのだという。

優月さんは、この地下が大嫌いだった。

古い会社であるためか、地下の壁面は灰色のコンクリート製で、天井からぶらさがる明かりは、お椀型の笠を被った裸電球。これらが黒いコードに吊るされ、通路に沿って一直線に並んでいる。

裸電球が投げかける橙色の明かりは陰気で薄暗く、壁は湿気を含んであちこちに斑《まだら》状の染みや黒い黴が浮かんで、まるで廃虚のごとき様相である。

これでは当時の社員も、さぞや気が滅入ったことだろうと思う。こんなところに閉じこもって毎日仕事をしていたら、頭がどうにかなってしまいそうである。

橙色の明かりにぼんやりと照らされた不気味な通路を足早に進み、いちばん奥にある部屋から目的の資料を見つけだす。そうして再び通路へ戻った時だった。

突然、頭上の裸電球が「ばちん！」と大きな音をたてて一斉に消えた。

まるで失明したかのように目の前がどす黒い闇一色に包まれ、堪らず大きな悲鳴があがる。

すると頭上で再び「ばちん！」と大きな音が鳴って、電気がついた。

明るくなった目の前には、真っ青な顔をした若い女が突っ立って、薄ら笑いを浮かべていた。

加えて、天井からぶらさがる電球は、全てが振り子のようにぶんぶんと激しく揺れ動いている。

今度は腹の底からありったけの悲鳴を絞りだし、地下から一目散に逃げだした。

半狂乱になってオフィスへ戻り、今しがた起きたことを上司に報告したところ、露骨なまでに渋い顔をされ、いかにも面倒くさそうな声音で「ああ……」と呻かれた。

「確かに昔、死んでる人がいるからねえ……」

上司はぼやくようにつぶやくと、あとは何も教えてくれなかったが、おおよその察しはついた。

単に死んだというより、最悪の労働環境で会社に殺されたといったほうが正しいのだろう。

二度と同じ思いをしたくなかった優月さんは、それからほどなく会社を辞めたそうである。

［第三十九話］引きずり寺

薬剤師をしている穂乃美《ほのみ》さんという女性から、こんな話を伺った。

三年ほど前の春先、親戚の法要で田舎の山間に立つ古びた寺へおもむいた時のことである。

広々とした本堂で滞りなく法要の儀を終えたのち、続いて本堂に隣接する庫裏《くり》にてささやかな昼食会が開かれた。

仕出屋が設えた箱膳の前に参列した親類縁者一同が銘々に腰をおろし、喪主の挨拶が終わると、和やかな雰囲気で食事が始まる。

それからまもなくした頃だった。

穂乃美さんはふとした弾みで手にした椀を取り落とし、膝の上へしとどに汁をこぼしてしまう。

隣に座る叔母に「やっちゃった」と言いながら立ちあがり、濡れたスカートの汚れを流すため、庫裏の奥にあるトイレへ立った。

ところが庫裏を抜けだし、廊下を歩きだしたとたん、ふいに両の足首を何かにぎゅっと掴まれ、身体が仰向けに引き倒された。

「え？」と思った次の瞬間、倒れたつま先を前方にして、仰向けになった身体が凄まじい勢いで廊下の上を滑り始める。

悲鳴をあげる余裕ばかりか、自分の身に一体何が起きているのか把握する隙すらも与えられず、穂乃美さんは黙って息を呑みながら、長い廊下を一直線に滑走した。

滑りが収まってくれたのは、トイレの扉の真ん前だった。あわや扉に激突直前というところで、今度は襟首を掴まれるような感触を覚え、ぐっと息を呑みこむ強い反動とともに動きは止まった。

呆然とした心地で立ちあがってはみたものの、何をどうしていいのか分からなかった。

とりあえずトイレの水道でスカートの汚れを洗い流し、やはり呆然とした心地で庫裏へと戻る。

今しがた自分の身に起きたことを話すべきかと悩んだのだけれど、目撃者は誰もいなかったし、話したところで誰も信じてくれるとは思えなかったし、そもそも何をどのように話せばいいのか、自分でもよく分からなかった。

結局、何事もなかったかのようにしながら昼食の席を過ごし、やるせない気持ちを抱えたまま、黙って寺をあとにしたそうである。

［第四十話］泉沢優樹菜

二〇一八年九月上旬。

理不尽極まる流れから、泉沢優樹菜と人形にまつわる仕事を引き受け、一週間近くが過ぎた頃。ようやく深町から電話で連絡が入った。

「どうにか了解をもらうことができました」

聞けば、説得するのにずいぶん時間がかかったのだという。

既知のとおり、相談内容がデリケートなものであるゆえ、どこの誰とも知らない男の拝み屋に話を打ち明けるのはどうにも抵抗があると、ごねられ続けていたらしい。

「そこで、あなたが既婚者で、なおかつ〝怪談作家〟という仕事をしている公人だということも伝えたうえで根気強く説得を続けたところ、ようやく先ほど了解をいただくことができました。

「嫌だなあ。人のプライベートまでべらべらと」

「申し訳ない。事後になりますが、お詫びします。だが、これで泉沢さんと会うことができる」

「まあいいか。別に知られて困ることでもなし。むしろ、自己紹介の手間が省けて助かります」

深町の言うとおり、私には妻がいる。私より六歳年下の女性で、名を真弓《まゆみ》という。

彼には何も話していなかったのだけれど、私と真弓は現在、共に暮らしてはいない。

果たしてなんの因果だろう。今年の一月下旬、私がグルーヴ膵炎で倒れる少し前のことである。

くわしい病名こそ伏せるが、真弓も完治が困難とされる重い病に倒れていた。それからまもなく、
私たちは互いの病気の療養に専念するため、住まいを別に暮らしている。

身内間における煩瑣《はんさ》な話になるため、こちらも詳細までを語る気はないが、別居を始めて以来、
私と真弓は、互いの意思で連絡を取り合うこともできなくなり、長らく音信不通にもなっていた。

彼女の容態については、「未だに芳しくない」ということ以外、くわしいことは何も分からない。

一時はかなり落ちこんだものだけれど、今は特に悲嘆することもなくなった。

加奈江の件と同じく、前向きに捉えることが肝要と悟ったゆえである。真弓もいずれかならず
病気が治って、元気な姿で我が家に帰ってこられる日がくることを私は信じている。

優樹菜の提案で面会は三日後、仙台市内の喫茶店でおこなうことになった。

話を円滑に進めるため、タルパという概念や人形の正体について話してよいか確認したところ、
自身が過去に有していたタルパに関すること以外はＯＫとのことだった。

こちらもそれで条件を呑むことにする。

前回訪ねた時とは打って変わり、当日の仙台は快晴。

空気は乾燥気味でいかにも秋めいていたが、気温は高く、夏が戻ってきたような暑さだった。

指定された仙台駅の東口付近にある喫茶店の前で待っていると、まもなく優樹菜もやってきた。

何せこちらは、実物よりも先に人形と対面している身である。一瞬、人形が歩いてきたのかと頭が混乱を来たし、思わずぎょっとなってしまう。

だが、実際に顔を合わせ、言葉を交わした彼女は、人形とはまるで印象を異にする女性だった。

薄気味悪い妖気を漂わせながらも、どことなく儚げで萎れた色も滲ませていた人形とは正反対で、実在の優樹菜は極めて明るく、快活な雰囲気の女性だったのである。

髪の色も陰気な黒ではなく、健康的な艶を帯びた茶色。さっぱりとした性分で、思ったことや気になることをなんでも口にだしてくれるため、おかげで余計な神経を使わず話すことができた。

どうやらそれは、彼女のほうも同じだったらしい。

「深町くんは同級生だから、信用して相談ができるんですけど、普通はなかなか拝み屋さんって縁がない人じゃないですか？　だからなんとなく、霊感商法みたいな胡散臭いイメージもあって、お会いするのにちょっと尻込みしてたんです。でも、安心しました。いい人そうで」

「霊感商法ですよ。騙しやすい客からは、脅してたっぷり金を巻きあげるようにしている」

笑いながら応えると、優樹菜はぷっと噴きだし、「やめてくださいよ！」と頭を振った。

ひととおり挨拶が済んだところで、さっそくタルパと人形についての説明をおこなったのだが、こちらも多少驚かれはしたものの、結果的には「そんなこともあるんですね」といったところで、特に訝しまれることもなく、すんなり呑みこんでもらうことができた。

そのうえで、今度はこちらが知りたい話を尋ねていく。まずは元夫、野島明道についてである。

「結婚するまではすごくいい人、結婚してから本性が分かって、失望したって感じですかね」

つかのま、思案げな眼差しを空に泳がせてから優樹菜は答えた。

元々ふたりは、同じ勤め先の同僚だったのだという。義肢や介護器具などを扱う小さな会社で、優樹菜が明道の仕事を手伝っているうちに、自然と交際するようになった。

性格は口数が少なく物静かで、大人しいというよりは、弱々しくて暗い印象の強い男だったが、その半面、驚くほど細かなところにまで気配りのできる男で、交際中は優樹菜を喜ばせることは多々あっても、泣かせることや怒らせることは一度もなかったという。

フィギュアの収集やプラモの製作といった、立体物関係の趣味については、交際中に気振りを匂わされることすら一切なく、結婚してから初めて知ったそうである。

「『どうして黙ってたの?』って訊いたら、『嫌われると思って言えなかった』って返されました。単に自分が興味ないというだけの話で、わたしは別にそういう趣味に偏見はなかったんですけど、バカなのって思って。いいじゃないですかね? お人形さんとか、ロボットとか」

だが、明道が持っていたもうひとつの趣味については、許容できなかったという。

こちらは交際中から知っていたのだけれど、明道には動画と写真を撮影する趣味もあった。

「付き合ってた頃は、ふたりで遊びにいった時とか、しょっちょうわたしのことを撮ってくれて、すごく几帳面に整理したり、編集したりしたやつを見せてくれてたんです。それはいいことだし、むしろ嬉しいことだったんですけど、結婚してしばらくした頃から、その撮影する内容について、ものすごく特殊な要求をしてくるようになったんです」

眉をひそめ、心持ち声を小さくしながら、優樹菜は言った。

〝特殊な要求〟に関して、彼女はそれ以上多くを語らなかったが、おおよその察しはついたので、こちらも黙って聞くだけに徹した。同時に深町が、ふたりの離婚に至ったくわしい経緯に関して言葉を濁した理由も合点がいった。こんな話では、みだりに仔細を語れるわけがないのである。

「こっちの顔色をうかがいながら、何度もしつこく拝み倒されましたけど、全部突っぱねました。そうこうしているうちに、わたしのほうはだんだん気持ちが醒めてきて、気づけばふたりの間に見えない溝ができてしまったんですよね」

優樹菜が徹底的に拒否し続けたことで、明道はさすがに諦めたらしいのだが、優樹菜に対して真摯に謝ることもなければ、生じた溝を埋めるそぶりを見せることもなかった。代わりに自室へ引きこもりがちになってしまい〝別の優樹菜〟に興味を向けるようになってしまった。

「付き合ってた頃に撮影したわたしを、パソコンで環境映像みたいに流しっぱなしにしてみたり、わたしの写真を壁にたくさん貼りつけたりしながら、しょんぼりするようになってしまって」

まいったなとは思いながらも、優樹菜は明道の要求に応える気もさらさらなかった。

代わりに精一杯の譲歩として、優樹菜のほうから何度も話し合いの機会は設けたのだけれど、ふたりの意見は平行線をたどるばかりで、そのうち明道は、対話に応じることさえなくなった。

「本物のわたしがすぐそばにいて『ねえ、聞いてよ？』ってお願いしてるのに、あっちのほうは昔のわたしの記録にぞっこんで、まともな会話にもなりませんでした。本当に異常な感じだった。というか、正体を現したって感じかな。認めたくはなかったんだけど、気づいてしまったんです。彼は、わたしのことが好きだったんじゃなくて、わたしの〝ガワ〟だけが好きだったんだなって。生身の人間としてじゃなく、単なる物として存在するわたし。そして、あの人が自分の頭の中で勝手に思い描く、虚構としてのわたし。そんなことに気づいてしまった瞬間」

気持ちは完全に断ち切れ、離婚を決意したのだという。

「うちにあの人形が届いた時、怖いし気味が悪いとも思ったんですけど、離婚の決定打になった直感の裏付けにもなったなと思いました。離婚する間際は人形ぐらい造りかねない感じでしたし、造った人形におかしな念がこもったとしても、おかしくないような雰囲気でしたから」

だから先刻、私からタルパの説明を受けても大して驚きはしなかったのだという。

「器物愛好の変形みたいなものだったんですかね。結婚するまでは本当にいい人だったんだけど、あれも自分が欲しいものを手に入れるために、自分を殺して必死でお芝居してたんだろうなって思っちゃうと、ますますがっかりしてしまいました」

軽くため息をこぼしながら微笑を浮かべ、優樹菜は言った。

ようやく少しだけしおらしい色を垣間見せたが、芯の強い人だと思う。

人妻だった頃は、特殊な趣味嗜好を持つ夫に頭を悩ませられ、今現在は鬼籍に入った元夫から、まったく別の形で被害を受けているというのに、少なくとも表向きは悲嘆する様子が見られない。大層気丈な女性である。明道とは釣り合わないわけだと思った。

同時にそんな彼女と比べると、ついこの間、現状の行き詰まりを憂いて酒に逃げていた深町が、えらく卑小でだらしなくも思えてしまう。

深町といえば先日、迂闊にもひとつ訊き忘れていたことがあった。代わって彼女に尋ねてみる。

「ところで今回の件に当たって深町さんから、何か渡されている物はありませんか？」

「ああ、いつも身につけて持ち歩くタイプの小っちゃな御守りと、それから家の四方の壁に貼る大きい御札、結界札っていうんですか？　そういうのを二種類受け取っています」

深町に言われたとおり、御札は常に肌身離さず持ち歩いているし、結界札も自宅の四方の壁へ貼りつけてあるという。だが、それでも優樹菜の前には〝タルパの自分〟が現れ続けている。

タルパにはなまじの魔祓いや封印が通じない点についても説明してあるので、優樹菜のほうは御守りと御札の効能について、疑念を抱くようなことはなかった。

むしろ、私のほうが彼女の答えを聞いて、今まで完全に見落としていた矛盾に気づいてしまい、首を捻ることになってしまう。

タルパになまじの魔祓いや封印が通じないからこそ、優樹菜の前に〝タルパの自分〟が現れる。

だが、タルパに魔祓いや封印が通じないのなら、どうして深町の事務所にある優樹菜参號器は、優樹菜にとっては災難なことだが、これはきちんと筋が通っている。

封印することができているのだろう？

単に事が悪いほうに作用していないからよいという話ではない。理由が分からないのであれば、そもそもそれが、よいか悪いかという判断すらもできかねる。

さて、これは一体どうしたことだろう？　答えらしいものは、何も思い浮かんでこなかった。

仕方なく、こちらは一旦保留にして、次の質問へ移ることにする。

「泉沢さんの前に現れる〝もうひとりの自分〟って、見ていてどんな印象を感じますか？」

「ううん、そうですね……。いちばん強い印象は、自分であって自分でないっていう感じかな？見た目は確かに自分と瓜二つなんですけど、鏡で見る自分とは全然違う感じで、なんていうかな、それこそ元夫が妄想の中で造りだした、生きている偽物みたいな感じです」

「人形はすでに弐號器が処分済みで、今のところ、我々の手元にあるのは参號器だけなんですが、目の前に現れる〝自分〟たちを見た時、それぞれ違った印象はありますか?」

「うん、言われてみると確かに違いはあるかもしれませんね。プロじゃないので自信はないけど、たとえば夢の中で首を絞めてくる〝わたし〟と、バスルームの鏡越しに見えた〝わたし〟とでは、なんとなく雰囲気が違うような気はします。あとはこの間、夢じゃなくてベッドで寝ている時に馬乗りになって襲ってきた〝わたし〟も、ちょっと雰囲気が違うような感じだったかな?」

先月の半ば近くに寝込みを襲われたのちも、優樹菜は現実で三度、夢で二度、〝自分〟の姿を目にしているのだという。やはりそれぞれ、微妙に雰囲気が違うように思えるとのことだった。

そうした一方、死んだ明道が出てくることは、現実においても夢の中においても、今のところ一度もないそうである。「どうしてでしょうね?」と問われたが、私も道理は分からなかった。

話を再び人形へと戻す。

「確かな証拠があるわけではないですが、泉沢さんの証言から察すると、弐號器、参號器以外の人形たちもどこかに存在していて、泉沢さんの前に現れているという可能性も考えられるんです。何か心当たりはないでしょうか?」

「四號器以降の人形は分かりませんけど、多分、壱號器はもう見つかっていると思いますよ」

「はあ、どういうことでしょう?」

「目の前にいます。壱號器はわたしだと思います」

自嘲的な笑みを拵え、優樹菜が自分の顔を指差してみせた。

「明道が、わたしと付き合うことになった時に言ってたんです。『貴女が生まれて初めてできた自分の彼女です』って。だから多分、壱號器っていうのはわたしのことだと思います」

なんとも返答に窮する推測だったが、筋は通っているような気がした。優樹菜の語ったとおり、明道が彼女のことを〝モノ〟という観点で捉えていたのであれば、オリジナルの優樹菜が壱號器、それ以降の自分で造った人形たちに、壱から続く番号が順に振られていくことになる。

一向に治まらない〝自分〟の出没に加え、体調のほうも相変わらずとのことだった。

「今日は割かし調子がいいほうなんですけど、ひどい時だと一日じゅう横になっていたいくらい、身体がだるくてしんどくなるんですよね。なんだか自分の中身を吸われてしまったみたいな感じ。偏頭痛もあってそっちのほうも大変なんだけど、だるさに比べればまだマシなほうですかね」

「いえいえ、体調不良に上も下もないですよ。しんどいと思うものはみんなしんどいでしょうに。確実な約束ができないのは心苦しいんですけど、なるべく早期に事が解決するよう努めますので、引き続きよろしくお願いいたします」

「こちらこそ、よろしくお願いいたします。なんだか最近、信じられないことばっかりですけど、その信じられないことの当事者になっちゃってるんですよね、わたしは」

「同情しますよ。私も嫌になるくらい経験があるので」

私が応えると、優樹菜は「お気の毒に」と笑って、大きく肩をすぼめてみせた。

「とりあえず、今日は大体こんなところですかね。あとはできれば、元旦那さんに関する情報や資料がもっと欲しいと思っているんですが、どうでしょう？」

「情報に資料。あ、ちょっと待ってください。まだ残っていればいいんだけど」

はっとした顔を浮かべるなり、優樹菜はバッグの中から取りだしたスマホをいじり始めた。

「あった！　これとか使えないですかね？」

テーブルの上に差しだしたスマホの画面には、明道が生前作ったＳＮＳのページが映っていた。画面をタップしつつ中身を確認してみると、自撮りとおぼしき、明道本人の姿を収めた写真が数えきれないほどうじゃうじゃと出てきた。色が生白くて、深町と負けず劣らず身体の線の細い、いかにもひ弱そうな感じの小男だった。

他にも雑多な写真に交じって、結婚当時に優樹菜が暮らしていた家（同時に明道が首を括って死んだ家でもある）の様子や、近所らしき田舎の風景などが大量に残されているのが確認できた。

「これって、誰でも覗けるアカウントですか？」

「ええ、承認欲求の強い人だったから、誰でもウェルカムになってます」

「助かりました。大いに役立ってくれそうです。じゃあ今日はこれにて」

「あ、その前にもうひとつだけいいですか？」

別れの挨拶をして席から立ちあがろうとしたところへ、優樹菜から最後の質問をぶつけられた。

「何が目的なんだと思います？　そのうちわたしを殺す気なんでしょうか？」

「その答えも含めて、これから必死になっていろいろ調べてみます。深町さんと仲良くふたりで。だから安心していてください。何かあったら連絡を」

それから喫茶店の前で「深町くんによろしく」と言われ、この日の面談は終わりとなった。

無責任に強気な言葉を吐きだしはしたものの、正直なところ、得られた情報は有益なものより、ますます頭を悩ませるもののほうが多かった。

街の中へと消えていく優樹菜の姿を見ながら、どうしたものかと気疎い思案を巡らせ始める。

［第四十一話］もうひとりの盟友

当初の予定では、優樹菜との面談が済んだらすぐに深町の事務所へ向かう手はずだったのだか、地下鉄駅に足を延ばし始めてまもなく、気が変わった。

代わりに今度は、駅の西口方面にある別の喫茶店へと入り直す。

テーブルに着いて適当に注文を済ませると、携帯電話の電話帳を開き、およそ半年ぶりになる番号へ発信ボタンを押した。コール音が数回聞こえてすぐ、電話は容易くつながってしまう。

「やあ小橋《こばし》さん、お久しぶりです。異国《とっくに》で変わらず元気に暮らしてます？」

「ご無沙汰してます。元気ですよ。でも、もう小橋じゃありません。台湾のかっこいい苗字です。けどいっか。小橋って呼ばれるほうがしっくりきます。郷内さんこそ、元気でしたか？」

明るい声で電話に出たのは、小橋美琴《みこと》という元霊能師の女性である。歳は私よりも少し下。

以前は東京で仕事をしていたのだけれど、今年の春に台湾人の男性と結婚したのを機に引退し、今は台湾で暮らしている。二年前に深町と手がけた例の厄介な仕事には、美琴も肩を並べていた。

深町が封印や結界のプロなら、彼女はタルパに関するスペシャリストだった。

「まあね、身体のほうは良くも悪くもなく。でも、気持ちのほうはどうにか大体、前に向いてる。ざっくり言うと、そういう具合かね。ポジティヴ・シンキングってやつ」

「それはよかったです。人間、ポジティヴがいちばんですね」

「実はちょっと訊きたいことがあって連絡したんだけど、今って都合、大丈夫かな。もしかして、そっちは真夜中だったりする？」

「まさか。日本と台湾の時差はたったの一時間ですよ。こっちは今、ちょうどおやつの時間です。ちなみに都合のほうも全然大丈夫。台湾に引越してきて以来、ほとんど肩書きだけの専業主婦で、実は割とヒマを持て余しているんです。今も借りてきたDVDを観てました。心臓に悪いやつ」

「なるほど。刺激に飢えてるってわけね。だったら話がしやすくて助かる」

本音を言うなら、深町の事務所で優樹菜参號器を見た日から、ずっと連絡したいと思っていた。けれども相手はとうに現役を退いた身のうえ、結婚までしている。多分に遠慮していたのである。

おそらく同じ理由から深町も先日、美琴の名前を口にはださなかったのだろう。

しかし、そんな気遣いも早々と引きあげざるを得なくなった。プロの知恵でも拝借しない限り、今回の件は我々ふたりの知恵では分からないことだらけである。

優樹菜の素性と、深町が酒に逃げていたことだけを省き、これまでの流れを一から順を追って美琴に伝え、そのうえで気になることを尋ねていく。

まずはいちばん不可解なこと。優樹菜参號器に深町の結界が通用している件について。

「実物を見ていないので確かなことは言えないけど、タルパと言っても不完全なタルパだったら、変則的に魔祓いや封印が通じてしまうケースも案外あると思いますよ？」

美琴が言うには、実在する人間などをモデルにしたタルパは、不完全な形で完成する例が多く、そうした場合は様々な不具合を抱えこんでしまうものなのだという。

「覚えていますよね？　三年前の月川涙《つきかわるい》さんのケース、それから二年前の着せ替え人形のケース、あとはそうだな……わたしが昔手掛けた仕事で、亡くなってしまったペットの猫をタルパとして造った人がいたんですけど、その猫さんの場合は、普通に供養のお経に応じて消えてくれました。今回のケースも、実在する依頼主の方をモデルに造ったタルパみたいだから、どこかで割と脆い一面があるのかもしれませんね」

実在の人物をモデルに造ったタルパは、不具合を起こしやすい。

私もそれについては知っていた。実はつい半月ほど前、八月の下旬頃にも東京への出張相談で手掛けた仕事も、実在する人物をモデルにしたタルパが絡むものだった。

今回の件と同じく、創造主は男。人形を素体としたタルパで、モデルは昔付き合っていた彼女。一応、それなりのコミュニケーションは取れていたらしいのだけれど、できあがったタルパには眼球がなかった。おそらくこれも不具合の一例なのだと思う。

今回の件も人形たちがなんとなくまともな意志を持っていそうにないという点で、何がしかの不具合を起こしている可能性は、十分に考えられた。

「それから、こっちのほうはちょっと考えづらいことになるんですけど、まだ完成したばかりで満足に稼動できていないタルパという可能性。あとは、創造主の心の揺らぎや弱さに影響されて、タルパが弱体化してしまっているという可能性。他に考えられるのは、このふたつくらいかな」

思案げな声音で美琴が言った。

「完成したばかりっていうのが、どれぐらいの期間を指すのか知らないけど、元夫が死んでから大体三ヶ月。だから人形を造ったのはそれより前ってことになる。期間としてはどう思う？」

「だから考えづらいんです。それぐらいの時間があれば、微細な隙もなくなっているはずですし。創造主の心の機微に関しても、その人はすでに故人でしょう？　こっちも考えづらいんですよね。まあ、あの世で反省しているとかなら、話は別ですけど」

「冥途に旅立つ置き土産に、別れた女房に気色の悪いタルパを仕込んだ、そっくりさんの人形を送りつけるような男だぞ？　それはないんじゃないかな？」

「ないでしょうね。あるのはむしろ、悪意のほうかな？」

「ないっていえば、これだけ人形どもがぞろぞろ動き回っているっていうのに、創造主の元夫が全然化けて出てこない。これからしれっと顔をだす可能性もあるのかな？」

「それもちょっと未知数ですね、とりあえず注意だけはしておいたほうがいいと思いますけど」

過去に二度、美琴と一緒に故人が造ったタルパを相手にしたことがある。

どちらも最後は、死んだ創造主も化けて出てきた。今回も警戒しておくに如《し》くはないと思った。

それから美琴の助言で、深町の事務所にある参號器には当面の間、手をださないことに決めた。深町の所感と同じく、実態が分からない段階で下手にいじるのはやめておいたほうがいいという。

はたと気づけば、すでに一時間以上も話しこんでいた。そろそろ切りあげねばと思う。

「すみません、なんだかあまり役に立てなくて。本当はすぐにでもそっちに行きたいんですけど、日本に一時帰国するのは、もう少し先の予定なんですよね……」

「いや、十分助かった。せっかく引退したのに、危ない橋を渡ることはない。ありがとう」

礼を言って終わりにしようと思っていたのだけれど、そこで気持ちがぐらりと大きく傾いた。

寸秒ためらいはしたものの、今度は思いきって、美琴に加奈江の件を打ち明けた。

「嘘……加奈江さん、そんなことになってたんですか。どうして早く言ってくれないかな」

「これについては自分のことだし、自分でなんとかしようと思って。だから気持ちを前に向けて、毎日自分ができることをがんばっている。こんな感じでいいのかだけ、聞きたかった」

「うん、それでいいと思います。タルパは創造主の心の在り方に強く影響を受けるんですから」

私の問いに、美琴は凜とした声で答えた。

「加奈江さんだって、絶対に元の姿に戻れるって信じているはずです。昔みたいに軌を一にして、ふたりで気持ちを前に向けてがんばっていれば、いつかかならず奇跡は起きると思います」

「うん。それを聞いて安心した。引き続き、がんばってみます」

「何かあったら遠慮しないで、また連絡くださいね。力になれることはなりますから」

美琴の言葉に再び「ありがとう」と述べ、通話を終える。

会計を済ませて店を出ると、空は薄暗く陰って、そろそろ日が暮れそうな時間になっていた。

急ぎ足で地下鉄駅へおり、ようやく深町の事務所へと向かい始める。

［第四十二話］来たるべきゴースト

日暮れ近くに古びたエレベーターを上って事務所の前へ到着すると、この日は素面《しらふ》に復帰した、概ね正常な深町が出迎えてくれた。

リビングのテーブルには、ワインの代わりにコーヒーの入った小ぶりなカップが置かれている。リビング自体も、先日の惨状が夢だったかのごとく綺麗に片づけられていた。

「エスプレッソですよ、飲みますか？」

「いや、二軒ハシゴしてさんざん飲んできたんで、もう結構です。ジュースのほうがいいな」

わざとらしくぼやいてみせると、深町は本当にキッチンからコーラを持ってきてくれた。

「実はさっき、小橋と電話であれこれ話をしました。泉沢さんから聞かせてもらった話も含めて、情報共有といきましょう」

「ひどいな。彼女は引退したっていうのに、老骨に鞭打つような真似をしたのか」

「使い方間違っているうえに、あんたのほうが小橋にひどいこと言ってる。まあ聞きなさいよ」

あまりにも的の外れた深町の言葉をうっちゃり、さっそく話を始める。

結果、優樹菜参號器については、やはり両者一致で現状保留。

どういうわけだか、注連縄の結界だけが効いているという事実については、深町自身も私から指摘されるまで深く考えることがなかったのだという。そのうえで、理由は不明とのことだった。

あとは優樹菜に教えてもらった、明道が生前使っていたSNSのアカウントを伝えるぐらいで、それが済むと他には何も報告することがなくなってしまった。

改めて、この日の聞き取りの成果が、いかに思わしくなかったかを実感させられる。

差し当たり、優樹菜の身辺に現れる人形どもの動向と、もしかしたら今後現れるかもしれない明道の亡魂に警戒しつつ、SNSを覗きながら経過を見守ることになる。

「ところで、おたくと泉沢さんって学生時代、どういう関係だったんです?」

「は？　別に。普通の同級生でしたよ。そんなことは今回の件の本質とは何も関係ない」

何気なく尋ねたところ、むっとしたそぶりで深町が答えた。

「ふうん。だったら〝お客さま〟としても普通に接してあげたらいいのに」

「過去の自分を知っている相手と接するのは、やりづらいというだけですよ。だから恥を忍んであなたに協力をいただいている。私も動きますから、あなたも彼女をよろしくお願いします」

ぶっきらぼうに話を打ち切られたところで、この日の仕事は終わりとなった。

事務所を出ると、外はすっかり暗くなっていた。
時刻はそろそろ午後の八時。昼間の暑さはだいぶ落ち着き、夜風が少々肌寒いくらいに感じる。
これから地下鉄に揺られて仙台駅まで戻り、在来線を使ってまっすぐ家に帰ってもいいのだが、
終電までまだまだ時間もあるし、せっかくなので少し買い物でもしていこうかと思い立つ。
地下鉄で仙台駅まで戻ると、西口の近くにある大きな書店へ向かった。
店までたどり着き、入口の自動ドアを抜けた目の前には、薄汚れた白いトレンチコートを着た、
やたらと背の高い女が立っていた。
私よりも頭ふたつ分ぐらいでかいので、二メートル以上はあると思う。
黒くて長い髪の毛は、脂で固めたようにごわごわとした質感を帯び、顔は蟷螂《かまきり》のごとく平たく、
生気のかけらもないくせにやたらと大きな目をしている。
勘弁してよ……と思うや否や、女は平たい顔の口元だけにニンマリと大きな笑みを拵えながら、
こちらへずんずん迫ってきた。慌てて踵を返し、店を飛びだす。
なんだか最近、やたらとでかい女に縁があるらしい。とはいえ相手にする気など毛頭ないので、
さっさと撒いて列車に乗ろうと考える。
ところが背後を追ってくる女の足は、思っていたよりもやたらと速かった。つられてこちらも
足取りを速め、焦りながら歩いているうちにうっかり道を外れてしまう。

駅へとまっすぐ向かうはずだったのが、横断歩道の赤信号に行く手を塞がれ、うしろから迫る女から逃れるために歩道をまっすぐ進んでいったところ、気づけば駅とは逆方向に歩いていた。

なんとか駅の方面へ戻らねばと思い、道筋を探りだそうとするのだけれど、背後を追ってくる女の様子も気になり、なかなか集中することができない。

そうこうしているうちに我が身はますます駅から離れ、周囲を行き交う人の数さえ減ってきた。

このままもっと人気のない場所まで女を引っ張っていければ、一応魔祓いはかけてやれるのだが、それは断固として嫌だった。

前回、自宅の周りを歩いていたでかい女に魔祓いを仕掛けてから、まだひと月も経っていない。

短期間にやたらと行使すれば、入院必須のこっぴどい痛みが背中に生じる恐れが十分にあった。

それでなくても人形の案件でいつ何時、魔祓いが必要になるかも分からない。こうした貴重な切り札は、できれば大事なタイミングが来る瞬間まで温存させておきたかった。

ならば選択肢はひとつ。必死で巻くしかないなと腹を括り、さらに足取りを速めて歩きだす。

斯様に街中でこの世ならざる者に追い回されるのは、今回が初めてのことではなかった。

三年前は、夜の新宿で似たようなことがあったし、その前は関西の街中で、暴走した加奈江に半日近く追い回されたこともある。

だからといって、こうした事態に慣れているわけでもない。単に嫌な気がするだけだった。

その後、実に一時間近くもかけて、ようやく女を撒くことができた。

魔祓いなんかしなくても、歩き過ぎた反動で背中が痛みだしはしないかと気が気でなかったが、無事に自宅へ帰り着いてからも異変が起きることはなかった。

つくづく不便な身体になってしまったものだと思いながら、この日は本当に終わりとなった。

第五部

奇異なる災い

怖くなくても油断はできない。
相手はこの世ならざる者である。
奇異なる怪異をあなどることなかれ。
直面した時、あなたにどんな対処ができようか？

［第四十三話］珍奇な宴の始まり

二〇一八年九月半ば過ぎ。泉沢優樹菜と初めて顔を合わせ、深町の事務所へおもむいた帰り道、最後の仕上げのごとく、仙台の街中でやたらと大きな女に追い回された、その週末のことである。

土曜の夜七時頃、友人の芋沢《いもざわ》君が我が家へ久しぶりに泊まりにきた。

芋沢君は三十代半ばのオタクで独身。仙台在住。実家の家業である道路関係の仕事をしている。

もうかれこれ五年ほどの付き合いになるが、彼は時間ができると、こうして時々我が家を訪れ、共に夕餉《ゆうげ》の席を囲みつつ、一晩床を並べて帰っていくのである。

「ううん、マジでウンまいっすよ、この肉。肉って感じの肉です。肉汁たっぷりで柔らかいのに噛み応えも抜群っす。絶対食べたほうがいいですよ」

分厚いカルビのロースを、居間の座卓の上に置いた鉄板でじゅうじゅう焼いては頬張りながら、芋沢君が嬉しそうな声音でもがもがとのたまった。

いつもなら、それなりに手の込んだものを作るのだけれど、この日は不精をして焼き肉にした。肉さえたっぷり用意しておけば、食べたい分だけ勝手に焼いて食べてくれるので楽だった。

「食べないとは言ってない。気が向いたら食べる。今は匂いだけ楽しませていただきます」

一方、私が食べているのはディストピア飯。

四角い仕切りがいくつもついた、プラスチック製の味もそっけもないディナープレートの上に、カロリーメイトが二本と薄いクラッカーが三枚、ビタミンやミネラル、鉄分などのサプリメント、メン子ちゃんゼリーといった、殺伐とした感じの食品類が規則正しく並んでいる。

体調のほうはそこそことといった感じだったが、ここ最近、深町から半ば強引に押しつけられた優樹菜の一件を始め、他にも細々とした仕事の対応で精神的に疲弊していた。膵臓を患って以来、常に食欲はあまりなかったのだけれど、今夜は特に食が進まない気分だったのである。

「今日は何だかいつもよりテンション低いっすね。身体の具合が悪いわけじゃないんですよね？仕事でイヤなことでもあったんですか？」

カルビを咀嚼しながら豚ロースとシマチョウを鉄板で焼きつつ、芋沢君が尋ねる。

「うん、くわしくは言えないけど、まあね。特殊な仕事をしている手前、いろいろあるのだよ。それより最近なんか、変わったことはないの？　あったら教えて。本に書かせてもらうから」

芋沢君も過去に何度か、不思議な体験をしている経験があった。いずれも面白い話だったので、何か新しいネタをもらえればと思って、水を向けてみる。

ところがこちらの期待に反して、芋沢君の回答は色よいものではなかった。

「いやあ、特に何もないですね。せいぜい金縛りに遭った夢を見たってぐらいです」

「なんだそれ。微妙に哲学っぽくて興味深いけど、でもちょっと使えないかな……」

「まあ、そうですよね。ただの夢っすから」

なんだか話が行き詰まり、つかのま居間に焼き肉を焼く鉄板の音だけが流れる。

そうこうしているうちに芋沢君がトイレに立った。彼は日頃からやたら水分を摂りたがる男で、食事の時以外にも常に烏龍茶やら麦茶やらをがぶがぶと飲っている。

ゆえに、割かしトイレが近い。この時も食事が始まって十分足らずの間に二リットルボトルの烏龍茶をすでに半分近くも飲み減らしていた。

芋沢君がトイレに行っている間、カロリーメイトを齧りながら彼の帰還を漫然とした心持ちで待っていたのだけれど、そのさなか、はたりと変なことを思いだしてしまう。

まもなく芋沢君が帰ってきた。彼が元の席へと座り直すなり、にやにやしながら尋ねてみた。

「なあ芋沢君、今トイレに入った時、便器の蓋って開いてた？　閉じてた？」

「え？　ああ、開いてましたよ。なんでですか？」

きょとんとした顔で応える芋沢君を見ながら、思わず「うへぇ……」と肩を竦める。

「いや、私は便器の蓋など開けた覚えはないなあーと思いまして」

「は？　ちょっと、なんすか？　それ、どういう意味ですか？」

いつから始まったのかは分からないのだが、ここしばらく、我が家のトイレの洋式便器の蓋は時々、閉めてもなぜか勝手に開いているということがあった。

最初に気づいたのは、八月の半ば辺りのことである。夜中に目覚めてトイレに行くと、就寝前、最後に使った時に閉めたはずの蓋が開いていた。

我が家の洋式便器は自動開閉式のものではない。用を足させてくれる以外は何もしてくれない、静寂の便器である。

加えてすでにご存じのとおり、現在私は独り暮らしの身。私以外にこの家にいるものといえば、二匹の飼い猫だけで、彼らに便器の蓋をあげる芸などない。

ならば、自分が使用後に閉め忘れているのではないかと思われるかもしれないが、それもない。大変尾篭《びろう》で恥ずかしい話なのだけれど、私はかなり昔から、洋式便器を使う際には小便の時でもかならず座って用を足す。用を済ませて便器の蓋を閉めるまでの流れが身に染みついているので、うっかり閉め忘れるなど、なかなかありそうでないことなのである。

便器の蓋が開いていたのが一回限りのことだったら、そうした「うっかり」がたまたま起きた結果であると解釈することもできる。

ただ、その「うっかり」が週に二、三度の割合で起きるとなれば、その可能性も消え失せる。代わりに何か妙な力が作用しているとしか、考えられなくなってしまうのである。

「ということが起こっているんですよ、今この我が家で」

「やめてくださいよ。トイレに行けなくなっちゃうじゃないですか……」

「やめろと言われたって、やってんのは俺じゃないし、これはもう、仕方のないことなんですよ。またトイレに行ったら確認してみて。続くときは一日で何回も続く時もあるから」

いかにもわざとらしく、くたりとした声音で淡々と告げるなり、芋沢君は一層身を縮こまらせ、微妙に非難がましい視線を送ってよこした。彼がこんなに怯えるのは、割と珍しいことだった。

その様子に、沈みがちだった気持ちが少々あがってきた私は、こんな妙案を思いついてしまう。

「なんだか楽しくなってきた。なあ芋沢君、せっかくだからミニミニ怪談会をしませんか？」

「え！　イヤですよ！　ますますトイレに行きづらくなるじゃないですか！」

「怪談って言ったって、別に怖い話なんかしませんよ？　今説明したトイレの蓋みたいな感じの、くっだらなくて笑えたり、首を捻るしかないような怪談だけ話すの。それならいいでしょ？」

怪談というのは、何も怖いばかりが売りではない。

どんなことでも、不思議なことさえ起こってしまえば、それは立派な怪談なのだ。

日頃、「怪異」といえば、怖いか不愉快かの二種類を体験する機会が圧倒的に多い私としては、時に思わず脱力してしまうようなくだらない怪異の話に、花を咲かせてみたい時もあるのである。

たまかさ今夜はそんな気分になってしまった。

くどいようだがこのところ、優樹菜にまつわる人形の件を始めとして、仕事で手がける怪異は陰惨なものが多く、ほとほと食傷気味になっていたのである。

抱えている仕事の全てを無事に解決させるためにも、この辺で沈み気味な気持ちを立て直して、大いに英気を養っておくべきだろうという思いもあった。

そうした事情も芋沢君に説明すると、「なんだかこじつけっぽいっすよね」と言われはしたし、確かにそのとおりではあったのだけれど、渋々ながらも承諾の返事をもらうことができた。

かくして、焼き肉の香りが色濃く漂う我が家の居間にて、どうしようもなくしょっぱい感じのミニミニ怪談会が始まる運びと相なったのである。

［第四十四話］吾平がいる

まずは私自身の話である。

数年前の秋頃だったと思う。その日は自宅の仕事場で原稿を書いていた。

夕方近くから執筆を始め、夢中になって書いていると、いつのまにか深夜の二時を回っていた。

トータルで十時間近く書いていたことになる。

どうりで視界がぼんやり霞み、身体も鉛のように重たいわけだと思う。おまけに少し前からはタイプミスや誤変換も頻発し、苛々させられることも増えていた。

今夜はそろそろ終わりにしようか。

あくびを噛み殺しながら思いはしたものの、キリのいいところまで書いてしまおうとも考える。

しきりに目をしょぼつかせながら、座卓の上に置いたノートPCのキーを叩き続ける。

けれども疲労困憊でがたつく指先は、ますますタイプミスと誤変換の頻度を増やしていった。

キーを打ち間違えるたび、半分痺れた頭にますます苛々が募ってゆく。

そうして何度目のタイプミスと誤変換を繰り返した頃だろう。

「語弊がある」という一文を漢字変換しようとしたところ、うっかり変換候補を間違えてしまい、「吾平がある」と誤変換されてしまう。

あと数行書いたら今夜は終わりと思っていた矢先のミスに、とうとう怒りが爆発する。

「ああもう、吾平って一体、どこの爺なんだよ！　ふっざけんな！」

画面に浮かぶ「吾平」の文字に、思わず声を荒げて毒づいた。

とたんに。

「あぁあん？」

私の頭のすぐうしろから、嗄《しゃが》れた男の怒声が轟いた。

ぎくりとなって振り返ったが、背後には本棚が並ぶばかりで誰の姿もない。

再び水を打ったように静まり返った仕事場の空気に堪えられず、すぐさまノートPCの電源を落とすと、逃げるようにして仕事場を飛びだした。

「夜中に余計なことを言うもんじゃないな……」

思い做した私は翌日以降、ひたすら無言を貫き、原稿を書き進めるようになった。

［第四十五話］にこぷん

文章つながりでもう一話。

本書を出版していただいているApres-midiの代表で、同時に本書の編集もしていただいている富永玲奈《とみながれいな》さんの話である。


富永さんが中学一年生の時、それまで暮らしていた家から、賃貸の一軒家へと引越した。

築三十年ほどの古びた建物だったのだけれど、代わりに三階建てという珍しい造りの家だった。

引越しからしばらく経った、ある日のことである。

昼間、姉が「ちょっと来て」と呼ぶのでついていくと、連れていかれたのは三階の一室だった。

「見て」と、姉が指差した天井の先には、スライド式の扉がある。

今までこんなものなど見たことがなかったので、富永さんも俄然興味が湧いてきた。

姉とふたりで脚立を部屋へと運びこみ、わくわくしながら扉を開けて中を覗きこんでみると、
扉の上には、さらに一メートルほどの天井高をした、屋根裏部屋のような空間が広がっていた。

「うちにこんな場所があったなんて、知らなかったね……」

驚きつつもふたりで脚立を上り、身を屈ませながら内部の探索を開始する。

中途半端な屋根裏部屋のごとき様相をした怪しげな空間は黴臭く、埃まみれで真っ暗である。

それでも目を凝らして周囲に視線を巡らせると、入口のすぐそばに何やらごつごつした物体が、山となって積みあげられているのが見えた。

なんだろうと思って顔を近づけて見れば、VHSテープの山だった。

さらに顔を近寄せ、よくよく仔細を確かめてみたところ、テープの色やラベルのタイトルから、それらの大半がアダルトビデオだということが分かる。

まったく予期せぬ物を見つけてしまい、ふたりは仰天しつつも腹を抱えて笑い合った。

「えっ嘘！　ちょっと待って、やだあ！　これってさ、前に住んでた人が隠してたやつだよね？　それともまさか、父さんのだったり？」

「やめてよお！　まともに顔が見れなくなる！」

黄色い声を弾ませ合いつつ、テープの山から一本ずつ手に取っては、ラベルにプリントされた卑猥なタイトルに目を白黒させ、また積み直す。そんなことを繰り返しているさなかだった。

「あれ？　これもエロビデオ？」

ふいに姉が一本のテープを手にして、きょとんとした声でつぶやいた。

姉が手にするテープのラベルには、手書きで「にこぷん」とだけ記されている。

中身がなんだか分からないが、おそらく市販の物ではなく、個人が録画したもののようだった。

一瞬、NHKの教育番組『にこにこぷん』が頭に思い浮かんだのだが、微妙にタイトルが違うし、無数のアダルトビデオの中に一本だけ教育番組が紛れこんでいるとも、考えづらいものがあった。

流れから鑑みれば、怪しげな屋根裏で怪しげなビデオテープを発見したことになるのだけれど、タイトルがタイトルだけに、それ以上興味がそそられることもなかった。

屋根裏の探索もそれから少しの間、続けたものの、アダルトビデオの山以外に変わったものが見つかることはなかった。しだいに興味を失ったふたりは階下へおり、その後は二度と屋根裏にあがることもなくなった。


それから三年ほどが経った頃、富永さんが高校生になった時に、再び引越しがあった。

新しい家に暮らし始め、高校生活にもだいぶ慣れてきた時期のことである。

ある日、富永さんの携帯電話に一通のメールが届いた。

当時はガラケーが全盛の時代で、学生たちの間でチェーンメールが流行っていた時期でもある。

見知らぬ相手から、たびたび不幸の手紙じみた内容のメールなどが送られてきていたのだけれど、富永さんは真に受けることもなく、妙なメールが届いても無視するように努めていた。

この日に届いたメールも、見知らぬアドレスや思わせぶりで要領を得ない件名などから察して、いつものチェーンメールだと思ったのだが、読み進めていくうちに背筋がぞっと凍りつく。

メールには、左のような一文が記されていた。

『『にこぷん』って知ってる？　家に『にこぷん』って書いてあるビデオがあるのを見つけたら、急いで燃やして！　ずっと持っていると、そこの一家は全滅しちゃうんだって！　絶対にやばいビデオだから、このメールをできるだけ多くの人に回してください☆』

今やすっかり忘れていた、前の家の屋根裏で見つけた、あのビデオのことを思いだした。

たちまち不安な気分に陥り、すぐさま姉にビデオの件を尋ねてみたところ、姉も当時のことはしっかり覚えていて、タイトルも『にこぷん』で間違いないとのことだった。

「うちの家族も全滅してしまうのだろうか」と思い怖くなったが、今は別の家に暮らしているし、ビデオを所持しているわけでもないのだからきっと大丈夫と、自分に強く言い聞かせた。

幸いその後、富永さんの家族で不幸が起こることはなく、今現在に至るそうである。

ただ、秘密めいた屋根裏部屋に、あたかも隠すように置かれていた、あの『にこぷん』というテープには、果たしてどんな曰くがあって、どんな映像が収められていたのだろう。

ふとした時にそんな思いが脳裏をよぎると、ひどく不穏な気持ちになることはあるのだという。

［第四十六話］二度弁

土建業をしている村田《むらた》さんの話である。

今から四十年以上も前、彼が高校生だった頃にこんなことがあったそうである。

ある日の午前中、村田さんは授業中に耐え難い空腹に見舞われ、早弁を決行することにした。

まずは教科書を屏風のごとく机の上に開いておっ立て、前方からの視界を遮る。続いて周囲の視線に気をつけながら、カバンから取りだしたアルマイト製の弁当箱の蓋をそっと開く。

中身はぎっしり詰まったご飯の上に、大きな焼き鮭の切り身とキュウリ、沢庵が三切れのった、いつもの定番メニューだった。

空腹に加え、誰かに見つかる前にと焦りつつ、呑みこむような勢いで一気にガツガツ平らげた。素早く完食すると腹はすっかり満たされて、ようやく人心地つくことができた。

ところが、いざ昼食の時間になる頃には再び腹が減ってきてしまった。

自業自得とはいえ、クラスの友人たちが美味そうに弁当を頬張るなか、独りで指を咥えながら空腹に耐え忍ぶ羽目になる。

せめて米粒のひとつでも腹に入れたいと思い、我ながらバカなことをするものだと思いつつも、カバンから空っぽになった弁当箱を取りだす。

ところが手にした弁当箱は、妙にずっしりとしていて重かった。「嘘だろ……」と思いながら蓋を開けてみると、午前中に食べたはずの中身が、そっくりそのまま元に戻っていた。

まったくわけが分からなかったものの、目の前に食べ物があることだけは事実である。

難しいことを考えるよりも食欲のほうが勝ってしまい、ほどなく村田さんは、二食目の弁当を無我夢中で平らげた。


その日、授業を終えて帰宅すると、血相を変えた母から、大工をしている父が腹痛を起こして入院したことを知らされた。命に別条はないものの、食中毒の可能性があるのだという。

父もまた、母が作った弁当を昼食に食べているのだけれど、この日は料理の味がまったくせず、まるで砂を噛んでいるような感じだったらしい。

それでも無理やり平らげたのだが、腹は少しも満たされず、代わりにひどい腹痛に見舞われた。そうした流れがあっての入院だったそうである。

話を聞いたとたん、お昼に食べた二度目の弁当の謎が解けた気がして、居心地が悪くなった。

幸い、父はすぐに退院し、同じことが起こることは二度となかったそうである。

［第四十七話］モザイクさん

高校教師をしている玲乃愛《れのあ》さんが、こっそり話してくれた体験を紹介したいと思う。

彼女が小学二年生の時のことだという。

季節は夏。放課後に仲のよい友人ふたりと一緒に、学校の近くにある墓地で遊ぶことになった。

墓地の中には、草地に綺麗な花がたくさん咲いている区画があって、自由に摘んでもよかった。

友人たちと楽しくおしゃべりをしながら夢中で花を摘み始め、しばらく経った頃である。

ふいに友人のひとりが「うえあ?」と変な声をあげ、虚ろな顔でどこかをじっと見つめ始めた。

何事かと思って、彼女の視線をたどって見ると、こちらから十メートルほど離れた墓石の間を
全裸の男がうろうろと歩いているのが、ちらついて見えた。

男は五十代ぐらいで、体形は小太り。頭は薄く禿げているのだが、代わりに全身の体毛は濃く、
四肢を始め、胸や腹にも汚らしく生え散らかした剛毛が雑草のごとく、もさもさと広がっている。

玲乃愛さんともうひとりの友人も男の姿を見た瞬間、「おえあ」と変な声があがってしまった。

生身の男の裸など、父のものぐらいしか見たことがなかったので、大層ショックを受けてしまう。

「何あれ、何あれ！　あの人、真っ裸《まっぱ》で何やってんの？」

最初に男を見つけた友人が、しどろもどろに言葉をこぼすも、何も応えることができなかった。

草地の上に三人並んで立ち尽くし、凝然と男の姿に視線を向けていると、まもなく男の裸身がずらりとひしめく墓石の間を抜け、広い通路になっている開けた場所へと出てきてしまう。

見たくはないと思いつつも、視線が勝手に男の姿を追いかけ、露わとなった全身に向けられる。ところがそこで再び「へあ？」と変な声があがってしまった。

男の股間部分には、肌色をしたルービックキューブみたいなものが貼りついてちかちかと瞬き、それにおちんちんが隠れて、まったく見えなくなっている。

一目するなり、テレビのニュース番組などで見かけるモザイクそのものだと思ったのだけれど、それはあくまで映像処理における手法であり、現実にモザイクが現れるはずもない。

しかしそうは思えど、目の前を歩く男のおちんちんには、やはりモザイク処理がかかっている。肌色をした無数の小さな四角形が絶えずちかちかと瞬いて、男のおちんちんをぼかしていた。

「なんでちんちんのとこだけ、モザイクかかってるんだろう……」

玲乃愛さんではなく、ふたりの友人たちもそれを見た。みんなで呆然とつぶやいているうちに男は再び墓石の間へと紛れこみ、その後はすっかり姿が見えなくなってしまった。

気味の悪い体験だったが、いちばん汚らわしいものを見ずに済んだのだけは幸運だったという。

［第四十八話］謎コーデ

大学生の萌子《もえこ》さんの枕元には数ヶ月に一度くらいの割合で、一昨年亡くなった祖父が現れる。

言葉遣いや礼儀作法など、躾に関しては大層口うるさい、とても厳格な祖父だったのだけれど、萌子さんのことをとても可愛がってくれたので、大好きな祖父でもあった。

枕元に現れる祖父は、いつも優しくにこやかな笑みを浮かべて、萌子さんを見おろしている。

それはいい。別に怖いとも思わない。むしろ嬉しいことだと思える。

けれども問題は、祖父が毎回決まって身につけているものだった。

枕元に立つ祖父は、なぜか丸い耳の形をした、ミッキーマウスのヘアバンドをつけて現れる。

生前、祖父がディズニーファンだったという事実はない。

なのに祖父は毎回かならず、ミッキーのヘアバンドを頭につけて枕元に現れる。

黒くてまんまるな耳を頭の上に生やして笑みを浮かべる祖父の心中とは、いかなるものなのか。

一ミリも察することができず、毎回頭を悩ませているのだという。

［第四十九話］イリュージョン

会社員の陽代里《ひより》さんが体験した話である。

ある日の夜、残業で遅い時間まで会社に残っていた時のこと。

小腹が空いたので、会社の近くにあるコンビニでブリトーを買ってきた。

さっそく封を切って齧りつくと、ごわりとした感触が歯に伝わって、噛み切ることができない。

どうやら生地の間に、食べ物ではない何かが詰まっているようだった。

そのまま歯で引っ張ってみると、中から何やらピンク色をした物体がずるずるとはみ出てきた。

なんだろうと思って検めてみたところ、なんとそれは自分のハンカチだった。

ピンク色の生地に薔薇の花が刺繍されたそれは、紛れもなく自分が日頃愛用している物である。

ただ、この日は別のハンカチを使っていたので、こちらは自宅の箪笥の中にあるはずだった。

その後、狐につままれたような心境で家路に就き、箪笥の中を調べてみた。

けれどもあるべき場所にハンカチはなく、ブリトーのソースまみれになったハンカチを片手に、しばらく放心してしまったそうである。

［第五十話］卵女

日下《くさか》さんが脚の骨折で、地元の総合病院へ入院した時の話である。

入院から一週間ほど経った、午後の三時頃、希望した個室のベッドでテレビを観ているさなか、病室のドアがノックもなしに突然開いた。

検温の時間かと思って顔を向けると、ドアの前に立っていたのは、病院着を着た女だった。

髪の長い痩せぎすの女で、頬骨の浮いた面相は、ばさばさに乾いて血色も悪い。

若いのか老いているのか、一瞥したぐらいでは年頃も分からないような印象の女だった。

部屋を間違えたのかと思ったのだが、女は迷いのない足取りでこちらのほうへと向かってくる。

そうして枕元までやってくると、ベッドの脇にある床頭台の上に、ことりと何かを置いた。

「ごで、いいがらね」

のどに痰が絡んだようなひどい濁り声でぼそりとつぶやくなり、今度は床頭台の向こうにあるクローゼットのほうへと向かい、観音開きの戸を開ける。呆気にとられてその様子を見ていると、女はクローゼットの中へ入りこみ、ばたりと後ろ手に戸を閉めた。

沈黙。

何が起きたのか意味が分からず、戸惑いながらもベッドから起きあがってクローゼットの戸を開き直してみると、中はもぬけの殻のだった。ますますわけが分からなくなる。

床頭台の上に目を向けると、なぜか卵がひとつ置いてあった。

手に取って検めてみたところ、見た目と手触りは、なんの変哲もない卵である。

生なのか、茹でてあるものなのかは分からない。

というか、一から十まで何もかも、まったく理解ができなかった。

わけが分からないながらも、そのうちだんだん怖くもなってきてしまい、検温に来た看護師に事情を説明してみたのだが、案の定、まともに聞いてはもらえなかった。卵を処分してほしいと頼んだところ、怪訝な顔をされつつも、どうにかそれだけは了解してもらうことができた。

ひとまず安堵はしたものの、人心地つくと今度は、「もしかしたら再びクローゼットの中から女が出てくるのではあるまいか……」などと考えてしまい、退院する日まで、びくびくしながら過ごす羽目になってしまったのだという。


ちなみにこの病院は、第五話「バカウケ」にて、病室のクローゼットの中から得体の知れない子供が飛び出てきたという病院と、まったく同じ病院である。

卵婆

実を言うと私自身も過去に、日下さんとほとんど同じ体験をしたことがある。

中学二年生の二学期、十月頃に私は盲腸で地元の病院へ入院した。

病室はやはり個室。手術から三日ほどが過ぎた、昼間のことである。

ベッドで本を読んでいると、病室の引き戸が突然、がらりと開かれた。

看護師かと思って顔をあげたところ、戸口に立っていたのは病院着姿の老婆だった。

白髪頭をカリフラワーみたいにぶわりと大きく膨らませた細身の老婆で、しわだらけの顔には親しみをこめたそれなのか、小馬鹿にしているのかよく分からない、奇妙な笑みが浮かんでいる。

「なんだ、この婆さん」と思っていると、老婆はよたよたとした足取りで部屋の中に入ってきて、ベッドの脇にある床頭台の上にことりとひとつ、卵を置いた。

「これ、食べらいね。おいしいがら、食べらいね」

妙な笑顔を崩すことなく、老婆はそれだけ告げるや、よたりと踵を返して病室を出ていった。

老婆の置いていった卵が、生なのか茹でたものなのかは分からなかったけれど、気味が悪くて、割って確かめて見る気にはなれなかった。

ほどなく看護師が検温に来たので事情を説明したところ、「そんな髪型をしたお婆さんなんて、入院患者にいたかしら?」とのことだった。

実際、退院するまでの間、件の老婆を入院病棟の中で見かけたことは一度もなかった。

ただこれだけの話に過ぎないのだけれど、日下さんの体験とかなりの部分が似通っていたため、話を聞かされた時には、かなり驚かされたものである。

それにしても、どうして卵なのだろう? 女も老婆も、どうして卵を置いていったのだろう?

答えはおろか、理屈らしい理屈さえも思い浮かばないまま、今現在に至っている。

［第五十一話］珍奇な宴の終わり

「という、不思議な事件があったんですよ、その昔。これで私のミニミニ怪談会はおしまいです。楽しんでいただけましたでしょうか？」

「へえ、なんだったんですかね、その婆さん。確かに面白いけど、気持ちの悪い話だと思います。ていうか、『くっだらなくて笑えたり、首を捻るしかないような怪談だけ』って言ってたくせに、微妙に怖い話も何話か混じってましたよね？」

一時間ほどかけてミニミニ怪談会を語り終えた私に、大層不服そうな顔をして芋沢君が言った。

「そうかな？　個人的には全部、面白い話だったと思うんですけどね」

「分かりました、もういいですよ。一生言ってろ。ちょっとトイレに行ってきます」

ため息をつきながら立ちあがると芋沢君は居間を出て、トイレのほうへと向かっていった。

時刻はそろそろ九時を半分回る頃。あとは寝るまでふたりでゲームでもして過ごそうかと思い、テレビのそばにあるゲーム棚からめぼしいソフトを選んでいるところへ、芋沢君が血相を変えて戻ってきた。

「開いてた！　開いてた！　また開いてまんたよ！　トイリェの蓋ッ！」

しどろもどろに言葉を噛みまくり、今にも泣きだしそうな顔で芋沢君が訴える。

「うへえ、マジかよ」と、私が上の空で答えると、芋沢君は私を半ば強引に引きずるようにして、トイレへ連れていった。見れば確かに便器の蓋が開いている。

一時間ほど前に芋沢君が使った際には、使用後にきちんと蓋を閉めているという。

その後、私は一度もトイレには行っていない。

ということはやはり、なんらかの力が作用して勝手に蓋が開かれたということになる。

「本当に勘弁してくださいよ……。今夜、もうトイレに行けなくなっちゃうじゃないですか……。一般人はこんなことでも死ぬほど怖いんだってこと、ちゃんと覚えといてください……」

萎びた声でぼやいた台詞どおり、芋沢君はそれから先、なかなかトイレに行こうとしなかった。

そのくせ、ゲームをしながら烏龍茶はがぶがぶ飲むものだから、自然の摂理でトイレは近くなり、その都度、この世の終わりみたいな顔をして居間を出ていく様が、私は面白くて堪らなかった。

幸いにもその晩、便器の蓋が勝手に開かれることはなく、一連の不可思議な現象自体もその後、はたと気づいた時には二度と起きなくなってしまった。

今でも原因は分からないままなのだけれど、個人的にはそんなに悪いものが作用していたとは思っていない。たまにはこんなしょぼい怪異があってもよかろうと思う次第である。

［第五十二話］的外れ

「郷内さん。実は俺の後輩で最近、『ダイ・ハード』みたいな恐怖体験をした奴が出たんすよ！どうっすか、聞きたくないっすか？」

仕事場の座卓を挟んだ向こうから、益野《ますの》君が喜色満面の笑みを浮かべて身を乗りだしてきた。

「それはなんだろうな。君の後輩の刑事さんが、別居中の奥さんが働いている会社の高層ビルへクリスマスパーティーに招待されるんだけど、折り悪くその日、会社はテロリストに占拠されて、社長以下、パーティーを楽しんでいた社員全員が人質にとられてしまう。ところが、君の後輩の刑事さんだけは運よく難を逃れ、高層ビルを舞台に、捕えられた奥さんと人質たちを救けるため、孤軍奮闘しました……とか、そういう話かな？　だったら御免だね。聞きたくねえなあ！」

世界的にも「超」がつくほど有名なシリーズなので、わざわざ説明する必要もないのだろうが、ジョン・マクティアナン監督、ブルース・ウィリス主演のアクション映画『ダイ・ハード』とは、概ね斯様なあらすじの作品である。

またぞろ益野のトンデモ怪談が始まるぞと思い、私は心底げんなりさせられる。

二〇一八年九月半ば過ぎ。芋沢君とミニミニ怪談会を催した、数日後のことである。

前回の訪問からおよそひと月ぶりの昼下がりに、益野君が私の仕事場を訪ねてきた。

益野君というのは、拝み屋における私の常連客で、もうかれこれ四年ほどの付き合いになる。

歳は芋沢君より少し下で、三十代前半。下の名前は保《たもつ》。県南の田舎町で左官業に従事している。

背は低いのだけれど、身ははちきれんばかりに太っており、髪型は短く刈りこんだ金髪なので、実際の背丈よりも何かと大きく見えてしまう。厳つそうな見た目に反してそれなりに礼儀正しく、心根も悪くない男なので付き合っているのだが、いかんせんこの男には困った癖があった。

怪談を語る際に、決まって映画のタイトルを引き合いにだすのである。

これまでに彼が口にだしたタイトルを挙げ連ねると、『平成狸合戦ぽんぽこ』『シャイニング』『ターミネーター』などがある。

然様な映画の内容とよく似た怪談話があると切りだし、したり顔で私に語り聞かせるのである。いずれの話も内容自体にふざけた要素はないものの、いちいち映画のタイトルを挙げて話すため、怪談の内容よりも映画の印象のほうが濃くなってしまい、毎回微妙に興を削がれてしまう。

それで今回のお題は『ダイ・ハード』である。一体どんな話なのか、想像すらもつかなかった。

大いに呆れ返りながらも、今にも話しだしたくてうずうずしている彼の姿には抗うことができず、呻吟したのち、私は仕方なく今回も益野君の話に耳を傾けることにした。

井下田《いげた》君という、塗装工をしている青年の体験談である。

ついひと月前のお盆中、彼は久しぶりに高校時代の友人らと再会したことで大いに盛りあがり、夜になって「心霊スポット行こうぜ！」という流れになった。

場所は隣町の山中にある廃ホテル。友人たちは初めてだったが、井下田君は過去に先輩たちや職場の仲間たちと、何度も訪ねたことがある。

深夜過ぎに現地へ到着すると、周囲を深い森に囲まれた五階建ての細長い形をした廃ホテルは、暗闇の中に薄汚れた灰色の外壁を浮かびあがらせ、見るからに不気味な様相を醸しだしていた。

友人たちは、内心怖がりながらも虚勢を張って、異様なハイテンションで内部の探索を始めた様子だったが、井下田君のほうは慣れているので大して怖いと思うことはなかった。

だが、すっかり荒れ果てたフロントを抜け、真っ暗に染まった一階の廊下を進んでいるさなか、そうした「場慣れ」を醸して平然としているのを、友人たちに気取られてしまう。

「お前、余裕かましてんじゃねえよ！」とからかわれ、「かましてねえよ」と答えたのだけれど、友人たちはますますヒートアップして井下田君をからかった。

しだいに面白くなくなってきた井下田君は、「だったらソロで余裕かまして歩いてくるわ」と、友人たちに告げ、彼らが止めるのも聞かず、独りで上階へ続く階段を上っていった。

以前も最上階まで上ったことがあるし、内部の構造自体も単純だったので、懐中電灯を片手にずんずん上へと突き進んでいく。難なく最上階まで到着すると、証拠として客室の窓から地上を見おろす風景や、「五階」と記された壁の案内表示などをスマホで次々と撮影した。

そうしてひとしきり写真を撮り終えると手持無沙汰になり、「さて、どうしようか」と考える。友人たちが上ってくるのを待って、しばらく客室の調度品をなぎ倒したり、廊下に転がっていた消火器を振り回して壁に穴などを開け、時間を潰していたのだが、彼らが来る気配は一向にない。

まさか自分を置いて先に外へ戻ったのではあるまいか？

そんな可能性が浮上してくると、こんなところで律儀に待っているのも馬鹿らしくなってきた。再び苛々しながら、ゴミと土埃にまみれた階段を足早に下っていく。

一階まで戻り、フロントに通じる暗い廊下を歩き始めると、三メートルほど離れた前方の闇に何やら白くてモヤモヤしたものが浮かんでいるのが目に入った。

大きさは大人の頭と同じくらい。輪郭が忙しなく揺らめいているので形は一定ではないものの、概ね丸い形をしている。

一見すると煙草の煙のような感じだったが、じっと見ていても、消えるでもばらけるでもなく、それは前方の暗闇でモヤモヤと揺らめきながら、ぴたりと宙に留まり続けていた。

なんだこれ？　と首を捻り始めるや、それはこちらへ向かってゆっくりと近づいてきた。

とたんにどきりと心臓が波打ち、ようやくそれが「普通のもの」ではないと分かる。

反射的に踵を返し、再び階段を駆けあがって踊り場の隅へと身を隠す。

ところが恐る恐る階下の様子をうかがってみたところ、わけの分からない真っ白なモヤモヤは井下田君を追いかけ、矢のような勢いで階段を上ってきているところだった。

「うおっ！」と悲鳴をあげて飛びあがるなり、再び階段を駆け上り始める。だが、三階へ通じる怪談の踊り場まで来たところで、このまま上へ向かっていいのだろうかと思った。

もしも最上階まであれが追ってきたら、もはや逃げる場所はなくなるのではないかと思う。

追いつめられることを懸念した井下田君は、それ以上階段を上らず、三階の廊下へ飛びだした。

とはいえ、実質的には五階も三階も大して変わりはない。モヤモヤが階段から迫ってくる以上、まともな手段で下へとおりることはできそうになかった。

ではどうしようかと思いながら振り返ると、モヤモヤもちょうど廊下に出てきたところだった。

ほとんど反射的に近くの客室のドアを開け、中へ入って身を隠す。

だが、これはある意味、最上階まで逃げるよりも失策だった。部屋に入ってドアを閉めようと振り向けば、モヤモヤはもうドアの前まで近づいてきていた。

悲鳴をあげ、部屋の奥まで逃げこんだものの、もはや目の前にあるのは雨風に晒されて曇った窓ガラスだけだった。他に為す術もなく、とっさの判断で窓を開いて外の様子を確かめてみる。

暗闇に煙る窓外の眼下には、巨人のアフロへアーよろしく、肥大化して伸びきった植え込みがもこもこと隙間なく連なり合っているのが見えた。

目算で見積もって、地上までおよそ十メートル。好んでダイヴしたい高さではない。

だが、白いモヤモヤはもう部屋の中にまで入りこみ、井下田君のすぐ背後まで迫りつつあった。

己を鼓舞して一世一代の度胸を全開にすべく、ありったけの大声で最強の決め台詞を吠え叫ぶ。

「イピカイエー、クソッたれえ！」

勢い任せに窓から飛びだし、植え込みに狙いを定めて闇夜へ落ちる。

辛くも身体は植え込みのぎりぎり端へずぼりと埋まり、頭が一瞬、真っ白になりはしたものの、枝葉を掻き分け植え込みから抜けだすと、身体はどうにか無事なようだった。

大急ぎでホテルの正面まで戻ってみれば、玄関口の前に停められた車の中に友人たちがいた。

「お前ら、ざけんなよ！」と怒鳴りつけたところ、「お前こそ、ふざけんな」と言い返された。

聞けば先ほど、井下田君が階段を上り始めてすぐ、友人たちもあとを追っていったのだという。

ところが、どこを探しても井下田君の姿はない。結局、一時間近く探しても見つからないので、ふざけてどこかに隠れているのだと思い、車の中で待っていたとのことだった。

井下田君自身は最上階でさんざん音を立てて騒いでいたし、隠れていたつもりも一切ない。

そんなに広いホテルでもないし、どう考えても辻褄の合わない話だった。

「井下田の奴、それが人生初の心霊体験だったみたいで、俺に話してくれた時もすげえ怯えてて
ガタガタ震えてましたよ。『あんなのって本当にいるんだな！　マジなんだなあ！』とか言って。
まあ俺としては、そのモヤモヤに追っかけられたことよりも、三階からダイヴしたことのほうが、
よっぽど怖い体験だったんじゃねえかと思うんすけどねえ。まあ、大体こんな感じっす」
「ていうかさあ……『ダイ・ハード』みたいな体験って、『イピカイエー！』のとこだけじゃん。
しかも映画じゃブルース・ウィリス、別にビルから飛び降りてもいないしな。ついでに言うなら
使い方も間違ってます」

件の井下田君が土壇場で吠え叫んだ「イピカイエー、クソッたれ！」というのは、映画の中で
ブルース・ウィリス演じる主人公ジョン・マクレーンが、クライマックスで叫ぶ決め台詞である。
正確には「イピカイエー、マザーフ●ッカー！」というのだか、何かと問題のある言葉なので、
本書では字幕や吹き替え版で採用されている「クソッたれ」に準じるものとする。

元はカウボーイがロデオをする際に発するかけ声みたいなもので、「これでも喰らえ」という
意味らしい。だから、井下田君がホテルの窓から逃亡を図るタイミングで発したのは、明らかな
誤用と言わざるを得ない。大層格好の悪いことに、彼は得体の知れないモヤモヤから逃れるのに、
「これでも喰らえ！」と叫んでいたのである。

「いやあ、でも『イピカイエー！』が出れば、もう完ペキに『ダイ・ハード』じゃないっすか！舞台もビルだし、今まで俺が話した映画怪談の中でいちばん再現率が高いと思いますよ！」

どさくさに紛れてさらりと言ってのけたが、今この男、確かに「映画怪談」とか抜かしたよな。そういう不毛なジャンルを勝手に作らないでほしいと思う。

「だから別にさあ、せっかく集めてきた怪談をいちいち映画になぞらえなくたっていいじゃん！普通に話してよ！　映画も怪談もどっちも嫌いになりそうになってくる！」

私が両目を吊りあげて激昂すると、益野君はやおら、悩ましげな色を顔じゅうに浮かべながら親指を軽く噛んでうつむき、何やら必死で脳味噌を回転させ始めたようだった。

そしてほどなく再び顔をあげると、いかにも厳《おごそ》かな声風でこんなことを切りだした。

「よし、じゃあ分かりました。そんなに言うんなら、正真正銘の映画怪談を聞かしてあげますよ。なんかの映画のタイトルを引き合いにだすとかじゃなく、モロに映画が関係してくる怪談っす！それなら文句ないっすよね？」

「ほう。そんな隠し玉があったのか。いいよ、聞かせてください。お手並み拝見といきましょう。楽しみに聞かせていただきます」

本音はどうでもよかったのだけど、彼の挑発的な口ぶりにそこはかとなくイラっときてしまい、とりあえず聞くだけ話を聞いてみることにした。

［第五十三話］俺と兄者の初キッス

「俺の学生時代からの先輩でザップ先輩っていう人がいるんすけど、その人が体験した話っす」

「え？　あ？　ちょっと待って。そのザップ先輩の『ザップ』ってどういう意味？」

「『処刑軍団ザップ』のザップっす」

「おい！　今度は体験した奴の渾名《あだな》が映画ってだけかよ！」

「違いますって、たまたま体験したのがザップ先輩だってだけの話っす！『処刑軍団ザップ』にまつわる話とかじゃありません！　いいから黙って聞けよ！」

「はいはい。どうぞ続けてください」

出だしから話の腰を折られてムッとする益野君に頭をさげ、再び黙って耳を傾ける。

ちなみに『処刑軍団ザップ』というのは、一九七〇年代にアメリカで制作されたホラー映画で、ざっと内容を説明すると、田舎町を訪れた悪魔崇拝のヒッピー集団が、狂犬病に罹った犬の血を混ぜこんだ特製ミートパイを食べさせられて狂暴化。仲間同士で殺し合ったり、町の住人たちを手当たり次第に殺しまくるという話である。

「ザップ先輩」という変わった愛称は、彼の性分が恐ろしく凶暴で、かち合った連中を見境なく血祭りにあげてしまうことにちなんで、誰ともなしに慄き称するようになったものだという。

そんなザップ先輩が、高二の頃に体験した話である。


ある休日、ザップ先輩が自宅の車庫で、単車の手入れをしていた時だった。

ふいにどこからか、ちゃかちゃかという小刻みに乾いた音が聞こえてきた。

なんだと思って顔をあげると、車庫の入口から見える庭の中を何やら小さなものが歩いている。

ちょうどジュースのロング缶ほどの背丈で、身はがっしりとしており、全身銀色に染まっている。

よく見てみたところ、それはロボコップだった。

身の丈十五センチほどの小さなロボコップが、ちゃかちゃかと乾いた音を鳴らして両手両脚を小刻みに動かし、自宅の庭を歩いているのだった。

音の正体が分かるや、ザップ先輩はすかさず車庫を飛びだし、小さなロボコップをうしろから蹴り倒して踏みつけた。とたんにロボの動きがぴたりと止まる。

踏みつけたロボを興奮気味に拾いあげて検めてみると、それは単なる超合金風のフィギュアで、どこを調べてみても、自力で歩行できるような仕掛けは見当たらなかったそうである。

「どうすか？　こういう話だったら文句ないっしょ？　ちゃんとロボコップそのものが出てくる『ロボコップ』にまつわる怪談です。『ロボコップ』みたいな怪談とかじゃありません」

「うん、まあね。こういう話だったらアリです。なかなか面白い話だったよ」

挑むような顔つきで尋ねてきた益野君に、率直な感想を述べる。

「ところでその小さいロボコップは、その後どうなってしまったの？」

「ザップ先輩がザップしたそうです」

「そっかあ……。別にロボコップ、何も悪いことしてないのに可愛そうにね」

「ですね。あ、そういえばそうだ。これはもう全然、映画と関係ない話になっちゃうんですけど、ザップ先輩にまつわる怪談でもう一個、面白い話があるんですよ！」

「いやーあの……映画怪談とかそういうのもう、本当にどうでもいいですから、むしろそういう普通の話を積極的に聞かせていただきたいんですが」

呆れ気味に私が申し出ると、益野君は「了解っす！」と答え、さっそく話を始めてくれた。

聞けば、ザップ先輩は益野君より、四つ年上の先輩なのだという。

これは益野君が高二、ザップ先輩が二十一歳の時にあった話だそうである。

夏休みが始まってほどなくした、茹だるように蒸し暑い深夜のことだった。

その日、益野君はタメ年の悪友たち数人と、ザップ先輩の家に入り浸っていた。

あまりにも暑いので、益野君たちとしては、単車でその辺を流しにいきたい気分だったのだが、当のザップ先輩は「面倒くせえんだよ！　殺すぞ！」などと言って許してくれなかった。

この時、現場にはザップ先輩の兄もいた。こちらは名をコーヘー君という。

コーヘー君はザップ先輩より一個年上の先輩で、それなりの人格者でもあった。暑さに苦しみ、へばりそうになっている益野君たちを見かねて、彼はこんな提案をしてくれた。

「おい、お前ら。そんなに暑いんだったら、暑気払いにこっくりさんやろうぜ！」

はっきり言って、ありがた迷惑でしかなかったのだけれど、先輩の言葉に逆らうことはできず、わざとらしく「マジっすか！」と目を輝かせ、みんなでこっくりさんを始めることになる。

友人が汚い字でチラシの裏に五十音の文字表などを書き、まもなく準備ができあがった。

当初は発案者のコーヘー君と益野君たちの四人でやるはずだったのだが、始める直前になって急にザップ先輩が「おい、俺にもやろせろや！」と言いだした。

それで益野君が外れ、コーヘー君とザップ先輩、友人ふたりの計四人で始めることになる。

五十音の書かれた紙の上に十円玉を置き、さらにその上へコーヘー君たちが人差し指をのせる。

そうしてみんなで声を揃え、こっくりさんを呼びだす文句を唱える。

するとまもなく、十円玉が紙の上でゆるゆると動き始めた。

「おう、おめえら！　ヤラセで動かしてんじゃねえだろうなあ！　殺すぞ！」

ザップ先輩が友人たちに凄んでみせるが、友人たちは慌てて「違いますよ！」と否定する。

みんなで頭に思いつくまま、こっくりさんに向かってあれやこれやと質問を投げかけていくと、十円玉はやはりゆるゆると紙の上を動いて、いかにもそれらしい回答を示し続けた。

勝手に動く十円玉の様子に、コーヘー君も友人たちも「マジかよ……」と驚嘆することしきり。

傍らで見ていた益野君も「すげえ……」と思って、しだいに背筋が冷たくなっていく。

だが、その中でただひとり、ザップ先輩だけは違った。

「こんなもん、ぜってーヤラセに決まってんだよ！　誰が動かしてんだ？　俺は動かしてねえぞ。どいつの指が動かしてんだよ？　正直に言ってみろや！　殺してやっから！」

十円玉に指をのせる友人たちに向かって両目をぎらりと剥きだし、ザップ先輩が吠え散らかす。友人たちはすっかり蒼ざめ、こっくりさんよりもよっぽど凄まじい恐怖に縮みあがっていた。

そこへ見かねたコーへー君が、助け船をだした。

「おいおい、やめろ。そんなに嘘だって思うんなら、今度はおめえがひとりで動かしてみろよ」

本来ならば参加者が途中で指を離すのはルール違反なのだが、この時は状況が状況であるため、コーヘー君たちが十円玉から指を離し、今度はザップ先輩ひとりでこっくりさんをしてもらう。

「おっしゃあ、そしたらなんて訊くべかな？　あ、これはゼッテー当てらんねえ。これにしよう。俺が今、密かに恋心を抱いている人は誰でしょう？　おい！　答えてみろや、こっくり公！」

紙の上にのせた十円玉に向かってザップ先輩が叫ぶと、やおら十円玉がゆっくりと動きだした。

こ　う　へ　い

十円玉が「い」のところへいって静かに動きが止まった瞬間、辺りが気まずい沈黙に包まれた。

え？　やばい。これはどういうリアクションをとったら、殺されずに済むのだろう？

益野君たちがその場にがちりと固まり、どうしようかと必死で脳味噌をフル回転させていると、ふいにザップ先輩が立ちあがってコーヘー君を仰向けに押し倒し、その身に身体を重ね合わせた。

何事かと思って視線を向けると、彼はコーヘー君に思いっきりディープキスを始めていた。

当然、コーヘー君は呻き声をあげながら必死で抵抗するわけだが、ザップ先輩はコーヘー君の身体を万力のごとくきつく押さえつけ、一心不乱にディープキスを続ける。

ようやくザップ先輩が正気に戻ったのは五分近くも経った頃で、コーヘー君は完全な放心状態。

当の本人はといえば、自分が今まで何をしでかしていたのか、まったく覚えていなかったという。

「その後、俺ら後輩全員は、ザップ先輩になぜか全力でザップされて、『今夜ここで見たことは、ゼッテー誰にも言うんじゃねえぞ！　言ったら殺して山に埋めっからな！』と釘を刺されました。だから今日まで堅く口を閉ざしてたんすけど、さすがにもう時効だろうし別にいいっすよね？」

「うん、いいんじゃない？　ていうか、本当にディープキスしてたんだ？」

「はい、モロに舌入れて、思いっきりディープキスしてました」

いかにも神妙そうな色を顔じゅうに浮かべ、囁くような小声で益野君が答えた。

「超面白かった。君がこれまで話してくれた怪談話の中で、いちばん面白い話だったと思います。これからはそういう話をたくさん聞かせてくれると嬉しいな」

「マジっすか。了解っす。だったら映画怪談と平行して、いろいろ集めてみようと思います」

「いや、そっちのほうは本当にもう、どうでもいいから」

肝心なことだけはどうにか冷静に返したものの、あとはもう駄目だった。

嫌がるコーヘー君を無理やり押さえつけ、一心不乱にディープキスをかますザップ先輩の姿を想像すると笑いがこみあげて止まらなくなってしまう。

それからしばらく私は、腹の皮が捩れるほど笑い続ける羽目になってしまった。

第六部

祟る災い

「祟る」は彼らの特権である。十八番と言ってもいい。
要らぬ不幸を招きたくなくば、余計な手出しをすべきではない。
触らぬ魔性に祟りなし。
努々忘れることなかれ。汝、生きんと欲すなら。

［第五十四話］お盆参り

看護師の静奈《せいな》さんが体験した話である。

ある年のお盆、自宅の座敷で昼寝をしていた時のことだった。

迎え火の日に設えた精霊棚から漂う塗香《ずこう》や藺草《いぐさ》の香りを嗅ぎながら微睡《まどろ》んでいると、玄関口に面した廊下のほうから、足音が聞こえてきた。

ぺたぺたと裸足で床板を踏みしめる、少し湿った足音である。

足取りは少しおぼつかない感じで、左右にふらつきながら歩いているような印象を感じる。

家族は全員出かけて不在のはずだったし、足音は家族の誰の物でもなかった。

みるみる意識がはっきりしてきて、視線を襖のほうへと向ける。

ぴたりと閉めきられた襖の向こうには居間があり、居間の反対側に面した障子戸を開けた先が、玄関口の廊下になっていた。

息を潜めて耳をそばだてていると、足音はまもなくぴたりと止まり、代わりに今度は居間へと続く障子戸が、静かにすっと開く音が聞こえてきた。

そして再び、足音が聞こえてくる。今度はぺたぺたという湿った音ではなく、畳を踏みしめるかさかさという乾いた音。やはり心持ちおぼつかない足取りで、それはまっすぐ居間を突っ切り、座敷のほうへと向かってくる。

はっとなってがばりと上体を起こしたのと同時に、座敷の襖が開かれた。

縦長に開いた襖の向こうには、黄土色の病院着を着た老婆がぬっと立ち尽くしていた。

短い白髪頭は、乾風《からかぜ》に吹かれた枯れ草のように荒れ乱れ、顔色は鮟肝《あんきも》を思わせる濃い黄土色に染まっている。おまけに眼窩も落ち窪んでいた。

仕事の経験上、一目して生きている人間の顔ではないと分かったのだが、それ以前にその顔は、静奈さんがよく知る顔でもあった。

つい先日、静奈さんが勤める病院の入院病棟で自殺した老婆の顔である。

ふた月ほど前から肝臓の重い病が原因で入院していた老婆なのだが、入院中は看護師に対する暴言や迷惑行為が多く、職員の間では評判のよくない患者でもあった。

とりわけ対応に困ったのは頻繁に退院を要求されることで、要望が聞き入れられないと自分で点滴針を抜いて逃亡を図ろうとすることもあった。

病状を鑑みればとても退院などできる状態ではなかったし、看護師の立場としては是が非でも阻止しなければならない。強い姿勢で逐一対応に当たったった。

遺書は見つからなかったが、その結果の自殺なのではないかと思う。

三度目の脱走に失敗してまもなくのこと。老婆は故障中で使用禁止になっている、入院病棟の個室の中で首を吊って亡くなっていた。

襖を開けて座敷の中へ入ってきた老婆は、こちらを見おろしながら幽かな笑みを浮かべている。それは、親しみの籠った笑みではない。彼女が生前、入院中に看護師たちを小馬鹿にする時や詰《なじ》る時に浮かべていた、悪意の籠った厭らしい笑みである。

水を浴びせられたようにぞっとなり、即座に起きあがろうとしたのだけれど、身体にまったく力が入らず、ろくに動くことさえできなかった。おまけに声も出なくなっている。

為す術もなく、戦々恐々となりながら動向をうかがっているまにも、老婆はよろめく足取りでこちらへぐんぐん近づいてくる。

同時に意識は麻酔を打たれたように霞んでゆき、みるみる視界が暗くなっていった。

一時間ほどして目が覚めると、老婆の姿はすでにどこにも見えなくなっていた。

代わりに身体がひどく熱くなっていて、熱を測ると三十九度五分もあった。夜になっても熱は一向に引かず、翌日の仕事は休むことにしたのだけれど、結局、熱は一週間近くも続いてしまい、仕事も長々と休む羽目になってしまった。

ようやく職場に復帰してみると、静奈さんの先輩や同僚たちも三人ほど、ここ一週間前後の間、原因不明の高熱で仕事を休んでいたのだという。

いずれの同僚たちも高熱をだす直前、得体の知れない気配を感じたり、声を聞いたりしていて、老婆の祟りだったのではないかという話になった。

折しもお盆の時期だったので、あの世から化けて出やすかったのではないかという話にもなり、みんなで肌身を震わせ合ったそうである。

［第五十五話］ぎゃん泣き

頼恵《よりえ》さんが小学三年生の時、従姉の女の子が交通事故で亡くなった。

頼恵さんよりひとつ年上の娘で、家が比較的近かったので、一緒に遊ぶ機会も多かった。

突然報された彼女の死にショックを受け、通夜の席でも葬儀の席でもべそべそ泣いてしまった。

けれども初七日が過ぎ、やがて四十九日を迎える頃には気分もだいぶ落ち着いて、従姉の顔を思い浮かべて涙を流すこともなくなっていった。

そうしてさらに日にちが経った、百箇日法要の時である。

昼間、従姉妹の家に親類たちが集まり、座敷で御膳を囲んでいるさなか、なんとなくひとりで座敷を抜けだした頼恵さんは、興味本位で従姉の部屋に入ってみた。

部屋の中は、従姉が生前使っていた頃のまま、綺麗な状態で保たれていた。

壁際に置かれているチェストボックスの上には、彼女が可愛がっていた着せ替え人形たちが、ずらりと並んで座っている。

従姉とふたりで何度も人形遊びをしたことがあるので、みんなよく知っている娘たちだった。

遊ばせてもらうたびに「いいな」と思っていたので、見ているうちに欲しくなってしまった。

つい出来心が湧いてしまい、特に好きだった人形を一体、懐の中に忍ばせてしまう。


その夜、自室で眠りに就いて、まもなくした頃のことだった。

部屋じゅうの空気をびりびり震わすような凄まじい泣き声で、頼恵さんは布団から飛び起きた。

何事だろうと真っ青になり、声の出所を探ってみると、大声を張りあげて泣き叫んでいたのは、机の下にそっと隠しておいたあの人形だった。

人形は満面に朗らかな笑みを浮かべたまま、ポリ塩化ビニルでできた柔らかな頭部の内側から、耳をつんざくような泣き声を高々と吠え散らかしている。

慌てて声を鎮めようとしたのだけれど、何をどうやっても泣き声は治まらず、異変に気づいた両親がたちまち部屋へと飛びこんでくる。

とたんに泣き声はぴたりと止んで、人形を抱いている頼恵さんと母の目が重なり合った。

母から冷たく強張った顔で「どうしたの、その人形？」と尋ねられ、今度は頼恵さんのほうが大泣きすることになった。

人形は翌日、心からの謝罪とともに従姉の部屋へ返してきたとのことである。

［第五十六話］ツーショット

税理士を勤める坂木《さかき》さんの手元には、どう考えても不可解な写真が一枚ある。

社会人になってまだまもない頃、仲のよい友人たちと湖畔のキャンプ場へ出かけた時の写真で、事情を知らずに見せられれば、なんの変哲もないスナップ写真である。

青々と澄み渡る晴天の下、やはり鏡のように水面《みなも》の澄んだ大きな湖を背景にして、坂木さんとひとりの少女が、並んで笑みを浮かべている。

少女はブレザー姿で、坂木さんの腕に軽く自分の腕を回している。

ただそれだけの写真なのだが、坂木さんに腕を回しているこの少女は、湖畔でキャンプを催す五年以上も前に、すでにこの世を去っている。

坂本さんの高校時代の同級生で、名前を芙紗子《ふさこ》という。

一年生の時にたまたまクラスが一緒だっただけで、あとは卒業するまで別々のクラスだったし、在学中はほとんど口を利いたことさえない関係だった。

ただ、三年生になって卒業する間際に、彼女から告白されたことがある。

こちらはまったく気のないことだったので丁重に断ったのだけれど、それからまもなく彼女は、自宅で首を吊って亡くなってしまった。

それが写真に写る、芙紗子という少女のあらましである。

写真は二年ほど前、たまさか古いアルバムを整理していた時に発見した。

ひと目見るなりぎょっとなって、すぐに当時のキャンプに参加した友人たちに連絡を入れた。

しかし、誰もそんな写真など撮った覚えはないということだった。

もちろん、坂木さん自身も、こんな写真を撮られた覚えなどない。

そもそも、高校時代に亡くなっているはずの芙紗子が当時と変わらぬ姿のまま、大人となった自分と一緒に肩を並べて写真に収まれるはずなど、絶対にありえないのである。

写真の中で坂木さんに腕を回す芙紗子は、満ち足りたような笑みを浮かべている。

何も事情を知らない者が見れば、微笑ましい写真と思うのかもしれない。

だが、坂木さんにとっては、とてつもなく薄気味が悪くておぞましい気分になる一枚だった。

本当は処分したいのだが、もしかしたら誰かが悪戯で合成した写真である可能性も捨てきれず、手元に残しているのだという。実際にこれまで、三人のプロに鑑定してもらってもいる。

しかし今のところ、合成の可能性はまったくないとの結果が出ているのだという。

［第五十七話］永久封印

会社員の萌奈美《もなみ》さんは二年前まで、とても寝つきの早い人だった。

自分なりに素早く眠れるコツがあったのだという。

横になって目を閉じたら、ゆっくり呼吸を整えながら何も考えないようにする。

そうしているとまぶたの裏の暗闇に、昔見た風景や知っている人たちの顔、あるいはテレビや映画で観た一場面など、様々なイメージが次々と勝手に現れ始める。それらが浮かんでは消える様子を無我の心境で眺めているうちに、気づけば眠りに落ちているそうである。

時間も場所も選ばず、どんな状況であっても大体、数分程度で寝られたのだという。

たっぷり睡眠をとっておきたい大事な仕事の前夜を始め、車や新幹線など、交通機関の車内で少しだけ眠りたい時、さらには病気や怪我の影響で知覚が過敏になっている時などでさえも。

とにかく実践すれば、かならず眠りに就くことができたという。

だが、そんな便利な睡眠法だったのに、今現在、萌奈美さんは一切使わなくなってしまった。

否。厳密には、使えなくなってしまったのである。

二年前のゴールデンウィークに、萌奈美さんは友人たちと温泉旅行へ出かけた。

宿に選んだのは、中越地方の山中にある温泉旅館。明治創業という歴史の深い宿なのだけれど、構えが小さく立地も不便なためか、世間には広く知られてはいない。そのため、旅行客の間では一種の穴場、秘湯として認知されている宿らしい。

この時もシーズン中の割に宿泊客はさほど多からず、楽しみにしていた温泉も閑散としていて、快適に湯を楽しむことができた。

部屋は宿の奥側に面した離れのような広い和室が用意され、こちらもなかなかの居心地だった。夕飯に振る舞われた料理も素晴らしく、充実した気分で夜の時間が更けていった。

夕飯後はみんなで酒盛りをしたのだが、翌日は宿の裏手にある渓谷を見にいく予定だったので、明日に備えて友人たちは、日付を跨ぐ前に床へ就いた。

萌奈美さんはまだ少し呑み足りなかったため、電気の消えた部屋で独り、酒を呑み続けた。ようやく満足したのは、午前一時を回る頃。旅の興奮のせいか、未だに目は冴えていたけれど、例の睡眠法があるので焦ることはなかった。

自分の布団に潜って目を瞑《つむ》り、ゆっくりと呼吸を整えながら、何も考えないよう意識する。

するとまもなく平素のごとく、まぶたの裏に様々なイメージが勝手に現れては消え始めた。

昔飼っていた犬の顔、『おそ松さん』の一場面、小学校の頃に出かけた夏祭りの御神輿の様子、幼い頃の妹の姿、真っ赤に熟した林檎、至近距離からこちらをじっと見つめる、腐乱した男の顔。

思わず「きゃっ！」と悲鳴をあげて、上体を跳ね起こす。

ふいに浮かんできた男の顔はあまりにも生々しく、本当に目の前にいたかのような感覚を覚え、鼓動がどきどきと高鳴った。こんなことは今まで一度もなかったことだった。

珍しいこともあるものだと思い、気息を整え、再び横になって目を閉じる。

ところが今度も、次々とまぶたの裏で展開するイメージの中に腐乱した男の顔が浮かびあがり、悲鳴をあげて起きあがることになった。

男の顔面は、青黴のように変色してぶよぶよになった肉が垂れさがり、額や頬筋の一部からは黄ばんだ骨が剥きだしになって濡れ光っている。

目玉は半分萎んで結膜もしわだらけになっているが、青白く濁った瞳には不気味な生彩があり、背筋が凍りつくような眼力でこちらをじっと見つめてくる。

そんな映像が、まぶたの裏にはっきりと浮かんで現れた。

二度目ともなると、さすがに普通ではないと感じて一気に恐ろしくなってきた。隣に寝ていた友人たちも目を覚まし、「どうしたの?」と訊いてくる。

一応、事情は話したものの、思ったとおり半信半疑で、まともに取り合ってくれなかった。

その後、「三度目の正直」と思って、もう一度試してみたのだけれど、やはり腐った男の顔が突然紛れこんできて、どうすることもできなかった。

仕方なく、いつもの睡眠法を取りやめて目を閉じると、ようやくまぶたの裏側に平穏が戻って、どうにか眠りに就くことができた。


鉄板だった睡眠法を永久封印したのは、この夜の出来事以来なのだという。

旅館から帰ってきたあとも睡眠法を使うたび、かならず男の顔が現れるようになってしまった。

悪いものにとり憑かれたのだと思い、方々でお祓いもしてもらったのだけれど、効き目はなく、睡眠法を使用すると、まぶたの裏に決まって男の顔が浮かびあがった。

だから後悔してしまうのだという。

奥深い山中にひっそりと佇む、古びた小さな温泉旅館。

離れのようなあの部屋には、もしかしたらとんでもない曰くがあったのではないだろうか。

確固たる裏付けこそないものの、そんなことを想像するたび、せっかくの睡眠法を代償にして旅行に出かけてしまったことを心底悔やんでしまうそうである。

［第五十八話］縞の石

土建業の浴口《えきぐち》さんが、気の合う仲間たちと隣県の山中へキャンプに出かけた時のこと。

現地を引きあげる最終日の朝、早起きをした浴口さんが独りでテントの周囲を散策していると、鬱蒼と生い茂る森の一角に、獣道を思わせる細い道筋が延びているのが目に留まった。

興味を抱き、下草を掻き分けながら進んでいった先には、猫の額ほどの小さな空き地があった。中へと足を踏み入れると、地面のちょうど中央辺りに珍しい石が埋もれているのを発見した。

大きさは、両手にのせて少しはみだしそうな程度。

少し青みがかった白地の上に黒い縞模様が幾筋も走り、なんとなく白い虎を彷彿させるような趣きがある。全体的に丸みを帯びた輪郭のてっぺんは少しだけ先細っていて、見ようによっては巨大な水滴のような形をしている。

ちょうど庭造りに凝っていた時期で、庭の彩りに最高ではないかと思った。

両手で石を掴んでみると、いとも容易く地面から浮きあがり、大した重さもない。したり顔で石を抱え持ち、そのまま車に積んで自宅へ持ち帰った。

それから二月の余りの間に、浴口さんの家族全員が大怪我に見舞われた。

始めは、八十近い母親が風呂場で足を滑らせ、右肩の骨を折った。

次は、スーパーの食肉売り場で働いている妻が、ミキサーで右手の中指を欠損してしまった。

その次は、高校生になる娘が下校中にバイクに撥ねられ、右手首と左脚の骨折に見舞われた。

そして最後は浴口さんが、自宅の階段から転げ落ち、腰の骨を折る重傷を負った。


さすがに何かがおかしいと思い、妻が地元の神主にお祓いを頼んだところ、自宅を訪ねてきた神主から開口一番、「石が原因だ」と告げられた。

庭先に置かれている件の石を見たとたん、白地に黒い縞模様をした大きな蛇がとぐろを巻いてこちらを睨みつけている姿が、脳裏にありありと浮かびあがってきたのだという。

石は、神主にお詫びの祝詞を詠んでもらったのち、知人に頼んで元の場所へと返してもらった。

その後、家族が大きな怪我をすることはなくなったという。

[第五十九話] 狂おしきゴースト

二〇一八年九月下旬。

夜半過ぎから降りだした雨が日の出を迎えてもなお止まず、白銅色の曇り空から陰気な蕭雨《しょうう》がしょぼしょぼとしつこく降りしきる、薄暗い昼下がりのこと。

その日、私は朝からずっと仕事場に籠り、野島明道に関する資料の整理と精査を続けていた。目覚めてまもなく、七時過ぎに優樹菜から電話が入り、昨晩再び、夢を見たとの報告を受けた。先週、仙台市内の喫茶店で私と面会して以来、初めてのことだという。

夢の内容は、これまで見てきたものと少し異なり、優樹菜はどこかの薄暗く湿った洞窟の中で仰向けに倒され、馬乗りになった素っ裸の自分に首を絞められている。

「仰向けで首を絞められるっていうシチュエーションはいつもと同じなんですけど、今回初めて、どんな場所でそれをされているのか分かったような感じですかね」

優樹菜曰く、これまで見てきた夢は全て、背景が黒一色の暗闇だったのだという。夢の中では毎回、黒以外に何も見えない闇の中で素っ裸の自分に追い回され、押し倒されて首を絞められる。

背景が「無」であるがゆえ、目覚めて強く印象に残っているのは、「自分が襲われた」という惨事に関することのみで、場所については今まで特に深く考えることはなかったそうである。

「でも今回は、暗い中にも視界のあちこちに湿った土肌がちらちら見えて、地形もすごく狭くて窮屈な場所だって分かったんです。もうひとりの自分に押し倒される瞬間、身体に感じる衝撃はいつもごつごつしていて硬い感じだったんですけど、今回もそれは同じでした」

ごつごつした石塊《いしくれ》が無数に埋もれる湿った土の地面に、優樹菜は押し倒されて首を絞められた。その冷たく硬い感触は、これまで見てきた夢とまったく同じ。だからもしかしたら自分はずっと、同じ場所で首を絞められ続けてきたのではないかと優樹菜は語る。

「ただそれだけのことなんですけど、なんだか気になったので連絡しておこうと思って」

「朝早くにすみませんでした」と謝る彼女を制して礼を述べ、それからすぐに仕事場へ籠った。

先週、仙台から帰ってきた翌日、明道が遺したSNSのページをPCで開いてめぼしい文書や写真をプリントアウトしていた。文書はクリアファイルへ時系列順に並べて収め、写真のほうは大きなコルクボードに貼りつけ、いつでもすぐに見られるようにしていた。

他の仕事の合間などを縫ってそれらを参考にあれこれ頭を捻らせていたのだが、この一週間はこれといって有力な手掛かりが得られることはなかった。だから優樹菜が「それだけのこと」と言っても、新たな情報であればなんでもありがたかったのである。

けれども残念ながら、手元にまとめた資料を始め、改めて明道のＳＮＳを覗き返してみても、洞窟らしきものに該当する情報は何ひとつ見つかることがなかった。

深町にも連絡を入れてみたのだが、こちらも心当たりはないという。

件の優樹菜参號器のほうは、注連縄の結界の中で変わらず拘禁状態にあり、少なくとも深町が観察する限りでは、不穏な動きを見せるそぶりもないとのことだった。

電話口で「暗中模索が続くね」などとぼやいていたところ、深町からこんな考察を聞かされた。

どうして優樹菜参號器は、あんな姿をしているのかという考察である。

「女性の身体に関するデリケートな話になるし、あなたが前に言ったように、きちんと依頼さえ解決できればいいと思って、あえて話題にはしませんでしたが、私なりに考えていたことはある。あれは多分、失敗作なんだ」

深町の語るところでは、優樹菜参號器は元々、あんな中途半端な姿ではなく、全身が造られる予定だったのではないかという。

「ラブドールって知ってますか?」

「ええ、知ってますよ。大人のオモチャでしょ?」

「まあ、平たく言えばそうです。野島明道はおそらく、当初は優樹菜参號器をラブドールとして製作する予定だったと思うんです。ところが途中で大きな問題が生じてしまった」

それは多分、素材と技術に関する問題だろうという。専門外なのでくわしいことは知らないが、等身大の女性を模して製作されるラブドールは、金属製の骨組みの上にシリコンで象《かたど》った表皮を被せるのが基本構造となっている。要するにターミネーターのようなものである。

「恐ろしく緻密なディテールと質感を帯びた、等身大の動くマネキンみたいなものなんだろうが、調べてみるとシリコンというのは存外値が張るものだし、生身の人体と同じサイズの金属骨格を造るというのも、それなりの技術に加え、専用の設備でもないと現実的に難しい話だと思う」

「美少女フィギュアとか、プラモを造る技術があっても？」

「サイズの問題ですよ。弐號器ぐらいの小さな人形なら造ることはできても、等身大ともなると勝手がまったく違ってくるんです。だからラブドールを始め、等身大のリアルな人形というのは総じて値段が高い。物によっては数百万もする人形だってある」

「すごいな。田舎だったら車とペット付きで家が買える値段だ」

「おそらく野島明道は、弐號器が殊のほか巧くできたので、今度は等身大の泉沢さんを造るべく、優樹菜参號器の製作に取り掛かった。だが、いざ造り始めてみると、それがいかに無謀な挑戦であったかを思い知ることになり、途中で断念せざるを得なくなった。代わりに方針を少し変えて、あの中途半端なバストアップみたいな状態を完成形と見做して仕上げたんでしょう」

いかにも面白くなさそうな声風で深町が語る。

「それなりの裏付けだってある。初めから、あれを胸像として仕上げようとしていたのであれば、両肩から先は何もいらない。わざわざ取ってつけたかのように右腕だけ造らなくてもいいはずだ。だからあれは製作中に方向転換して無理やり仕上げた、失敗作なんだと私は思っている」

「なるほどね。確かに筋は通っている話だと思います。でもそれはいいとして、どうして明道が参號器を単なる等身大の人形じゃなく、ラブドールとして造ろうとしてたって思うんです？」

「言わせますかね……。こっちにもそれなりの裏付けがある。私が処分した弐號器の下腹部には、吐き気がするほどリアルに造られた性器がついていた。本当に言いたくはないが、手足と同じく、こちらも可動式だった。そんなものを造る男が次に等身大の人形を造るとなれば、自ずと用途は頭に浮かんでくるってものでしょう？　違いますか？」

「違わない。ていうか気持ち悪い。それだけ泉沢さんに執着する歪んだ情熱があったんだったら、離婚してから物凄く質の悪いストーカーになってもおかしくなさそうな感じもするんですけどね。でもそういう事実はなかったわけでしょう？」

「泉沢さんからはそうした気配を感じたことはないと聞いているし、私もなかったと思っている。彼女が証言しているとおり、あの男は〝器物〟としての泉沢さんにしか興味がなかったんですよ。結婚した理由も、単に生身の泉沢さんを〝器物〟として身近に置いておきたかったからだと思う。身近に彼女がいれば、いつでも写真や動画を撮ることもできますからね」

「離婚の話を切りだした時によく殺されなかったな。こっちも言いたくはないけど、今ちょっと、泉沢さんの死体を人形に加工している男の画が頭に浮かんでぞっとしました」

「そういうのは私も何度か想像したことがありますよ。生前における彼の素行をトータルすると、十分にやりそうな雰囲気がある」

電話越しにふたりでため息をついたあと、話はさらに続けられた。

「泉沢さんの家に人形が届いて、もうじきふた月になる。参號器は私のところで拘禁中とはいえ、依然として彼女の身辺では怪異が起こり続けている。ここまではいいですよね？」

深町の問いに「ええ」と応えると、彼は含みを帯びた声で「どうにもね」と言葉を継いだ。

「そもそも怪異が治まらないのがいちばんの問題ではあるのですが、解決の糸口が見つからない難しい案件な割に、発生する怪異が妙に大人しすぎるような気がしないでもないんです」

「誤解しないでくださいよ」と前置きをしたうえで、深町は言葉を続ける。

「私は別に、泉沢さんがこれ以上苦しむのを願っているわけじゃない。しかし、怪異の勃発からずいぶん時間が経つというのに起こる事象はほとんど同じで、これではまるで低値安定の状態だ。通常、こうしたケースにおいては、日にちが経つにつれて発生する怪異が激しくなっていったり、あるいは関係者の健康状態が著しく悪化していったりするものでしょう？　今回の件については、そうした事象の移り変わりがほとんど見られない。これは一体、何を示唆するものだろう？」

確かにそれは、私も薄々感じていたことである。この三月ほどで優樹菜の身に起きているのは、体調面では身体のだるさと偏頭痛。怪異のほうは〝もうひとりの自分〟との遭遇のみだった。

体調面はよくなることもないが、殊更悪くなっていくようでもないし、怪異のほうも夢の中で首を絞められるのと、先月半ばに深町が弐號器を破壊した際に、寝込みを襲われたということが一度あっただけである。

渦中に身を置く優樹菜としては、不穏な状況であることに違いはないものの、彼の言うとおり、背景が複雑で禍々しく、いかにも奥が深そうな案件の割には、起こる事象が平板で、起承転結の承から先へ事が進んでいないような印象を受ける。

「そもそも野島明道が、泉沢さんの許へ二体の人形を送りつけた理由さえも、我々は分からない。彼女を怪異で苦しめるつもりだったのか、それとも己の自殺に対する当てつけの意味だったのか、あるいは何かもっと、質の悪いことを企てていたものなのか、まるで動機が掴めない」

苛立ち気味の声音で語る深町の所感に、私もうなずくよりなかった。

「それを言うなら四號器以降の人形の所在に関してもそうですね。歯痒い感じだけど今のところ、どうがんばっても探しようがないっていうのが現状だ。暗中模索にさえなっていない」

「所在は不明ながらも、私はなんとなく、四號器以降の人形の姿は想像できるものがあるんです。おそらく等身大で、形もそれなりに完成されたものだと思う」

「流れからすると、そんな感じでしょうかね。だとすると、サイズ的に保管する場所も限られる。考えられるとしたら、明道が暮らしていた家の天井裏とかなのかもしれないけど、仮にそうならお手上げだろうな。怪しい拝み屋である我々を含め、離婚した泉沢さんも今では完全な他人さま。家が廃屋にでもなっていない限り、中に入って探索なんぞできませんからね」

優樹菜から住所は聞いていたので、一時は現地まで行ってみようかと考えたこともあるのだが、斯様な事情があるゆえ、未だ実行に移すことはなかった。ただ、いずれ本当に必要と差し迫れば、せめて外からだけでも家の様子をうかがって見るべきかと思ってもいた。

「人形ベースのタルパでこんなに手を煩わせられるとは思いませんでした。扱いようによってはここまで厄介な相手になるんですね。ほとほと気の休まる暇がありませんよ」

「同感です。まあ、無闇に焦ったところで何がどうなるわけでもない。引き続き、警戒しながら次の動きを待つしかないでしょう。泉沢さんには申しわけないことだけど」

暗い声でぼやく深町をなだめて通話を終えると、戸外で頻降る陰気な雨音がいやに耳を突いて、こちらもげんなりとした心地になった。

こんなにわけの分からない仕事もなかなか珍しいことである。

相変わらず先行きのまったく見えないまま、私は次の動きに備えて待つしかなかった。

#［第六十話］馬並みなのね

造園業をしている須田《すだ》さんが、二十代の初め頃に体験した話だという。

ゴールデンウイークに須田さんは、気の合う仲間たちと地元の自然公園でＢＢＱを楽しんだ。

公園内は、丁寧に刈られた草地が広がり、周囲はさわやかな新緑に萌え始めた樹々が群立する、とても風光明媚で居心地のいい環境だった。

本来、敷地内でのＢＢＱは禁止されているのだが、そんなことは知ったことではない。

連休中とはいっても地元の人間は、大半が遠方の遊興施設や観光地などに出かけてしまうので、特になんの娯楽もない自然公園には、人の姿がほとんどなかった。

どれだけ大騒ぎしてもお咎めなしだったので、仲間たちと好き放題にはしゃぎながら肉を焼き、がんがん呑んで盛りあがった。

そうして夢中になって呑みまくっていると、おのずと膀胱が膨らみ、小便がしたくなってくる。

公園内のトイレは、ＢＢＱをしている場所から微妙に離れた場所にあった。もっと近い場所で始めればよかったのだが、うっかりしていて忘れてしまった。

最初のうちは皆、トイレまで用を足しに行っていたのだけれど、そのうち酔いが回ってくると面倒くさくなり、近くの草むらや木の根本に向かって用を済ませるようになってしまう。

須田さんも催してくるたび、その辺で適当に用を済ませていた。

そうして何度目かの小便を催した時、たまさか近くに広がる花畑の傍らに、子供の背丈ほどの大きさで薄っぺらい形をした、古びた石が屹立しているのが目に入る。

石の表には、馬頭観音という文字が彫られていた。どうやら仏さまのたぐいらしい。

「馬のくせに観音なのか」というのが、酩酊した頭の癇《かん》に障り、石の前へまっすぐに突っ立つと、へらへら笑いながら石に向かって小便を浴びせかけた。

とたんに尿道へ針を突き立てられたかのような激痛が走り、みるみるうちに股間のイチモツが真っ赤な苺色に染まって腫れあがっていった。

須田さんの陰茎は、たちまち二倍近い大きさにまで膨張し、激しい痛みと視覚的なショックでまともに立っていることさえできなくなった。異変に気づいた仲間たちも須田さんのイチモツを見るなり真っ青になり、急いで病院へ向かうことになる。

診断の結果は、原因不明とのことだった。

まさか「石碑に小便を浴びせた祟り」と話すわけにもいかず、即時入院となった須田さんは、それから原因不明のまま、腫れが引くまで二週間近くも入院することになったそうである。

［第六十一話］囚人夢

都心に暮らす石本《いしもと》さんの話である。

石本さんは五年ほど前から、時折奇妙な夢を見るようになった。

夢の中で石本さんは、どこかの牢屋に閉じこめられている。

六畳ほどの空間で、灰色の壁は湿り気を帯びて黒ずみ、方々に引っ掻き傷のような細長い線が、汚れた壁面を薄く削りとるように走っている。

四角い居室の一面は、壁の代わりに赤錆びた鉄格子が嵌められ、その隙間からは薄暗い通路と、通路の向かい側にある別の牢屋が見える。

通路に人の姿は見当たらず、通路に沿ってずらりと並んだ牢屋の中も、全て無人のようだった。

辺りは水を打ったように静まり返り、空気を揺らす幽かな風の音さえ聞こえてこない。

牢内にはもうひとつ、戸外に面した小さな格子窓もある。そこから差しこんでくる陽光だけが、居室を照らす唯一の光源だった。できれば外の様子を見たいのだけれど、格子窓は自分の背よりはるかに高い位置にあり、背伸びをしても目は格子まで届かない。

こうした奇妙な状況下で何をするでもなく、できるでもなく、石本さんは冷たい床に腰をおろして、ひたすら途方に暮れ続ける。そうしているうちに、やがて気づくと目が覚めているのだという。

およそふた月から三月に一度の割合で、同じ夢を見るそうである。

同じ夢を繰り返し見ること自体、すでに異様なことなのだけれど、それでも夢ならば夢として、相応に割り切ることもできる。

けれども厄介なことにこの夢は、毎回かならず、覚醒している時とまるっきり同じ意識状態で見てしまう。夢なのに、現実としか思えない生々しさを帯びているのである。

最初に見た時は、あまりの異常さに大混乱を来たし、檻の中で声が嗄れるまで大声を張りあげ、周囲に救けを求め続けた。しかし、悲痛な叫びに応じる者は現れなかった。

その後も夢を見るたび、大声を叫び散らしたり、牢からの脱出を試みたりしていた。

だが、それらが全て無駄なことだと悟った今では、牢屋の冷たく湿った床の上に腰をおろして、自然と目が覚めるのをただじっと待つようにしている。

自分はなぜに、こんな夢を見るようになってしまったのか。

振り返ると、ひとつだけ思い当たる節がある。

五年ほど前のある時期まで石本さんは、当時暮らしていたアパートから少し離れた距離にある古びた神社から、たびたび賽銭をくすねていた。

山の裾野に立つ、周囲を深い雑木林に囲まれた神社で、辺りに人の姿を見たことは一度もない。ただその割に、賽銭箱の中には定期的にそれなりの額の現金が放りこまれていた。

仕事の都合で今の住まいに引越してからはやめてしまったのだけれど、思い当たる節といえば、神社の祟りという線が唯一且つ濃厚だった。

それこそ原因と思い定めてすぐ、神社へ参って返せる限りの現金を賽銭箱へ戻し、心の限りの謝罪の念をこめて頭をさげた。しかし、それでも夢は治まることがなかった。

一度では足りないのかと思い、二度、三度と、夢を見るたび神社へ参じて賽銭箱に現金を放り、これでもかというほど平身低頭、謙虚な気持ちで謝罪を繰り返した。賽銭箱に差し入れた現金も、自分がくすねた額をはるかに上回るものになった。

だが、それでも夢は潰えてくれず、今では神社におもむくこともなくなってしまった。

果たして本当に、賽銭泥棒が原因なのかと思ってしまったのだという。

今でも石本さんは、およそふた月から三月に一度の割合で、牢屋の夢を見続けている。

以前は、いつまで続くのだろうかと考えていた時期もあったのだけれど、最近ではもしかして、このまま死ぬまで一生見続けるのではないか、そんなことを思う時もあるそうである。

［第六十二話］道連れに

十年ほど前の話だという。

農家の益城《ましき》さんは、自家の門前近くに生えている、年古《としふ》りた大きな黒松を切り倒すことにした。

ずいぶん前に鬼籍に入った祖父が在りし日に植え、大事に育てられてきた松だったのだけれど、庭木に興味のない益城さんにしてみれば、車の出し入れなどをする際に枝葉が視界をさえぎって邪魔なだけの存在だった。

休日の昼間、まずは長々と伸びた枝にチェーンソーの刃を当て、一本残らず切り落としていく。続いて太い幹へと刃を食いこませ、ようやくの思いで切り倒した瞬間だった。

耳元で突然、「お父さんッ！」と悲痛な叫び声が木霊した。

それは中学生になるひとり娘の声だった。けれども娘は外出中で、家にはいないはずである。

おかしいなと思いながら、切り倒した松の枝葉を片づけているところへ、真っ青な顔した妻が駆け寄ってきた。今しがた、娘が街で車に撥ねられたのだという。

跳ね飛ばされた反動で路面に頭を強く打ちつけ、ほとんど即死とのことだった。

［第六十三話］我慢の限界

別技《べっき》さんが高校一年生の時、家の近所で交通事故があった。

現場は、道の両側を小さな畑と休耕田に挟まれた細い野道で、日暮れ近くに野良仕事を終えて道に出てきた老人が、背後からやって来た乗用車に撥ねられ、死亡している。

老人は生前、教員や町議会議員などを務めた経歴があり、それなりに人望が厚かったと見えて、事故があった現場の道端にはほどなくして、たくさんの献花とともにジュースやお菓子といった諸々の供物が、絶えることなく供えられるようになった。

件の野道は、別技さんの通学路でもあった。毎日自転車で、現場の前を通り過ぎる。

お菓子は鴉に食い散らかされていることが多かったが、ジュースのほうは大体無事だった。

周囲はほとんど人気がなく、特に夕方の下校時ともなればなおさらのことだった。

ある日、ほんの出来心で供え物のジュースを一本くすね、飲みながら家路をたどった。

誰にもばれることがなかったので、次の日もその翌日も、下校中にジュースを一本くすねては、飲みながら帰るのが癖になった。

そうして三月ほどが過ぎた頃のことである。

夕暮れ時の下校中、いつものごとく、献花と供物だらけになった事故現場の前に自転車を停め、ずらりと並ぶジュースの中からめぼしい物へ手を伸ばす。

すると、手首が「ぼきり」と乾いた音をたて、ぐるりと時計回りにひっくり返った。

表裏が逆さまになった手は、柳の枝葉のごとくだらりと手首から力なく垂れさがり、右へ左へぶらぶらと揺れ始めた。

つかのま、何が起きたのか分からず、呆然となってぶらぶら揺れる手首を見つめているうちに凄まじい激痛を感じ始め、揺れる手首は紫色に染まって風船よろしく、ぱんぱんに腫れてきた。

失神してしまいそうなほど耐え難い痛みに泣きながら帰宅したその日から、別技さんは二度と供物には手をださないようになったとのことである。

［第六十四話］奇跡の白い手

二〇一八年九月下旬。

優樹菜から夢に関する電話があった、数日後のことである。

その日の夕方、私は怪談作家の仕事として、仙台の書店で開かれた怪談イベントに出演した。

平素のごとく、仙台までは電車で向かったのだが、会場は駅からかなり離れた場所にあるため、悪いと思いながらも芋沢君に頼んで、彼の車で駅から会場まで送ってもらった。

当日は、朝から体調が思わしくなく、背中がじわじわと疼いて仕方なかった。

痛み止めを使っても効き目は薄く、夕方になっても背中に疼く痛みは嫌らしく脈を打ちながら、なおもじわじわと停滞し続けていた。

イベント自体はどうにか無事に乗りきったものの、終演後はますます具合が悪くなってきた。

帰りは再び芋沢君に駅まで送ってもらい、電車に乗って帰宅する予定にしていたのだけれど、終演後に会場内で待っていた芋沢君に声をかけると、こちらの不穏な様子を察してくれたのか、「よければ家まで送ってくっすよ」と言ってくれた。

イベントの関係者たちに挨拶を済ませ、会場を出たのは午後の七時過ぎ。仙台市内から我が家までの所要時間は、大体一時間少々である。ただ、すでに日も暮れ落ちて辺りはすっかり暗くなっているため、芋沢君には「ゆっくりでいいよ」と伝えた。

食欲は少しもなかったのだが、ただで送ってもらうのも悪いなと思い、途中で国道沿いにあるラーメン店に寄ってもらい、彼に夕飯をご馳走するなどして家路をたどる。

そうして車が仙台市内を出発して、そろそろ一時間近く。車が我が家まで、残り三十分ほどの距離まで差しかかった、八時頃のことである。

人家の明かりがまばらにちらつく川沿いの県道を車がとろとろと走るさなか、車内で芋沢君と話をしていると、突然背中に凄まじい衝撃が走った。

まるで背中のまんなかに、巨大な杭でも打たれたかのような感覚だった。驚いたのもつかのま、衝撃はたちまち激しい痛みへと切り替わり、思わず苦悶の呻きがあがる。

「え、ちょっと！　大丈夫っすか！」

異変に気づいた芋沢君に尋ねられたが、まともに言葉を返すことすらできず、「うう……」と声をだすのが精一杯だった。応えたそばから、まるで堰を切ったかのように滝のような冷や汗が額を始め、全身のあちこちから噴きだしてくる。

膵臓に生じる突発的な痛みは、この半年余りの間に何度も経験している。だから痛みの性質や程度についてもそれなりに把握して、理解しているつもりでいた。だが、この時に生じた痛みは、これまで経験してきたどんな痛みとも性質を異にする、まったく別種のものだった。

苛烈な痛みに耐えかね、助手席で激しく身を捩らせながら、脳裏へ真っ先に思い浮かんだのは、「とうとう終わりの時が来た」ということだった。

件のグルーヴ膵炎がさらに悪化して、膵臓癌に変貌したのである。そんなことを確信するほど背中に感じる痛みはあまりにどぎつく、有無を言わさぬ勢いで背中を抉るように蝕んでいった。

「どうします？　どうしたらいいっすか？」

ハンドルを握りながら、おろおろとしたそぶりで芋沢君が問いかける。

痛み止めは持参していたが、あいにく水を持っていなかった。そもそもここまでひどい痛みに薬が効くとも思えなかったが、何もしないよりはマシだった。

痛みに喘ぐ声をどうにか抑えて、芋沢君に「コンビニ」と告げる。

それからほどなく見つけたコンビニで芋沢君に水を買ってきてもらい、痛み止めを飲んだ。

「家まで送ってって大丈夫なんですか？　どうしても我慢できないんだったら、このまま病院に連れてきますから、遠慮しないで言ってくださいよ！」

芋沢君に念を押されたが、車は我が家へ残り二十分ほどの距離にまで近づいていた。

一方、掛かりつけの病院までは、ここから倍以上の時間がかかる。

「いや、大丈夫。このまま家まで送ってほしい……」

いずれ病院の世話になるにしても、まずは一度、我が家に帰って気持ちを落ち着かせたかった。思うべきではないとは分かっていても、このまま病院に直行したらもしかすると、もう二度とは家に帰れなくなるのではないか。そんな気がして堪らなかった。

春先から前へ前へと思い続けてがんばってきた気持ちが、たちまちぐらつきそうになってくる。視界も霞んで、しだいに意識が途切れ途切れになっていくのも感じた。

「分かりました。任してください。このまま家まで送っていきます」

私の心情を察してくれたのだろう。芋沢君は落ち着いた声音で答えると、あとは脇目も振らず、運転に集中してくれた。

ありがたい友達を持ったなと思う。阿吽の呼吸ができる相手は、本当の友達だと思う。

その時、はたりと思いだした。自分は決して独りではないということに。

芋沢君だけではない。私と真弓が忌まわしい病気を患って以来、今日までに至る長い道筋には、これまで縁があって結ばれてきた、たくさんの人たちの力添えと、「かならず良くなる」というまっすぐな祈りがあったのだ。彼らが優しくひた向きな気持ちで寄り添い続けてくれたからこそ、私も気持ちを前へと向けて、今日までがんばり続けてこられたのだと思う。

ここで私が弱音を吐いて終わってしまったら、みんなは私をどんなふうに思うだろう。深町と優樹菜の件を始め、抱えている仕事も残っている。大事な人たちと交わした、果たすべき約束も果たせていない。病気が治って元気になった真弓が帰ってくるのを、私も元気な姿で待っていなくてはならない。私を守るために過酷な運命に身を投じていった加奈江を、元の姿に戻してあげなければならない。

まだ負けたくなかった。これから先もがんばり続けて生き抜きたかった。

ぐらつきかけた気持ちが、再び前へと向き直る。

背中に巨大な杭を打たれたような感覚は、歪んだ円を描くようなうねりとなって腹の中を蝕み、あまりの激痛に意識が潰れそうになってくる。

それでも必死で気息を整え、助手席にもたれる全身に力をこめながら、腹の上にのせた両手を祈るような形できつく結び合わせる。

そうして痛みから逃げるのではなく、痛みの全容を的確に捉え、自分の身体に馴染ませようと全神経を集中させる。呻き声をあげる代わりに深呼吸をゆっくりと繰り返し、薄く開いた両目を前方の空に向けて凝視する。

痛みは治まる気配すらも見せなかったが、意識が途切れ途切れになることはなくなっていった。

心が縮んで、びくつくこともなくなっていく。

そうしてぎりぎりの線で正気を保ち、痛みに真っ向から挑み始めてまもなくのことだった。

両手をがっしり組み合わせた左腕の隙間から、白粉に染まったか細い腕がするりと伸びてきて、私の胸のまんなかに、白い手のひらをそっとのせた。

手は不香の花のごとく、冷え冷えとしていたが、感触は優しく、柔らかな温もりを帯びていた。

とたんに背中を蝕んでいた痛みが薄まり、潮が引くように消えていった。

嘘のように痛みがなくなり、はたと気づいた時には、手もすでに胸の上から消え去っていた。

けれどもそれが誰の手だったのかすぐに分かり、目の前で起きた奇跡にしみじみと感じ入る。

タルパは創造主の心の在り方に強く影響を受ける。

先日、電話で聞いた美琴の言葉を思いだし、やはり自分の心の前向きさが要なのだと確信した。

胸の内で静かに「ありがとう」と礼を述べ、座席にもたれかけていた上体をゆっくりと起こす。

「治った」

「え。マジっすか!」

けろりとした顔でつぶやくと、芋沢君は度肝を抜かれたような顔をして驚いていた。

その期、無事に自宅まで送り届けてもらい、玄関口で芋沢君に礼をして見送った。

帰宅後も痛みはぶり返すことなく、むしろ清々しい心地でさえあった。

とはいえ今までにないほど、背中に強い痛みが出たのは事実である。

翌日、念のために掛かりつけの病院を受診した。

検査の結果、前回までの病状と比べ、特別異常はないと診断された。今のところは膵臓を始め、その周辺にも特別大きな嚢胞は生じていないとのことだった。

この時は、主治医の言葉にほっと胸を撫でおろしたのだけれど、それからしばらく経ったのち、背中に起きた痛みの原因が分かって、大層げんなりさせられることになった。

くわしい経緯などはすでに別の本で書いているので、ここでは簡素な説明のみに留めておくが、背中に痛みが生じたあの晩、私は以前知り合った、とある相談客から呪いを受けていたのだった。

理由は、自身が持ちこんだ依頼を突っぱねられたことによる逆恨み。

他人の不幸を願うような非常識な依頼だったので断ったのだけれど、相手のほうは納得いかず、恨みが高じて最後は呪いに走ったというわけである。

愚かしい話だと思ったが、同時に甚だ恐ろしくも感じられた。斯様な事態は、今や私の身体が素人の仕掛けた呪いさえまともに効いてしまうほど、弱っているという証でもあったからだ。

奇跡が起きたのは幸いだったものの、現状は現状として冷静に受け止めなければならなかった。

今後はますます体調管理に気を配るとともに、人から余計な恨みを買わないようにしなければと、私は肝に銘じることにした。

第七部

化かす災い

化けて惑わし、化けて脅かし、化けて負わせる。
変幻自在の魔性が織りなす力もまた、変幻自在。
得体の知れぬ、掴みどころなき災いたち。
時に化かされたことすら気づかぬかも知れない。

#［第六十五話］ヒグラシ

三年前の夏、牧田《まきた》さんが出張で、地方の寂れた旅館に泊まった夜のこと。

布団に入ってうとうとしかけた頃、ふいに窓の外からヒグラシの声が聞こえてきた。

時刻は深夜一時過ぎ。

こんな時間に鳴くなんて、間抜けなセミもいたものだと思う。

寝返りを打ち、カーテンの閉めきられた窓のほうに背を向け、再び目を閉じる。

だが、ヒグラシは一向に鳴きやまず、「カナカナカナカナ」と甲高い声をあげ続けた。

三十分近く我慢したが、とうとう耐えきれなくなる。

追っ払ってやろうと思い、布団から起きあがって窓へと向かい進んでいく。

カーテンの裾を掴み、勢いよく開け放つと、目の前の外灯に薄白く照らされた庭木の太い幹に、何やら白くて大きなものがへばりついているのが見えた。

女だった。

真っ白い着物を纏った髪の長い女が、庭木に四肢を回してへばりついている。

女は漆黒に染まった夜の闇に向かって陰気な視線を仰ぎながら、「カナカナカナカナカナ……」と、ヒグラシのそれと寸分違わぬ甲高い声をあげていた。

のど元まで出かかった悲鳴を胃の腑にぐっと押し戻すと、そのままカーテンをそっと閉め直し、頭から布団を被って震え始めた。

心の中で般若心経を唱えながら、一刻も早く女がいなくなってくれることを祈り続けたのだが、声はそれから一時間余り、牧田さんが恐怖に耐えかねて意識を失うまで、窓の外から絶え間なく聞こえ続けていたという。

［第六十六話］池主

ヒグラシといえば、ヒグラシがきっかけになった怪異を聞いたこともある。

生花業を営む染谷《そめや》さんが、小学三年生の頃に体験した話である。

夏の夕暮れ時、ヒグラシを捕まえたくて、近所の神社へひとりで向かった時のことだった。

境内には、拝殿の裏手に大きな池が広がっている。

持参した捕虫網を構えながら、境内の周囲を囲む鎮守の森でヒグラシの姿を探し求めていると、ふいに池のほうから得体の知れない視線を感じた。

はっとして振り返ると、池のまんなかに生白い色をした、紐のようなものが屹立している。

よく見るとそれは、蛇だった。

頭の大きさがサッカーボールほどもある真っ白い大蛇が、池の中から長い首を一メートルほど垂直にぴんと突きだし、血のように赤く染まった丸い目で染谷さんの顔をじっと見つめていた。

蛇と目が合ったとたん、境内は殺生禁止だったということを思いだし、染谷さんはヒグラシを捕まえることなく、逃げるようにして神社を飛びだしたそうである。

［第六十七話］長すぎる

会社員の桐谷《きりたに》さんも小学校時代、蛇にまつわる不可解な体験をしている。

夏休みの昼下がり、学校のプールへ行くため、人気のない田舎道を歩いた時のこと。

前方の道端に生い茂る草むらの中から、ふいに蛇が這い出てきた。

黄土色の体表と、身体の側面にまっすぐ走る黒い線から、すぐにそれがシマヘビだと分かる。

ぎくりとなってその場に足を止め、蛇が道を横切るのを待ち始めた。

まもなく草むらから蛇の細い身体が、にょろにょろと這いだしてくる。ところが路面に身体が一メートルほど這いだし、続いて二メートルほど這い出てきても、尻尾が出てくる気配がない。

目の前の道幅は、およそ三メートル余り。蛇はその上を細長い身体で分断するように這い進み、やがて道の反対側の草むらの中に頭のほうが消えていった。

もう一方の草むらから尻尾が出てきたのは、それから一分近く経った頃だったという。

蛇の身体は、一体何メートルあったのだろうと、桐谷さんは首を傾げながら話してくれた。

［第六十八話］横切っていく

さらに続いて、前話と少し手触りの似た話である。

兼業農家の小沢《おざわ》さんが早朝、煙草を買いに車で近所の雑貨店へ出かけた時のことだった。

自販機で煙草を買い、自宅へ続く鬱蒼とした林道を車で戻っていると、道の脇から狐がすっと飛びだしてくるのが見えた。

とっさにブレーキを踏んで衝突を免れるが、続いて「え？」と、驚きの声があがる。

目の前を横切っていく狐の姿は、とてつもなく大きなものだった。

顔は小沢さんの視線の上にあり、頭から尻尾の先までの全長は、車のフロントよりも長い。

小沢さんがハンドルを握りしめて唖然とするなか、大きな狐は視線をまっすぐ前に向けたまま、道の反対側に生い茂る林の中へ消えていったそうである。

［第六十九話］大きな顔

朧げながらも記憶している限り、私が生まれて初めて視たお化けというのは、大きな顔だった。

三歳か四歳の頃、夕暮れ時に自宅のトイレへ行くと、西日が真っ赤に射しこむ窓の向こうから、両目を金色に輝かせた気味の悪い女が覗きこみ、こちらを見つめて笑っていた。

女の顔は窓を埋め尽くすほど大きく、幼心にも「普通の人ではない」とすぐに分かった。

また、小学校二年生の時には、地元の田舎道に生い茂る雑木林の木立ちから、大きな女の顔に見つめられたこともある。こちらは目算で一メートル近くあった。

白粉で塗り固めたように真っ白な肌をしていて、髪の毛は真っ黒。女は木立ちの中から首だけ宙に浮いた状態で、にやにや笑いながら私の顔を見つめていた。

どちらもその後のオチはなく、ただこれだけの体験で恐縮なのだが、この世間には私と同じく、「得体の知れない笑みを浮かべる、大きな顔の女」を見たという人が意外と多い。

前話から続き、また少し似通った話が連続してしまうため、申しわけない気もするのだけれど、以下に三話、大きな顔をした女にまつわる話を紹介していきたいと思う。

山の顔

昭和五十年代の初め頃、会社員の佐崎《さざき》さんが、幼稚園に通っていた時の話である。

ある日の昼さがり、自宅の前庭で遊んでいると、ふいにどこからか妙な視線を感じた。

不審に思って顔をあげたとたん、視線の主と目が合ってぎょっとなる。

家の前にそびえるなだらかな低山。その山にびっしりと生える樹々の間から、大きな女の顔がぬっと突きだし、笑みを浮かべてこちらをじっと見おろしていた。

蝋燭のごとく血の気の引いた仄白い顔に、ばさばさに乱れた黒くて長い髪。

獲物を見つめる猫のように、大きく真ん丸と膨らんだ黒い瞳。

肉の薄い唇の中に黄ばんだ歯がずらりと並ぶ、幅の広い口。

首は周囲に伸びる樹々よりもはるかに大きく、遠くからでも仔細がはっきりとうかがえる。

佐崎さんが真っ青になって、その場で棒を呑んだように固まっていると、まもなく顔は笑みを浮かべたまま、樹々の中へ音もなく引っこんでいった。

それを見たのは後にも先にも一度きりだそうだけれど、あれから四十年近く経った今でもなお、当時の異様な光景は脳裏にはっきりと焼きついて離れないという。

部屋の顔

二年前にあった話だと聞いている。

初海《はつみ》さんが身内の葬儀に参列するため、地方のビジネスホテルへ泊まった時のこと。

夕方近くに滞りなく葬儀の一切が終わり、ホテルにチェックインして自分の部屋へと向かった。

ドアを開けると、薄暗い部屋の宙に白髪頭をした老婆の顔が浮かんで、こちらを見ていた。

老婆の顔は初海さんの胴体ほどの大きさがあり、深いしわを刻んでがさがさと乾いた満面には、人を小馬鹿にするような薄ら笑いを拵えている。

目が合った瞬間、ドアを勢い任せに「ばん！」と閉め直すと、真っ青になってフロントへ戻り、「部屋を替えてください！」と頼んだ。

五十代半ばぐらいとおぼしきフロント係の女性は、即座に「承知いたしました」と応えるなり、新しい部屋のキーを渡してよこした。

絶対に理由を訊かれるはずだろうと思って、今しがた自分が見たものについての話を頭の中で整理していたのだけれど、結局何も訊かれなかったし、不審な顔をされることもなかった。

多分「よくあること」なのだろうと思って、今度は別の意味でぞっとしてしまったそうである。

空の顔

こちらはだいぶ以前になるのだが、とんでもない話を聞かされたこともある。

今から十年ほど前、最上《もがみ》さんが彼女とふたりで、岩手県の山中にある温泉宿へ泊まりにいった帰り道のことである。

宿をあとにし、山道に車を走らせていると、前方の景色にふと違和感を覚えた。

細く曲がりくねった山道の前方。頭上に深々と生い茂る樹々の葉の隙間からちらつく空の色が、くすんだクリーム色に染まっていた。

時刻は昼過ぎ。夕焼けには早過ぎる時間だし、そもそも夕焼けの色ではない。

曇り雲かとも思ったが、それにしては色が明る過ぎたし、質感も妙である。

そのまま進んでいくと、やがて視界が開け、ようやく空の異変の正体が分かった。

とたんにぞわりと身の毛がよだって、ありったけの悲鳴が絞り出る。

頭上では、計り知れないほど巨大な女の顔が、空一面を埋め尽くしていたからである。

女の顔は、長い黒髪を雨雲のようにどろどろと空の端々まで棚引かせ、下卑た笑みを浮かべてこちらをじっと見おろしている。

最上さんの悲鳴に驚いた彼女が、すぐに「どうしたの！」と叫び声をあげた。

「お前、あれ！　あれが見えないのか！」

言いながら、すかさず上空を指差したのだが、彼女は「え？　何が？」と答えるだけだった。

（ああ、俺にしか見えてない……）

確信するなり、すっかり竦《すく》みあがってしまった最上さんは、彼女に状況を説明する気力も失い、

「具合が悪い」とだけ告げて、彼女に運転を代わってもらった。

彼女の運転で車が発進したあとも、びくつきながら頭上を盗み見てみたが、女は相も変わらず天から最上さんを見おろし、にやにやと笑い続けていた。

結局、途方もなく巨大な女の顔は、車が山をおりて県境に差しかかる頃、およそ二時間近くも経った末にようやく空から霧が晴れるかのごとく掻き消えた。

だが、その後もまともに顔をあげることができず、最上さんは助手席で身体を強張らせながら、しばらく得体の知れない空の恐怖に怯え続けたそうである。

［第七十話］あれと似たもの

晩春の休日、乃々花《ののか》さんは関東地方にある、とある高原へひとりでハイキングに出かけた。遠くに見える山々の稜線《りょうせん》を眺めつつ、草地の中に敷かれたハイキング道をのんびり歩き始めて二時間近くが過ぎた頃である。

何気なく空を見あげると、西のほうに棚引くホウキ雲を背にして、何やら白くて平たいものが、ばさばさとはためいているのが目に入った。

一見した感じでは布団用のシーツに見えたのだけれど、街中でもあるまいし、こんなところにシーツが浮かんでいるというのも変な話である。仮にシーツであったとしても、かなりの高度に浮いてはためいており、なんだか物理のルールに反しているような印象を受ける。

不審に思いながら見ていたところ、まるで乃々花さんの疑問に呼応したかのように白い物体は、みるみる高度をさげ始めた。のみならず、こちらへ向かってぐんぐん近づいてくる。

ただ風に煽られているとは到底思えないほど、それは平たく薄い輪郭の全体にうねうねとした揺らぎを帯びさせ、明確な意思を持っているかのごとく、まっすぐこちらへ向かってきた。

たちまち不穏な予感を覚え、足を速めて逃げようとしたのだが、気づくとそれは乃々花さんのすぐ真上まで迫ってきていて、頭上の景色をすっぽり覆い隠していた。

はっと思った瞬間、ばさりとそれが落ちてくる。

頭の上から全身を包むように被さってきたそれは、雑巾によく似た硬い布の質感を帯びていた。

悲鳴をあげて振り払おうとしたのだけれど、それはごわごわとざらついた感触を走らせながら、乃々花さんの全身を締めつけるように蠢き始めた。

視界は完全に塞がれ、みるみる呼吸も苦しくなってくる。

このままでは死んでしまうと思い、目に涙が浮かび始めた時だった。

ふいに身体を締めつけていた力が弱まり、ばさりと乾いた音がしたかと思うと、塞がれていた視界がぱっと開けて、再び周囲の景色が見えるようになった。

戸惑いながらも頭上を振り仰ぐと、得体の知れない薄くて白い物体は、またぞろ空へ向かって上昇していくところだった。やはり、風に煽られているとは思えないような動きで上っていくと、西のほうに棚引くホウキ雲のほうへ向かって、まもなく小さく姿を消していった。

それに襲われた関東地方の高原は、本来の伝承が伝わる地域とはまったく関係ないのだけれど、一反木綿《いったんもめん》の一種だったのではないかと、乃々花さんは思っているそうである。

[第七十一話] 黒い蝶々

今から二十年ほど前、友野《ともの》さんが中学生の頃に体験した話である。

ある朝、友野さんは登校中に激しい腹痛を覚え、通学路の途中にあるトイレに入った。

トイレは寺の墓地の片隅に建てられたもので、木造のかなり年季が入った代物だった。

見た目が陰気なため、今まで一度も使ったことはなかったのだが、この日は緊急事態である。

矢のような勢いで駆けこみ、個室の扉を開けて和式の便器に跨った。

ところがひと息ついて、ふと顔をあげた時だった。

目の前にあった光景にぎょっとなり、思わず驚きの悲鳴があがる。

便器の真向かいに面したトイレの壁一面に、親指大の黒い蝶がびっしり並んで貼りついていた。

蝶は微動だにせず、碁盤の上の碁石よろしく、等間隔で整然と並んでいる。

用を足しつつ、しばらく唖然としながら眺めていたが、そのうちなんだか好奇心も湧いてきて、恐る恐る蝶へと指を伸ばしてみた。

だが、指は蝶の感触を捉えず、代わりにトイレの壁の冷たい感触を捉えてしまった。

あれ？　と思い、そのまま指を右へ左へ動かしてみると、指は蝶の身体をすり抜けて壁の上をなぞってしまう。

嘘だと思いながら、今度は指先で蝶を掴もうとしてみたのだけれど、指は蝶の身体をすり抜け、ぴくりとも動かない蝶の身体の内側で、親指と人差し指が触れ合ってしまう。

どの蝶に指を伸ばしてみても、結果は同じだった。たちまち気味が悪くなってきた友野さんは、急いで用を足し終えるなり、脇目も振らずトイレを飛びだした。

けれども放課後、どうしても蝶の正体が気になってしまい、今度は半信半疑の友人たちを連れ、再びトイレに戻ってきた。

ところが個室の中には不快な臭気が漂うばかりで、蝶はすでに一羽もいなかったそうである。

［第七十二話］ポップアイ

枦木《はしき》さんは中学生の頃、自室で金魚を飼っていた。

白地に朱色の斑《まだら》が入った更紗模様のコメットで、天女が纏う領巾《ひれ》のようにふわりと長く伸びた尾鰭が楚々として麗しい、とても綺麗な金魚だった。

コメットは最大で三十センチほどまで成長する。十センチ程度の頃に買い求め、大事に世話を続けた結果、二年間で十五センチ近くまで大きくなった。

白と朱色の更紗模様はますます鮮やかな色みを映やし、長い吹き流し尾も一層すらりと伸びて、見事な風格を漂わせるようになる。

ところがある日、少し世話を怠ったのが災いし、コメットが病気に罹ってしまう。

ポップアイという、目玉が出目金のごとく飛びだす厄介な病気だった。

薬を投与したり、塩水浴をさせてみたり、様々な治療を試みたのだけれど、駄目だった。

飛びだした目玉は一向に引っこまず、以前はつぶらな瞳で可愛らしい顔をしていたコメットは、ぱんぱんに腫れあがった両目を剥きだし、怖気を震うような形相で泳ぐようになった。

初めのうちこそ必死になって治療を続けていた枦木さんも、しだいに気が滅入ってきてしまい、そのうちコメットの顔を見るのも嫌になってしまった。

まもなくすると、近所の小学校の裏手にある林道沿いのため池にコメットを捨ててきてしまう。


それから十五年ほどの月日が経ち、実家を離れて都内で暮らすようになっていた枦木さんが、お盆に帰省した時のことである。夕餉の席で家族の口から、こんな話を聞かされた。

ここ数年、小学校の裏手にあるため池に幽霊が出るのだという。

幽霊は白地に赤い模様のついた着物を着ていて、両目が醜くぱんぱんに腫れあがっている。

夕暮れ時や夜、ため池の縁に立っていることがあるそうで、地元の小学生たちや近所に暮らす住人たちが何人も目撃しているのだという。

「別に人が死んでる池でもないのにね」

そう言って、家族たちはしきりに首を傾げたのだが、枦木さんはすぐに幽霊の正体が分かって、背筋がぞっと凍る思いがした。

以来、帰省しても怖くて件のため池には、絶対近寄らないようにしているのだという。

幽霊は未だに出没しているとのことだった。

［第七十三話］ぶらさがり

昭和四十年の中頃だという。

ある晩、農家の三島《みしま》さんが、地元の集会場で開かれた会合から帰る、道すがらのことだった。

両脇を雑木林に挟まれた夜道を歩いていると、林の中に何やら生白い色をした長いものが二本、ぶらさっているのが目に入った。よく見るとそれは、人間の脚である。

「すわ、自殺だ！」と血相を変え、慌てて林の中へと分け入っていく。

ところが鬱蒼と生い茂った枝葉を掻き分け、脚の前までたどり着いてみると、暗闇の上方には生白い脚がどこまでも長く伸びているばかりで、そこから先がまったく見えない。

頭上を見あげ「なんじゃこりゃあ……」と思っていたところへ、周囲で「ざざ！」と音がして、何かが一斉におりてきた。

見るとそれは、無数の生白い脚だった。

胃袋を吐きだしそうなほど大きな悲鳴をあげるなり、すかさず林を飛びだしてきたのだという。

［第七十四話］ぶーんぶーん

純奈《じゅんな》さんが小学校低学年の頃、夏休みに従姉妹が暮らす田舎の家に泊まりにいった時のこと。

夜中、トイレに行きたくなって目を覚まし、薄暗い廊下を歩いていると、廊下に面した部屋の中から「ぶーんぶーん」と音がする。冷蔵庫が唸る音によく似ていた。

そっと戸を開け、中を覗いて見ると、暗く染まった部屋の宙に仄白い光を放つ拳大の玉が浮き、フラフープ状の大きな輪を描いて回っていた。

玉はぶーんぶーんと低い音を唸らせながら、部屋の宙をぐるぐると凄まじい勢いで回っている。

だが、純奈さんが驚いて声をあげるなり、玉はぴたりと動きを止め、床の上へぽとりと落ちた。

同時に仄白い光も消えてしまう。

床へと落ちて光を失い、微動だにしなくなったそれは、白い面をした小さな狐のお面だった。

翌日、従姉妹の家族たちに昨夜の出来事を語り聞かせたところ、従姉妹が昔、夏祭りで買ったお面だということが分かった。お面はその日のうちに地元の神社へ奉納されたそうである。

［第七十五話］トリックスター

二〇一八年十月初め。

仙台で開かれた怪談会の帰り道、背中の痛みに悶え苦しんでから一週間後のことである。

昼過ぎに仕事場で原稿を書いていると、益野君が電話が入った。

「お久しぶりっす、郷内さん。今ちょっと、いいっすか？」

「あんまり久しぶりじゃないと思うけどね。確か二週間ぐらい前に会ってる。何？」

聞けば益野君の友人が、数日前に交通事故を起こして入院したのだそうである。幸いなことに怪我自体は大したことはないそうなのだが、快癒祈願の御守りを作って欲しいとのことだった。

十八番の映画怪談はどうかと思うが、こういうところは優しくていい男なのである。

「いいよ」と応えると、「じゃあ、すぐに行きます！」とのことだった。

それからしばらくして、益野君が仕事場にやってきた。

御守りだけでは何かと思い、ついでなので入院中の友人に快癒祈願の祝詞もあげることにした。

益野君に友人の名前と生年月日を教えてもらい、祭壇を前に祝詞を奏上する。

祝詞が終わって、祭壇の前から座卓の定位置に戻ろうとした時だった。

祭壇の脇に置いてあるカラーボックス。その前へ裏返しにして立てかけていたコルクボードにうっかり脚が当たって、ボードがぱたりと倒れてしまった。

屈んで直そうとしたところへ、座卓の向こうに座っていた益野君が「お？」と妙な声をあげた。

「何？」

「その家、俺の地元にある家っすよ」

コルクボードに貼られている、明道が住んでいた家の写真を指差しながら益野君が言った。

「あっそう。知ってる家なんだ」

「知ってるも何も、地元の友達の父ちゃんが、ちょっと前に買った家っすからね」

「はあ？　今なんて言った！」

益野君の話ではひと月ほど前、土木会社を営む友人の父親が、家ごと土地を買ったのだという。

「事故物件だから、えっらい安く買えたって言ってましたよ。家そのものはそのうち取り壊して駐車場かなんかにするらしいんで、霊障とかはあんまり気にしてないみたいっすね」

「なんてこった……。世間は狭いなあ、益野君」

「おあっ！『インディ・ジョーンズ』っすね！　俺らには狭すぎるんでしょうよ！」

映画ネタで話を脱線させようとする益野君を制し、思いきってお伺いを立ててみる。

「なあ、益野君？　かなり本気のお願いなんだけど、実はいろいろと込み入った事情があってね、できればこの家を見学させていただきたいんだよ。君の口利きで、お友達のお父さまから見学の許可をいただくことはできないだろうか？」

「いいっすよ。軽い社長だから、多分オッケーだと思うけどな。なんなら今連絡してみます？」

「頼む」と答えるなり、益野君はさっそくスマホを引っ張りだして、先方へ連絡を入れてくれた。

ところが電話が始まってまもなく、彼の口から耳を疑うような言葉が飛びだし始める。

「はい、はい、ええ、そうなんす。友達の拝み屋さんっす。今度、俺の家に遊びにくるんすけど、事故物件のこと話したら、タダでお祓いしてくれるって。どうすっかね？　いいっすよね？」

「友達」だの「タダでお祓い」だの、なんの話をしているのだろうこいつは、などと思いながらはらはらした心地で耳を傾けているうちに、まもなく通話は終わった。

「バッチシっす、オッケーっす。ただし一個だけ、条件があります」

「うるせえ、その前に〝タダでお祓い〟ってなんだよ？　勝手に話を決めんな」

「いちばんもっともらしい口実じゃないっすか？　社長、えっらい喜んでましたよ。タダだから。『よろしく伝えといてくれ』って言ってました。これで堂々と事故物件の探索ができます！」

「はあ……まあしょうがないか。場合によっては、本当にお祓いすることになるかもしれないし。それで、今ほざいてた〝条件〟ってのはなんなんだ？」

「俺も一緒に探索させてください！」

小学生みたいにキラキラした目を浮かべ、益野君がほざいた。

「駄目です。これは遊びじゃないんです。部外者は同行不可とさせていただいております」

「あっ、そうすか。じゃあ、俺もこの話はなかったことにさせていただきます」

今度は悪徳商人のごとき陰険な目を浮かべ、益野君がほざく。

「あのねえ、益野君？　僕は遊びで事故物件の調査をしにいくわけじゃないんですよ。君だって、自分の職場に部外者が入りこんでチョロチョロされたら迷惑でしょ？　それと同じことなんです。ご理解いただけないでしょうか？」

噛んで含めるように言い聞かせたのだけれど、益野君は頑として譲らなかった。

「俺の地元っすよ。しかも俺の友達の父ちゃんが所有してる物件っす。俺にも多少は調査をする権利があると思うんです。前から気になってたんすよ、あの家。一緒に中を見さしてくださいよ。プロと一緒に事故物件を探索できるチャンスなんて、なかなかないじゃないっすか！」

「悪趣味な奴め。そのうち罰が当たるんだからな。だったらちょっと待ってろ」

このまま話を続けていっても平行線をたどるだけだと思い、早々考えを切り替えることにした。

携帯電話で深町に連絡を入れる。

話し合いの結果、深町は益野君の同行を承諾し、私を含む三人で件の家に向かうことになった。

益野君の素性については、「土木会社の社員」だと嘘をつき、当日は仙台駅までの送迎を含め、終日運転手を務めてもらうということで、どうにか合意を得ることができた。

予想だにしなかった展開のうえに不本意な展開まで重なってしまったものの、何はともあれ、これで益野君の言うとおり、「堂々と」野島明道の暮らしていた家を探索することができる。

決行は三日後の土曜日。

所在不明の四號器以降の人形たちが見つかることを祈りつつ、私は当日に備えることにした。

己の意志で、己の脚で、彼らの巣へと入っていく。
目的は、軽い好奇心と、退屈しのぎの遊び心。
けれども彼らに、そんな道理は通じない。
無断で巣へと踏みこむ者には、無慈悲な粛清が下される。

［第七十六話］バケツの動画

深谷《ふかや》さんは過去に一度だけ、心霊動画を撮影したことがあるのだという。

大学時代、友人とふたりで昼間に地元の廃工場へ忍びこんだ時のことだった。

目的は心霊映像の撮影。本物が撮れたらネットの動画サイトにアップしようという魂胆だった。

愛用のデジカメを回しながら荒れ果てた工場内を一頻り巡り、帰宅後に映像を確認してみると、果たして撮影の収穫はあった。

友人が工場内の廊下を歩いている映像に、異変が確認できたのである。

カメラを見ながら歩く友人の背後で、錆びついたブリキのバケツが宙に浮かんで静止している。

友人とふたりで何度確認してみても、やはりバケツは宙に浮いているようにしか見えなかった。

けれどもこれだけの映像ではネットにあげたところで、上から糸か何かで吊るしているだとか、ヤラセを疑われかねないものがあった。

せっかく本物が撮れたというのに、なんとも微妙な画の弱さにふたりでがっかり肩を落とす。

残念ながら、映像はお蔵入りということになった。

ところが、それから二日後のことだった。

休日の昼下がり、友人の父が自宅の壁のペンキ塗りをしているさなかにくも膜下出血を起こし、ペンキの入ったバケツに顔を突っこんで亡くなっているのが見つかった。

それからただちにデータを消去したので、件の映像はもう残っていないそうである。

［第七十七話］有耶無耶

矢形《やがた》さんが高校三年生の時のこと。

夏休みの夜、バイト勤めをしている兄の自室に呼ばれて時間を過ごしていると、そのうち兄が「肝試しに行かないか？」と言いだした。

この時は兄の彼女も一緒にいて、彼女のほうは「嫌だ」と言ったのだが、暇を持て余していた兄のほうは「行こう」と言って譲らない。

矢形さんも気乗りはしなかったのだけれど、他にすることもないので渋々付き合うことにした。

深夜一時過ぎ、兄が運転する車で向かったのは、町外れの山間に立つ小さな製材所だった。

建物は平屋建ての木造建築で、廃業してから三十年以上も経つらしい。経営者が自殺をしたり、作業中に従業員が事故で死んでいるとの噂もあり、昔から地元では「出る場所」と言われてきた曰くつきの物件だった。

矢形さんを始め、兄も彼女も実際に中へ入るのは初めてのことだったので、少々緊張しながら持参した懐中電灯を翳し、真っ暗に染まった玄関口を潜り抜ける。

内部は想像していたよりも荒れ果てていた。ぼろぼろに朽ち果てた木材や赤錆びた工具などが足元の至るところに散乱していて、うかうかしていると足を取られて転びそうになる。

だがそれ以上に、中へ入ってまもなくすると、なんだか意識が微妙にふわふわしてきてしまい、しだいに思考がおぼつかなくなってきた。

初めのうちは、時間が時間なだけに眠気が差してきているのだと思ったのだが、それにしては視界が異様に霞んでくるし、だんだんと自分が何を考えているのかも分からなくなってくる。

濁った意識の中でおかしいなと思いながら、それでもふらふら歩いていると、隣を歩いていた兄の彼女が、ふいに「ねえ、これ夢じゃない?」と言いだした。

「夢ってお前、夢なわけねえじゃん……」

傍らにいた兄が応えたが、その目つきはとろんとしていて、声もぐだぐだと力がない。

「夢、だよ、これ。夢じゃないらら、なんれこんなに、意識がぼやぼやしてんおよ」

兄の言葉に反論する彼女も顔もだらりと弛緩して、言葉もひどく活舌が悪い。

そのやりとりを見ていた矢形さんもますます視界がぼんやりしてきて、意識も深い霧の中へと呑みこまれていくように白々と染まっていく。

「ああ、やばい」と思った時には、意識がふつりと途切れてしまった。

はっとなって目を開けると、兄の自室で寝そべっている自分がいた。

そばには兄と彼女もいて、やはり部屋の床に寝そべっている。

時間を確認したところ、深夜の一時を少し過ぎた頃だった。

先ほど、製材所へ出かける辺りの時刻である。

「ありえないだろう……」と思って蒼ざめているところへ、兄と彼女も目を覚ました。

やはりふたりとも、目覚めるなりはっとした顔になって、周囲におろおろと視線を向け始める。

恐る恐る、先ほど製材所で起きたことを話したところ、兄も彼女もまったく同じ体験をしていた。

暗闇の中を歩いているうちに意識がぼやけて、目覚めるとこの部屋にいたのだという。

ふたりは、製材所の中で交わしたやりとりも覚えていた。

夢だと割り切ろうかと努めてみても、三人が三人とも同じ夢を見るなど考えられないことだし、何より時間は、製材所へ向かう前のままでもあった。

結局、自分たちは件の製材所へ行ったのか、行かなかったのか。

夢を見ていたのか、そうではなかったのか。

ついぞ結論が出ることはなく、全ては有耶無耶のまま、今でも気味の悪い実感だけが心の中に澱《おり》のごとく残り続けているのだという。

［第七十八話］あるはずない

流菜《るな》さんが、趣味のひとりキャンプで山間部の渓流へ出かけた時のこと。

川辺にテントを張って付近の散策をしていると、渓流沿いの土手の上に一軒の廃屋を見つけた。

木造平屋の小さな建物だったが、構えを見ればかつては人家だったものらしい。

周囲に人の気配もないし、興味本位で中へ入ってみると、どこもかしこも家財道具が倒れたり、床一面に散乱したりしていて、すっかり荒れ放題になっている。

それでも、そうした危なっかしい雰囲気の中を歩くのが探検遊びをしているようでまた面白く、足元に気をつけながら、どんどん家の奥へと向かって進んでいく。

するとそのうち薄暗い廊下の壁の柱に、一枚の写真が画鋲で留められているのが目に止まった。

見るとそれは、中学生時代の自分が微笑みながら、素っ裸で突っ立っている写真だった。

こんな写真を撮られた覚えなどないし、こんな家にも自分はなんの縁もないはずだった。

がたがた震えながら写真を剥がし取って廃屋を飛びだすと、テントの前に焚いた火へ放りこみ、何も見なかったことにしたそうである。

［第七十九話］ファンシー館

中市《なかいち》さんが友人とふたりで、東北の海辺にある小さな町へ旅行へ出かけた時の話である。

夕方、宿泊先の旅館を出て、近くのコンビニへ買い物に向かう途中のことだった。

寂れた商店街の裏路地を歩いていると、黒い太字で「ファンシー館」と記された看板の掛かる、奇妙な建物に目が留まった。

壁一面が、パステル調の淡い紫と黄色のストライプ模様に塗りあげられた小さな四角い建物で、すでに廃業しているようだが、おそらく以前は服飾店だったのではないかと思う。

ひどく趣味の悪い外装に興味を惹かれ、さらにまじまじと視線を凝らして観察してみたところ、今度は入口ドアの隣の壁に、手書きで「心霊スッポト」と書き殴られているのを発見した。

「心霊スッポトって……」

思わず声にだして苦笑すると、友人も「ありえねえ！」と言って笑いだした。

「ていうか、こういうファンシーな館には、どういう霊が出るんだと思う？」

「いや、それはもちろん、ファンシーな霊に決まってんでしょ」

話していると微妙に気になってきてしまい、「ちょっと中を見てみようか」ということになる。

玄関のガラス戸には分厚いカーテンが敷かれていたが、その代わり、端が少しだけ開いていた。鍵が掛かっていない証拠である。

ドアに手をかけ、ふたりで中に首を突っこんでみると、真っ暗に染まった店内のいちばん奥に、紫色のドレスを着た女がぬっと突っ立ち、こちらを見おろしていた。

「見おろしていた」というのは、女の背丈が天井に届くほど高かったからである。目算でおそらく二メートル半はある。あまりにも大きいので一瞬、人形かと思ったのだけれど、思ったとたんに女が巨体を揺さぶり、こちらへ向かって身を乗りだしてきた。

「うおっ！」と悲鳴をあげてドアを閉め直したのだが、「まさか嘘だろう」という思いもあって、少し間を置き、もう一度ドアを開いて恐る恐る中を覗いて見る。

暗い店内に女の姿は影も形もなくなっており、そこでようやく店の前から全速力で逃げだした。

旅館に戻って、従業員にそれとなくファンシー館のことを尋ねてみたところ、二十年ほど前に店の女主人が経営不振を苦に首つり自殺をしていることが分かった。

紫色のドレスを着た大きな女が、その女主人だったかどうかは不明であるという。

［第八十話］ALLばーん！

トラック運転手の箱井《はこい》さんが若いみぎり、数々の心霊スポットを冷やかしに行ってきたなかで、いちばん怖かったという話を聞かせてくれた。

地元の先輩を含む仲間たち四人で、山の中に立つ廃虚のホテルへ行った帰り道だという。

ホテルの中では変わったことは何も起こらず、「こんなもんか」と苦笑混じりにぼやきながら、先輩が運転する車で暗い山道を下り始める。

やがて車が、山の中腹辺りまで差し掛かった頃だった。

車のドアが同時に全部、ばあああぁぁぁぁぁぁぁん！　と大きな音をたてて勝手に開いた。

突然の出来事に身構える隙もなく、乗っていた全員が危うく車外へ放りだされそうになる。

幸いにもどうにか全員、事なきを得たものの、ドアには全てロックを掛けていたはずだった。

この恐ろしい一件があって以来、箱井さんは心霊スポットへ出かける際、なるべく後部座席のまんなかに座るようになったそうである。

［第八十一話］怪談夜露死苦

二年前の夏、鳶職の浮辺《うきべ》さんが職場の仲間たちと、隣県の田舎町にあるラーメン屋へ出かけた。テレビやネットで評判の店だったので以前から気になっており、満を持しての遠征だった。

仕事を終えた夕方六時頃に職場を出発し、店に着いたのは夜の九時半過ぎ。どうにか閉店前に滑りこみで間に合い、噂に違わぬ極上の家系ラーメンを堪能した。

翌日は休みだったので、ラーメンを食べ終えてもまだまだ時間に余裕はあった。せっかくだし、他にもどこかへ寄っていこうという話になったのだが、いかんせん田舎町である。特にめぼしい遊興施設のたぐいは見当たらない。

そこへスマホをいじっていた仲間のひとりが、「心霊スポットに行こうぜ!」と言いだした。

ネットで検索してみたところ、町から少し離れた林道沿いに廃業したラブホテルがあるという。真偽は定かでないものの、その昔、殺人事件があったとかで、今では心霊スポットとして名高い廃虚になっているとのことだった。

浮辺さんを始め、特に反対する者はおらず、全員賛成でホテルへ向かうことにする。

三十分ほどかけて現地に到着すると、件の心霊ホテルはそれなりに綺麗な外観を保っていたが、内部の様相はひどいものだった。

フロントに設置されていた調度品や備品のたぐいは、ひとつ残らず滅茶苦茶にひっくり返され、床一面に割れたガラスの破片が散乱している。

おまけに薄汚れた壁のあちこちには、カラースプレーで「〇〇参上」「皆殺死」「夜露死苦」「愛死天流」などといった、厳つい漢字の落書きが噴きつけられている。

こちらの常連客に暴走族やヤンキーさま御一行が多いのは、一目しただけで明白だった。

「ダセえ落書きだなあ」と、軽口を叩きながら壁を眺めていると、ふいに真っ暗な廊下の奥から足音が聞こえてきて、複数の人影がぞろぞろとこちらへ向かってくるのが見えた。

闇の中から姿を現したのは、地元のヤンキーとおぼしき連中である。

いずれの頭にも、額の左右の生え際に深い剃り込みの入ったアイロンパーマやリーゼントなど、仰々しくも奇抜な形をしたトサカが乗っかっていて、着ている衣服もラメの入ったスタジャンや胸元をはだけた甚平など、威圧感たっぷりのファッションである。

そんな連中が五、六人ほど、肩を怒らせながら歩いてくるのだが、こちらも腕には覚えがある。

怖いなどと思うより、「田舎のヤンキーってこんなにダサいんだ」という感想のほうが先立って、思わずぷっと噴きだしてしまった。

すると、先頭を歩いていたアイロンパーマのヤンキーがぎょろりと両目を剥きだし、ひとりでずかずかと詰め寄ってきた。

「んだっコラッ、んだっコラッ、んだっコラッ、んだっコラッ！」

表現力と語彙力に乏しい脅し文句を連呼しながら、アイパーがぐんぐんこちらへ迫ってくる。

「おい、バカだ！　バカが来るぞ、気をつけろ！」

傍らにいた仲間がげらげら笑いだし、浮辺さんもつられて顔がひきつってしまう。

とはいえ、向こうのバカはやる気満々のようだし、田舎のヤンキーに舐められるのも癪《しゃく》だった。かくなるうえは、身の程知らずの戯《たわ》け面を少々拵え直して目を覚まさせてやろうと殺気を滾《たぎ》らせ、浮辺さんも迫る来るアイパーに向かってずんずん歩を進めていく。

ところが、そろそろアイパーの顔面に鉄拳を叩きこめそうな距離まで近づいた瞬間である。

目の前にあったアイパーの姿がぱっと掻き消え、辺りが冷たい静寂に包まれた。

見れば、アイパーの向こうにいた他のヤンキーたちの姿もない。

「マジかよ……」と放心しながら、周囲を探してみても、やはり彼らの姿は見つからなかった。

しだいに夢から醒めたように恐怖が湧きだし、浮辺さんたちは我先にとホテルを飛びだすなり、真っ青になりながら地元へ逃げ帰ってきたのだという。

［第八十二話］誰ですか？

坂崎《さかざき》さんがお盆の真夜中、友人たちと地元の廃虚へ肝試しに出かけた。

以前は服飾関係の会社だったらしく、荒れ果てた建物の内部には、古びたマネキン人形たちが埃まみれになった服を着せられたまま、至るところにごろごろと転がっていった。

せっかくなので記念写真を撮ろうと思い、近くにあった手頃なマネキンを起こして立たせると、友人にわざとらしく肩を抱かせるポーズをとらせ、スマホでツーショット写真を撮った。

シャッターボタンを押して画面を確認すると、見知らぬ女が友人に肩を抱かれて微笑んでいた。

元のマネキンとは似ても似つかぬ顔をしていて、生身の女としか思えない姿をしていた。

すぐにデータを消去すると、逃げるようにして廃虚をあとにしてきたそうである。

［第八十三話］いつのまに

自称心霊研究家の長良《ながら》さんはその昔、心霊現象の発生を確認するため、一家が心中自殺をして廃屋になった家に一晩泊まってみたことがある。

四人暮らしの一家が服毒自殺を図ったとされる居間の各所に定点カメラをセットし、持参した寝袋に包まって一夜を明かした。


翌朝目覚めると、全身に赤黒く鬱血した傷跡がついていた。

腕や脚を始め、胸に腹、首筋、背中に至るまで、隈なくびっしりと浮き出たそれらの傷の形は、どう見ても人間の歯形だった。

慄きながらも何が起きたのかを確かめるべく、カメラの記録をチェックしてみる。

だがしかし、映像には不審なものなど、何ひとつとして記憶されてはいなかった。

長良さんが一晩じゅう身じろぎもせず、寝袋に包まって眠る姿が映っているだけだったという。

［第八十四話］着かずとも、この有り様

八年ほど前の夏場にあったことだと聞いている。

当時、専門学生だった高村《たかむら》さんが、仲のよい同級生三人と心霊スポットへ出かけることとなった。

場所は、車で二時間ほどの距離にある古びたホテル。

以前から「幽霊が出る」という噂はあったのだが、数年前にホテル内で凄惨な暴行殺人事件が起きてからは、さらに「やばい場所」として認知されるようになっていた。

高村さんを含む参加メンバーの誰もが、初めての心霊スポット探訪だった。あまり遅い時間は怖いということで、夜の十時頃に現地へ着くよう、友人の運転する車で出発した。

車は道に迷うこともなく順調に走り続け、そろそろホテルへ到着しようとする頃である。

後部座席に座っていた友人の携帯電話が鳴った。

通話に応じた友人はみるみるうちに顔色を曇らせ、ハンドルを握る友人に「今すぐ引き返してほしい」と頼んだ。自宅で母親が倒れ、病院に救急搬送されたのだという。

事情が事情なだけに、全員合意のうえで車を戻らせることになる。

元来た道を走り始め、二十分ほど経った頃だった。

今度は、助手席に座る高村さんの電話が鳴った。

電話は母からで、ふたつ年上の兄が先ほど交通事故に遭って、病院に運ばれたと知らされた。

兄の容態を心配しながら、さらに三十分近くが過ぎた頃である。

今度は、ハンドルを握る友人の電話が鳴った。

普段は酒など呑まない父が泥酔し、家じゅうの物を壊して暴れているという連絡だった。

一同、背筋にぞわぞわと厭な寒気を覚え始め、「なんだよこれ……」と話し合っているさなか、後部座席に座る、最後の友人の電話が鳴った。

夜勤中の父親が職場で倒れ、意識不明の重体という知らせだった。


不幸中の幸いで、いずれの知らせもその後、最悪の結果は免れたのだけれど、この一件を機に高村さんは、二度と心霊スポットには行くまいと固く心に誓ったそうである。

［第八十五話］希望なきゴースト

二〇一八年十月初め。益野君という思わぬ人物が接点となって、野島明道が生前暮らしていた県南の空き家を訪ねる運びとなった、その当日。

大層まずいことにこの日、私は朝からもやもやとした背中の痛みに難渋させられていた。先月の下旬、仙台からの帰り道に見舞われたあの激烈な痛みに比べれば、大したものではない。だが、それでも痛みは痛みである。痛いものは痛いし、ふらつきながらもどうにか歩ける程度の中途半端な容態が、むしろ鬱陶しくて堪らなかった。

空き家には、午後の二時頃に到着する手はずでスケジュールを組んでいた。一時辺りを目安に仙台駅の前で深町と待ち合わせ、駅まで車で迎えにくる益野君の運転で現地へ向かう。

痛みのせいで六時過ぎに目覚めたものの、十一時過ぎに家を出れば十分だったので、少しでも余分に休んでおこうと考え、再び布団へ潜りこんだ。

ところがそこへ、さらなる不運が覆い被さる。まもなく掛かってきた電話に私は叩き起こされ、しばらく前から関わっていた、別の相談客の対応に追われる羽目になってしまう。

結局、二度寝は一睡することも叶わないまま、ようやく事が済んだのは正午近くのことだった。

途中で深町に連絡を入れ、待ち合わせの時間に送れる旨は伝えていたものの、昼過ぎに家を出て仙台駅へ到着したのは、午後の二時近く。当初の予定を一時間も過ぎることになってしまった。

背中に疼く鈍い痛みに懊悩しながら駅の西口にあるロータリーへ向かうと、路肩に停められた車の前で益野君と深町、それからなぜか優樹菜も待っていた。

「ようやく来たかと思ったら顔色が悪い。何があったっていうんです?」

「別に。人気者の辛いところで、単にオーバーワーク気味だってだけです。それよりどうして?」

仏頂面を拵えた深町の言葉を適当にあしらい、優樹菜のほうへ視線を向ける。

「やっぱりわたしも立ち会うべきかと思って。家の中のことなら、なんでも知ってますし」

腰の両側に軽く手を添え、快活な笑みを浮かべながら優樹菜が答えた。

「一時間ぐらい前、待ち合わせの時間にいきなり来てしまったんですよ」

まるで告げ口をするかのような口調で深町が囁く。

明道の家を探索することは、優樹菜にも事前に伝えていたのだが、これは予期せぬ展開だった。

だが、確かに彼女が言うとおり、同行してもらったほうが何かと力になってもらえそうだと思う。

「いいじゃないですか。そう邪険に扱うべきじゃない。じゃあ、今日はよろしくお願いします」

私が答えると、優樹菜は深町の顔を見ながら「やったね」と微笑んだ。

「さて、益野君。予定の時間に少々遅れてしまって大層申しわけないんだけど、今日はよろしく。そろそろ出発してもらってもよろしいですかね？」

「オーケーです。益野におまかせ！」

これから遠足へ出かける子供みたいに上機嫌な益野君の返事を合図に、私たちは車に乗りこみ、一路、県南の田舎町を目指して出発した。

「今回の敵は人形なんですよね？　郷内さんの見立てだと、どれぐらいやばいやつなんですか？　稲川淳二《いながわじゅんじ》の生き人形よりもやばい感じっすか？」

益野君がハンドルを握りながら、助手席に座る私に軽いノリで尋ねてくる。

「そういう話は、大変デリケートな話題になってしまうので、あんまりべらべら喋れないんです。ていうか、こいつに話したんですか、人形のこと？」

「うん。だってどっちみち、家から人形が見つかったら、彼にも見られちゃうじゃないですか？　事前情報なしで見られてびっくりされるよりは、先に概要だけでも話しておこうと思って」

後部座席に座る優樹菜に尋ねると、肩をすぼめて彼女は答えた。

「まあ、泉沢さんがいいっていうんならいいんですけどね。そんなことより益野君、頼んでいた例のあれ、ちゃんと用意してきてくれたかな？」

「大丈夫っす。高級ブランドで切れ味の滅茶苦茶いいやつばっかり見繕ってきました！」

益野君には金切鋸を始めとした、解体用の工具一式を手配してくれるよう頼んでいた。もしも空き家から四號器以降の人形が見つかった場合、解体するのに使うのである。

既知のとおり、これまで我々の前に現れた「優樹菜シリーズ」の人形たちは、内部に金属製の骨格が仕込まれていた。四號器以降の人形も同様の構造になっている可能性が高い。

仮に人形が発見された場合、それが参號器程度までの大きさであれば深町の事務所へ持ち帰り、参號器とともに解体。人形が等身大か、それに近い大きさであれば、私の仕事場へ参號器と共に移送して、同様に解体する予定だった。

「できれば今日で終わりにしたいね。無事に見つかってくれればいいんだけど」

「そうですね。あまり事を長引かせると、我々の沽券にも関わる」

ぐるぐるとわだかまる背中の痛みに顔をしかめながらつぶやいた私の言葉に、後部座席に座る深町も苦い顔をしてうなずいた。

やはり当初の予定から一時間ほど送れ、現地に到着したのは、午後の三時を過ぎた頃だった。

SNSに投稿されていた写真ですでに飽きるほど見ている家だったので、車窓の遠くに外観が見え始めてすぐに、それだと分かった。敷地の裏手に面した丘の上には、深い雑木林が生い茂り、外塀の横手に沿って淀んだ小川が流れる、木造二階建ての古びた大きな一軒家である。

「前から思ってたんですけど、『悪魔のいけにえ』みたいな家っすよね……」

門口を抜け、玄関口の前に車を停めた益野君が、家を見あげながら私見を述べた。

「こらこら、昔の住人の前でそういう失礼なことを言うんじゃない」

呆れ心地で窘《なだ》めはしたものの、水浅葱色をした瓦屋根や、白いペンキで塗られた家の外壁など、確かに雰囲気はどことなく『悪魔のいけにえ』に出てきた、殺人鬼の家に相通じるものがあった。

「ノコギリで切り刻むのはこっちのほうです。行きましょう」

深町の号令で車を降り、益野君が土木会社の社長から借り受けた鍵を使って、玄関戸を開ける。

玄関口へ入ると、目の前に延びる廊下の片側に、二階へ続く階段が延びているのも目に入った。

優樹菜の話では、明道の部屋は二階にあるという。

だが、逸る気持ちを抑えて、まずは先にやるべきことを済ませることにした。

家財道具の取り払われた空っぽの居間へ入り、深町とふたりで屋敷祓いの祝詞を奏上し始める。

益野君が土木会社の社長に口から出まかせで言った、「タダでお祓い」の件をきちんと果たす意味もあったのだが、これから始める探索の安全を祈願するという意味もあった。

家は明道が死んでから、彼の遺言にしたがい、実家の家族がまもなく売りにだしたのだという。

空き家になって四ヶ月近く経つ家の内部は、うっすらと漂う黴の臭いと、石灰色の薄埃にまみれ、陰気な風情を醸しだしていたが、今のところは特に怪しい気配を感じることはなかった。

祝詞が終わったあとに深町にも確認してみたが、こちらも不穏な気配は感じられないという。

まずは大本命ということで、二階にある明道の部屋へ向かった。

階段を上って二階の廊下のいちばん奥に面した部屋のドアを開けると、こちらも居間と同じく、中は荷物がほとんど運びだされて、もぬけの殻になっていた。

部屋の隅に置かれていた小さな段ボール箱を開け、中を確認してみたのだが、入っているのは雑巾やガラス洗浄液の空き缶といったガラクタばかりだった。

「まあ、こんなに容易く見つかるわけないか」

「どうします？　天井裏を覗いてみますか？」

「いや、先にひととおり、家の中を全部見てみましょう。大穴は最後にとっておくことにして」

深町と話し合い、優樹菜の案内で二階にある他の部屋から、家の各所をひとつ残らず見て回る。

しかし、家財道具の大半が引きあげられた空っぽの家内に人形の姿は見つからなかった。

しからば「大穴」ということで、やはり益野君に用意してもらっていた脚立を車から運びだし、一階にいくつか存在する、天井裏のある部屋から順に覗いていった。

結果は空振り。懐中電灯の明かりに照らしだされた真っ暗な天井裏も、全てもぬけの殻だった。

二階の天井裏も同じだった。最後の大本命と思い、一縷《いちる》の望みをこめて明道の部屋から天井板を外して注意深く中を探ってみたのだが、やはり天井裏に探していた物は見つからなかった。

「まいったな……。他にどこか、探せるとこってないですかね？」

脚立をおりながら優樹菜に尋ねると、「あとは外の物置ぐらいですね」とのことだった。

四人で家を出て、敷地の裏手に面した物置へと向かう。ホームセンターで売られているようなスチール製の四角い形をした、なんの変哲もない物置だった。

中を開けてみると、竹ぼうきに蜘蛛の巣取りといった清掃用具や雑多なガラクタ類に混じって、大小様々なサイズをした段ボール箱が二十個ほど、ひとまとめになって積みあげられていた。

「誰の物だか分からないけど、これもお祓いの一環ってことで構わないかな？」

「いいんじゃないっすか？　どうせ誰も気にしたりしませんよ」

益野君の無責任な返事を担保にみんなで段ボール箱を外へ引っ張りだし、箱の中を手分けしてひとつひとつ検めていく。大半がガラクタばかりだったが、一部には明道の私物とおぼしき物が詰まった箱も見つかった。

「すげえ、生のエロ本なんて久しぶりに見ましたよ。ＳＭと凌辱と女装系が趣味だったんすかね。そういうジャンルの本ばっかだ」

箱の中から出てきたエロ本を一冊一冊開いてみながら、益野君が顔をしかめて訴える。

「やめてよもう、それこっちに貸して。わたしが調べる」

呆れた様子で優樹菜が益野君から箱をひったくり、背後に隠して別の箱を調べ始める。

エロ本入りの箱以外で私物らしき物が詰まった他の箱も、造りかけのプラモデルや塗装用の筆、フィギュアの空箱、ガチャガチャのカプセルなど、本当にどうでもいい物ばかりが詰まっていた。

またまた空振りに終わりそうだと思いながらも箱の中身を一点一点、つぶさに調べていく。

「あ……ちょっと。これ、見てください。もしかして、これかもしれない！」

そこへふいに深町が叫んだ。視線を向けると、彼の手には素っ裸の人形が握られていた。

身の丈は、リカちゃん人形よりひと回りほど大きいサイズ。弐號器とも同じくらいの丈である。

顔も優樹菜によく似ていた。ただ、弐號器や参號器の顔と比べると若干不出来な印象は否めず、身体のバランスも全体的に微妙な歪みがあって、いかにも作り物めいた雰囲気を帯びている。

「材質も違う。おそらくレジンだと思います。がちがちだ」

人形の肩を人差し指で軽く叩いてみせながら、深町が言う。

髪も植毛ではなく、レジンとおぼしき素材で造られている。だから髪を掻きあげて、首の裏を確認することができない。身体のどこか別の場所にナンバーが振られていないかと調べてみたが、それらしきものは見つからなかった。

「こんなところに詰めこまれてたってことは、完全な失敗作ってことですかね？」

「稚拙な造形から察するに、弐號器の前に造られた試作品でもありそうですね」

私の質問に思案げな顔つきで深町が答える。

「試作品にして失敗作ってことは、言うなれば番外器ってところかな？」

「ですね。それにどうです？　この人形から何か感じるものがありますか？」

人形を見つけた時の興奮がちな表情から一転して、残念そうな面持ちになった深町に問われた。

それについては、私も最前から言おうとしていたことだった。

「いや、特別何も。おたくも感じないっていうんなら、これは本当にただの人形っぽいですね」

「ええ、感じない。あなたが言うとおり、どうやらこれは、単なるレジン製の人形のようだ」

こちらは微妙に感覚が鈍っているとはいえ、両者一致で「何も感じない」という結果であれば、やはりこれはただの人形なのだろう。だからガラクタの中に紛れこんでいたのだろうか？

「まあ、何かの手掛かりにはなるかもしれない。一応、収穫はあったと思っておきましょう」

ため息混じりに、どうにか思いついた前向きな感想をこぼす。

「他にどこか、調べられそうな場所はないかな？」

深町が優樹菜に尋ねる。

「うん……物置が最後かな。あとはもう、庭を虱潰しに探してみるとかしかないと思う」

唇をへの字に結びながら、優樹菜が答えた。

「探してみるか。日暮れまでには、まだ少し余裕がある」

深町の言葉にしたがい、それから三十分ほど、庭の方々を調べて回った。

だが、薄々予想していたとおり、特にこれといって有益な物が見つかることはなかった。

そうこうしているうちに、とうとう空も黒みを帯びて辺りが暗くなり始めてくる。

さすがにこれ以上は無駄だろうと判じ、そろそろお切りあげようと思いかけた時だった。

少し離れた場所にいた優樹菜がふいに「あ」と声をあげた。

「ねえ、この辺に洞窟ってないかな？　そんなに大きいやつじゃなくていいの。狭くて暗い洞窟。実はわたし、この辺、あんまり散歩したことがないからくわしくないんだよね。知らない？」

切羽詰まったような色を浮かべ、優樹菜が益野君に尋ねる。

「洞窟っすか？　いやあ……山とか登れば、そりゃあるんでしょうけど、この辺だとどうかなあ。ちょっと分かんないっすねえ」

「そう。分かった。ありがとう……」

優樹菜が妙な質問をした意図はすぐに分かった。夢の中でもうひとりの自分に首を絞められる狭い洞窟が、もしもこの近くに実在するのなら、その中に人形が隠されていると思ったのだろう。望みは薄いと思いながらも、可能性がゼロであるという根拠もない。

一応、益野君には、洞窟について何か分かることがあったら知らせてほしいとだけ頼んでおき、日暮れとともにこの日の探索は終了となった。

帰り道、深町と相談した結果、不出来な番外器は、私が資料として手元に預かることになった。車外の景色が黒々と染まりゆく車中で再び人形を検めてみたが、やはりなんらの怪しい気振りも感じられることはなかった。

その後、無事に仙台駅まで送り届けてもらい、帰りの列車に乗りこむと、一日張りつめていた緊張の糸が切れたせいか、背中に疼く痛みが一層生々しく感じられて苦しくなった。

帰宅してからも痛みは治まることなく、私はその晩、なかなか寝つくことができなかった。

第九部 病める災い

患うことが、そもそも大きな災いである。
しかして、養生する時にも気は抜けない。
弱り目に祟り目。
視えない彼らは患う者にも容赦はしない。

［第八十六話］ついに臥す

二〇一八年十月上旬。

深町たちと一緒に、県南の田舎町にある明道の家へ探索に向かってから、五日後のことだった。

とうとう私は、背中に生じた痛みに耐えきれず、地元の総合病院へ入院する運びとなった。

五日前から始まった痛みはその後も停滞し続け、日を追うごとに程度が悪化していった。

痛み止めを使いながらなんとか凌いでいたのだけれど、それも五日目の夜で限界を迎えた。

深夜一時過ぎに実家の家族が運転する車で、病院内にある救命救急センターへ運びこまれると、すぐに血液検査、並びにレントゲンとCT検査を受けることになった。

点滴を打たれて処置室の寝台に横たわり、身体じゅうに脂汗をかきながら苦痛に呻いていると、ほどなく当番医が検査の結果を知らせにやって来た。

血液検査のほうは炎症値を始め、あがっているとまずい項目がもれなく異常な値に跳ねあがり、レントゲンとCT検査の結果も、膵頭部のまんなか辺りにこれまで一度も確認されたことのない、とてつもなく大きな嚢胞が写りこんでいるとのことだった。

医者は即断で「入院ですね」と言った。

私も阿吽の呼吸のごとく「分かりました」と答えざるを得なかった。

果たして病気を患って以来、これが何度目の入院になるのだろうか。その数を思いだしながら甚だ不本意な合意ではあったのだけれど、検査の結果を説明されると抗う気力も失せた。

今回生じた痛みは、先月の仙台帰りの折に勃発した、呪いによる痛みとは違う。紛うことなき、グルーヴ膵炎という難病から生じる痛みである。治療の一切は医者の手に委ねるべきだと判じる。

処置室から入院病棟へ移送されたあとも、痛みはなおもしつこく続いた。

看護師に頼んで鎮痛剤を点滴してもらっても効き目は薄く、呻き声が止まらなかった。

今夜から始まる入院生活では消炎剤を絶えず点滴され、膵臓に生じた嚢胞が縮まっていくのをひたすら安静にして待つことになる。

これまでの入院生活では、二、三日ほどで嚢胞が縮まり始め、痛みも引いていったのだけれど、今回はとびきり大きい嚢胞ということで、どれぐらいの日数を要するのか見当もつかなかった。

願わくば一日と言わず、一刻も早い回復をと思いながらも、私はベッドの上で明け方近くまで想像を絶するような激痛に悶え苦しみ続けた。

［第八十七話］異界病棟

これまでの記録を大きく更新した嚢胞のサイズは、やはり見せかけだけではなかった。痛みは入院から三日を過ぎてもなかなか治まらず、身悶えする時ばかりが延々と続いた。斯様に痛みに耐えるだけでも精一杯だったというのに、今回の入院生活ではさらにもうひとつ、私を心底げんなりさせる異様な事態にも悩まされることになった。

割と頻繁に、身の回りでこの世ならざる者が視えたり、怪異が生じたりするのである。

今年の春先から何度も同じ病院に入院してきたなかでも、ごくごく稀に妙なものを目にしたり、不審な物音を聞いたりするぐらいのことはあった。だが、ここまでひどい事態に見舞われたのは、今回が初めてのことだった。

ここしばらく、特異な感覚が鈍り気味だったというにもかかわらず、今回の入院中に限っては、まるで特例的に感覚がとびきり鋭くなってしまったかのごとく、それは様々な体験をさせられた。

あまりに多すぎるため、全てを紹介することはできないが、特に印象に残っている厭な体験を以下に四話、続けていく。

バッパ

入院から二日が過ぎた、深夜二時近くのことである。

背中に渦巻くひどい痛みに懊悩しながらも、ようやくうとうとしかけてきた頃だった。

「バッパ！　寝ないでよ、起きてて！　バッパ！」

突然聞こえてきたけたたましい大声に、あえなく微睡から引き戻されてしまった。

声の主は女。甲高く、張りのある声質から察して、おそらく二十代ぐらいではないかと思った。

「バーッパ！　ちょっとバッパ、寝ないで！　もうすぐお兄ちゃん、来るんだから！　ねえ！」

どうやら声は、隣の個室から聞こえてくるようである。女は大声で盛んに喚き散らしている。

「バッパ」というのは、仙台弁で「祖母」を意味する方言である。バッパの語を用いるのは通常、自分の祖母に対してだけで、身内の年配女性や、よその老婆を指して使われることはない。

然るに女が声を掛けている相手は、彼女の祖母であるという推測が成り立つ。姿が見えぬゆえ、確信はないのだけれど、入院している祖母が眠りそうになっているので、孫の女が必死になって彼女を眠らせまいとしている。理由は「もうすぐお兄ちゃんが来るから」。

そんな推測も成り立った。

けれども声が大きすぎる。こんな遅い時間に甚だ迷惑なことだと思った。

「バーッパ！　ねえ、起きてよバッパ！　もう、バッパァ！」

うるさいなあと思いつつ、それでも再び目を閉じかけようとしていた時だった。

「シャーーーーーーーーーーーッ！」

女の呼びかけに重なるようにして、出し抜けに奇妙な声が轟いた。

それは声というよりはむしろ、蛇や猫が威嚇の際に発する、鋭い息の音を思わせる響きだった。

「バッパ！　ちょっともう、いい加減にしてバッパ！」

「シャーーーーーーーーーーッ！　フーーーーーーーーッ！」

また聞こえた。先ほど思い浮かべた状況から鑑みるに、バッパが発している音のようだと思う。

だが、その鋭く渇いた音色はどう考えても、まともな人間が吐きだせるものとは思えなかった。

人間というより、脳裏にふっと思い浮かんできたイメージは、巨大なトカゲのような生き物か、あるいは映画の『エイリアン』に出てくるような、得体の知れない生物のそれだった。

隣にいるのは、本当に生身の人間なのだろうか？　そんな疑念もたちまち頭に湧きだしてくる。

「バーッパ！　ねえ起きて！　もうすぐお兄ちゃん、来るんだよ！　起きててバッパ！」

疑念を抱き始めると、女が呼んでいる「バッパ」というのも、祖母を指しているものではなく、そういう名前の生き物なのではないかと思えてくる。

そんなふうに思い始めると、今度は「お兄ちゃん」という存在についても気になりだしてきた。

「お兄ちゃん」というのは、女のお兄ちゃんなのか、それともバッパのお兄ちゃんなのだろうか。

仮にバッパのお兄ちゃんだとしたら、彼も巨大なトカゲみたいな生き物なのだろうか？

考えれば考えるほど気になってしまい、声のほうは声のほうで一向に止まる気配がない。

ならばと思い、トイレに行くふりをして隣室の様子を覗いてみることにする。

ずきずきと激しく痛む背中に難渋しつつもベッドから起きあがり、点滴スタンドを押しながら病室を出る。のろのろとした足取りで廊下を少し歩いて、入口の引き戸ががら空きになっている隣の病室を覗き見る。

中には空っぽのベッドがぽつんとひとつ置かれているだけで、誰の姿もなかった。

けれども。

「バーッパ！　寝ないでよバッパ！　いい加減にしてバッパ！　ねえ、バッパァー！」

「シャーーーーーーーーーーッ！」

誰もいない病室から女とバッパの声だけが、大きく耳に聞こえてくる。

どうりで看護師たちが、誰も注意しに来ないはずだと思った。踵を返して自分の病室へと戻る。

女とバッパの声は、その後も私が眠りに落ちるまでの間、隣からずっと聞こえ続けてきた。

寝落ちしてしまったゆえ、件の「お兄ちゃん」が来たのかどうかについては、定かではない。

謎のカラオケ大会

その二日後、入院から四日目となった、深夜一時頃のことだった。

やはりなかなか寝つかれず、ベッドの上で見悶えしながら目を閉じていると、ふとどこからか、妙な声が聞こえてくることに気がついた。

耳をそばだてて聞いてみたところ、どうやらそれは歌声のようだった。

賑やかな音楽に合わせて、複数の誰かが陽気な声で歌を唄っている。

雰囲気から想像するに、大勢でカラオケ大会でもしているかのような感じに聞こえた。

一瞬、休憩中の看護師たちが、そういうことをしているのかと思った。

だが、冷静に考えてみれば、そんな非常識なことなど、あるはずもない。

とはいえ、歌声が聞こえてくるのは事実だった。こうなるともう、気になって仕方がない。

相も変わらず、ずきずきと執拗に痛みを発する背中にうんざりしつつ、ベッドから起きあがり、点滴スタンドを押して病室を出た。

音の出所を探り始めて歩きだしたのだけれど、こちらかなと目星をつけて進んでいったところ、音は近くも遠くもならず、病室にいた時と変わらぬ音量で聞こえてくるばかりだった。

では、あちらのほうかと気を取り直し、廊下の角を曲がって違うほうへと進んでいく。

その間にも陽気な歌声は、絶えることなく聞こえてきた。だがどういうわけか、薄暗い廊下をどれほど進めど、やはり声へは一向に近づいていくことができない。近くもならず遠くもならず、病室で耳にした時と変わらぬ音量のままである。

結局、入院している病棟内をつぶさに歩き回っても、声の出所は分からなかった。

途中、ナースステーションや休憩室の前も通りがかったが、歌など唄っている気配はなかった。

声は聞こえ続けていたが、そろそろ身体の具合も心配だったので、自分の病室に戻ることにする。

病室からだいぶ離れた場所まで来てしまっていたため、近道をして帰ろうと思い、廊下の角を一本逸れて両側の壁面にトイレや用具室の扉が並ぶ通路へ入る。

すると、こちらから少し離れた前方に病院着を着た小さな子供が、壁に半身を張りつけながら、しゃがみこんでいるのが目に入った。

歳はおそらく五、六歳くらい。長めに伸ばした髪型から見て、女の子だろうと思う。

だが、私が入院している病棟は小児科病棟ではない。こんな時間に子供がいるはずがなかった。

ああ、もしかしてと思っていたところへ子供がすっと立ちあがり、こちらへ身体を向け直した。

振り返ったその顔は、巨大なスプーンで抉り取られたかのように、大きな穴だけが開いていた。

すかさずその場を逃げだすと、私は深夜に病棟内を徘徊したことを後悔しながら病室へ戻った。

こんにちは

　さらにその翌日、入院から五日目のことである。

　ようやく膵臓に生じた嚢胞が縮み始めてきたのか、この日辺りから背中の痛みが和らいできた。じわじわと疼くような違和感は続いていたが、耐えられないほど辛いものでもなくなってきた。

　気分的にも少し余裕ができたので、昼過ぎからは電動式ベッドの角度を変えて背中を持ちあげ、ベッドの上に引っかけたオーバーテーブルを使って読書や書き物をすることにした。

　そうして二時間近く、気持ちとしてはなんだかずいぶん久しぶりのような心地で読書を楽しみ、大学ノートに雑文などを夢中になって書き綴っているさなかだった。

「こんにちは」

　ふいに声が聞こえたので反射的に目を向けると、私が座っているベッドのすぐ脇のところから、やたらと髪の長い女が上半身をぬっと突きだし、こちらを見ながらにやにやと笑っていた。

「は」と声をあげたとたん、女はするりと身を沈め、ベッドの下へと消えてしまった。

　恐る恐る様子をうかがってみたのだが、ベッドの下はもぬけの殻で女の姿は消えていた。

　みるみる厭な気分になり、その後は読書も書き物もまったく捗らなくなってしまった。

どこから出たか

そんなことがあった翌日、入院から六日が経った昼間にも、またぞろ妙な出来事があった。

点滴スタンドを押しながら、デイルームにある自動販売機へジュースを買いに向かっていると、廊下をすれ違った看護師に呼び止められた。血が出ているのだという。

見れば確かに病院着のズボンの左腿の生地に、人の顔ほどもある大きな血の染みができていた。

「すぐに見てましょう」ということで、看護師と一緒に病室へ戻る。

ところがズボンを脱いでみたところ、どこにも傷らしいものはできていなかった。

「尻から出たんですかね？」と尋ねてみたが、「そんなはずはないでしょう」と返された。

確かに尻から出たなら、ズボンの尻の辺りに染みができるはずだし、汚れているのは病院着のズボンだけで下着のほうはなんともなかった。

「なんだと思います？」と尋ねてみたのだが、「さあ、分かりません」と返されただけだった。

結局、看護師が新しい病院着を持ってきてくれて、この一件は一応終わりとなったのだけれど、私のほうはその後もしばらく、一体何が原因だったのだろうと気になって落ち着かなかった。

［第八十八話］告白と決心

かくして連日のごとく、目眩《めま》いがするほどひっきりなしに様々な怪異に見舞われた入院生活も、気づけば九日目を迎えていた。

背中の痛みは五日目を境にして順調に鎮まってゆき、血液検査の結果も日に日に良好な数値を示すようになっていった。

さらにこの日は回診にやって来た主治医から、容態に変わりさえ見られなければ、あと二日で退院できることを告げられる。予想していたよりも早い知らせに心底胸を撫でおろす。

ところがその日の晩のことだった。午後の九時近くに携帯電話が鳴った。

発信主は優樹菜だった。彼女から電話が掛かってきたのは、入院して以来始めてのことである。今度は一体、何が起きたのだろうと思いながら通話に応じた。

「いつも遅い時間にすみません。実は今、とんでもないものを見てしまって……」

わずかにわななき、上擦った声で優樹菜が語るには、家の中で蛇を見たのだという。

十分ほど前、風呂に入っている時だった。髪を洗おうと思って、洗い場の壁に掛けられているウォールラックからシャンプーボトルを掴みあげると、中身が入っていなかった。

前の日に切らしてしまったことを思いだし、買い置きしてキッチンに置いてある詰め替え用のパックを取りにいくため、バスルームの扉を開ける。

すると、目の前に広がるキッチンの床の上に何やら黒くて細長いものが、するすると音もなく這い回っているのが見えた。

蛇だった。長さは目算で四、五十センチほどだろうか。ロープのように細くて真っ黒な身体は、キッチンの天井から灯る蛍光灯の光を浴びて、艶々とした白い光沢を浮かべている。

優樹菜がはっと息を呑みこむと蛇はこちらに首を向け、一瞬ぴたりと動きを止めたかと思うと、次の瞬間、衣擦れのような鋭い音をたて、凄まじい勢いで床の上を滑りだした。

蛇はそのまま勢いを緩めることなく、バスルームの戸口からキッチンを挟んだ向かい側にある物入れの前まで至ると、ドアの縁にわずかに開いた細い隙間へ頭から突っこみ、たちまち中へと姿を消してしまったのだという。

「物入れのドアの前から一瞬も目を逸らさないようにしながら、キッチンのテーブルに置いてたスマホを取って、今こうして電話をしています。どうしたらいいでしょう……?」

優樹菜の声が電話越しに、ますます大きくわなないていく。

聞けば先日、県南の空き家を探索してきて以来、怪異は一度も起こっていなかったのだという。家の中でもうひとりの自分を見ることもなければ、悪夢を見ることもなかった。それで少しだけ安心しかけていたところへ、得体の知れない黒蛇出現とのことだった。

物入れのドアの細い隙間をすり抜けていくその動きから、多分本物の蛇ではないだろうという。だが蛇は、これまで見てきた〝もうひとりの自分〟よりもはるかに生々しい実像を帯びてもいた。これまでのように姿が見えなくなったからといって、少しも安心はできないのだという。

「まいったな。実は今、ちょっと体調を崩していて入院しているところなんです。退院は明後日。なんとかして差しあげたいんですけど、具体的にできることが何もない」

「嘘……。そんな大変な時にごめんなさい。どこかに逃げたほうがいいですかね？」

「深町には連絡しましたか？　あっちなら家も近いし、すぐに駆けつけられるかもしれない」

「しましたよ、ついさっき。でも、都合が悪くてすぐには来られないって。もしも不安だったら、しばらくどこかに避難していてほしいって言われました。でもそうしたら、家を空けている間に蛇がどこに行ったか分からなくなっちゃうじゃないですか……」

「なんだ、あいつ……。ちょっと待っててください。こっちから連絡を取ってみます」

手早く通話を終えて携帯電話の画面を見ると、通話中にその深町本人から着信が入っていた。すぐさま電話を折り返す。

「ああ、よかった。実はちょっと、泉沢さんのほうで大変なことが起きているみたいで……」

「そんなことは分かってます。今、泉沢さんから直接話を聞かせてもらいました」

おたおたした口調で通話に応じた深町の言葉を遮り、すかさず要件を述べる。

「なんの都合があるのか知りませんけど、できれば今すぐ、彼女の家まで行ってあげてください。今までにないくらい怯えてる。それに、その黒い蛇みたいなやつもうまい具合に捕まえられれば、今後の大きな手掛かりになるかもしれない。仕事柄、夜にお客から緊急の呼びだし食らうなんて慣れてるでしょう？　さっさと行ってやってください」

「私だってすぐに駆けつけてやりたいのは山々だが、自信がない。今回の仕事は、私のやり方がほとんど通用しない相手でしょう？　だからせめて、彼女の許へ向かう前にあなたから何がしか、いい知恵を貸してもらいたかった。できれば遅い時間に申しわけないが、これから仙台まで来て、一緒に彼女の家まで付き合ってはもらえないだろうか？」

「悪いけど今、入院中でね。行きたくても行かれないんですよ」

「は？　何があったっていうんです？」

度肝を抜かれたような深町の声音と今現在の状況を鑑みて、言うなら今だなと思い立つ。

「実は今年の二月から、物凄く厄介な膵臓の病気を患ってましてね。以来、闘病中の身なんです。しかも同じ時期に女房も病気で倒れて、彼女も未だに容態が安定していない状態らしい」

「なんとそれは……なんと言ったらいいのか……」

「おまけにいろいろ込み入った事情があって、女房とは半年以上も別居状態。挙げ句の果てには、もう何年も前から魔祓いを行使すると背中がひどく痛んで堪らなかった。痛みの原因が膵臓だと分かってからは、おっかなくて昔みたいな無茶もやりづらくなってしまったし、ついでに言うとここ最近は、特異な感覚のほうもゆっくり鈍ってきているようですね。ざっとこんな感じかな？おかげで毎日、退屈だけはしなくて済んでます」

「そんな大変な状況にあることを、どうして今まで話してくれなかったんですか……？」

「こういう時のための切り札に取っておいたんですよ。今なら素直に話せるでしょう？」

「は？　どういう意味です？」

素っ頓狂な声をあげる深町の言葉を継いで話を続ける。

「前にも聞きましたけど、高校時代、泉沢さんとはどういう関係だったんですか？」

「ふん、汚いぞ。自分が重大な告白をしたあとの質問か？　良識のある人間だったら断れないな。いいですよ、話します。彼女は三年生の時、園芸委員会で一緒だった。とても優しい人だった」

半ば呆れ、半ば観念したような調子で深町は話を始めた。

「姉さんの件で、周りから嘘つきの際物《きわもの》扱いをされていじめられていた私に、彼女だけが普通に声をかけてくれて、普通に接してくれた。園芸委員の仕事が、毎回待ち遠しくて堪らなかった」

「もしかして、付き合ってたとか？　いや、そういう感じじゃなさそうだな」

「まさか。委員会の仕事の時だけの交流ですよ、彼女は男子の間でそれは物凄い人気者だったし、私のほうは地を這う虫のように卑小で、陰気で、自分が思ったことも満足に口にできないような男だった。そんな感じだったし、クラスも別々だったから、泉沢さんとは委員会の時だけの交流。ただそれだけの薄い関係です」

「なるほど。学生時代に八方塞がりだった、おたくの心の支えになってくれていたわけですね？　だったらちゃんと報いないと。あんたにとって天使みたいな存在だった人が今、得体の知れない黒い蛇に怯えて救けを求めているんですよ？　恰好よく恩返しをする絶好のチャンスだ」

「だけど自信がない。弐號器を処分した時の話を覚えているでしょう？　私の迂闊な判断ミスでもしまた、泉沢さんにとんでもない危害が及ぶことになったらと思うと、私はどうしても怖くて及び腰になってしまう。だからあなたに助力を求めもした。本当に今回の件は、わたしの力ではどうしようもない感じなんですよ」

「そんな泣き言を抜かすんだったら途中で辞退すればよかったのに、あんたはそれをしなかった。だったら責任があるってことです。失敗したって臨機応変に対応して、しっかり巻き返せばいい。自分の力を信じろ。少なくとも泉沢さんは、あんたの力を信じていると思う」

　とどめの一撃を一気呵成に言い放ち、すっかり自信をなくした萎びた男の答えを待つ。

「うん……そうだな。泣き言を言っても何も変わらないってことは、前からずっと分かっていた。今が終わりにすべき時だと思う。やれるだけやってみます。では急いで支度をするので、これで。結果はあとで連絡します。ありがとう」

言い終えるや、こちらの返事を待たず深町は通話を終えた。

いいね、だんだん「らしく」なってきた。おそらく大丈夫だろうと思う。

優樹菜にメールで連絡を入れておこうかと思ったが、やめた。多分、深町が伝えるだろう。

とりあえず今夜の件に関しては、お役御免である。

あとは黙って大人しく、深町からの吉報を待つことにした。

第十部 荒ぶる災い

魔性たちの本領にして、真髄。嗜好にして、念望。
荒ぶり猛り、あらゆるものを蹂躙するのが、彼らの本懐。
程を忘れた魔性たちの狂宴が、今始まる。

［第八十九話］分離体

二〇一八年十月下旬、午後十時半過ぎ。

身支度を整えた深町は、タクシーで二十分ほどの距離にある、優樹菜のマンションに到着した。三階にある彼女の部屋のドアのインターフォンを鳴らすと、すぐにドアが開いてパジャマ姿の優樹菜が姿を現した。顔は深町にではなく、玄関口に面したキッチンの一点へと向けられている。

「遅い時間にごめん。入って！」

こちらに横顔を向けたまま早口に告げると、優樹菜は深町を家の中へと引き入れた。

「あそこ。ずっと見張ってるけど多分、出てはきてない。ずっと中に入りっ放しだと思う」

キッチンの奥側に面した物入れとおぼしき、木製の茶色いドアを指差しながら優樹菜が言った。

「本物の蛇ではないんだよな？　でも、実体はあったということ？」

「うん、本物じゃないと思う。ただ、わたしもここしばらく、お化けは見慣れてしまってるから、それなりに区別はつくつもり。あの蛇は目の前にぱっと出てきて、そのまますっと消えるような、そういう実体がないやつではないと思う。見た目がすごく生々しかった……」

優樹菜の証言が事実であるなら、蛇はおそらくまだ、物入れの中に身を潜めているのだろう。

差し当たり、実体があるらしいことは分かったが、その正体については想像もつかなかった。

「何か、長い棒のような物はあるかな？」

「ほうきぐらいしかないけど、それでもいいなら」

「構わない」と伝えると、優樹菜はキッチンの壁のフックに引っ掛けてあったほうきを取り外し、深町に手渡した。

「わたし、子供の頃から蛇だけは本当にダメなんだよね……。ねえ、覚えてる？　高校の頃にさ、園芸委員会の仕事で体育館の花壇の草むしりしている時に、蛇が出てきたことあったでしょう？　あの時、本気で園芸委員をやめようと思ったくらい、蛇は苦手。写真で見るのさえイヤ」

「うん、覚えてる。バネ人形みたいに跳ねあがって大泣きしていた」

そんなこともあったな、と深町は思いだす。

優樹菜が泣いている姿を見たのは、その時一度きりのことである。今回の件においても彼女は、多少の弱音を吐くことはあっても、怯えて涙を流すことなど、ただの一度もなかった。

今にしてもそうだ。いちばん苦手な蛇を相手にして、逃げることなく立ち向かおうとしている。そんな彼女の姿を見ていると、改めて自分がいかに脆弱であったかを思い知らされた。

だが、ここから先は違う。拝み屋として、本来あるべき自分に回帰してみせよう。

「開けるけど、いいかな？」

　優樹菜の返事を待って、物入れのドアノブを回す。

　静かにドアを開けると、中は棚板で三段に区切られていて、上段には小さな段ボール箱が数個、中段にはボックスティッシュや湿気取りといった消耗品のストック、下段には雑多な生活用品が収められた半透明の収納ボックスが並んでいる。

「面倒かもしれないけど、なんでも開けてもらって大丈夫だから。手伝えなくてごめん」

　背後に立つ優樹菜の言葉に「分かった」と答え、まずは下段から調べにかかった。

　優樹菜から受け取ったほうきを穂先と柄を逆さにして右手に握り、左手一本で収納ボックスをひとつひとつ、慎重に外へだしていく。しかし、空っぽになった物入れの下段に蛇らしきものの姿は見られなかった。

　続いて、中段に並ぶ消耗品を同じように取りだし、次々と床の上へと置いていく。

　そのさなか、視界の上で幽かにかさりと乾いた音がしたのを、深町は聞き逃さなかった。

　上の段に並べられた段ボール箱のひとつをすかさず引っ張りだすと、棚の奥から「ざざ！」と鋭い音をたて、黒くて長いものが飛びだしてきた。

　背後で優樹菜が短く悲鳴をあげる。深町もうしろへ身を引いたが、それは逃げるためではなく、間合いを取るためだった。

適切な距離へと背後へ身を離すなり、握りしめたほうきを振りおろす。逆さに持った柄の先は、どす黒い身のまんなか辺りを打ち据えた。渾身の力で撲《ぶ》たれたそれは、はさりと萎れた音をたて、物入れの前の床へと落ちた。

ぐにゃぐにゃと乱れた線を描いて微動だにしないそれは、蛇ではなく髪の毛だった。

無数の黒い毛髪が網目状に絡まり合い、一房の長い束となって、蛇とよく似た姿になっている。

警戒しながら掴みあげてみたが、髪はぴくりとも動くことはなかった。

加えて、手の中に感じるその触れ心地から、本物の髪の毛ですらないことが分かる。

「人工毛だ。いやにぎしぎししているから、すぐに分かる。これに見覚えはないかな？」

傍らでびくびくしながら髪の束を見つめる優樹菜に尋ねる。

「分かんない。わたし、ウィッグなんかも持ってないし、どこから来たんだろう……」

「だったら可能性はひとつしかない。元夫から届いた荷物の中に入っていたんだろう」

「そうだよね。でも、こんなの入ってた記憶、ないんだけどな……」

「まあいい。これは私のほうで回収する。もうこの件はこれで大丈夫だと思う」

「ありがとう。助かった……」

「ゆっくり休むといいよ。私は事務所に戻って、こいつをくわしく調べてみる」

優樹菜から感謝の言葉を告げられたのを潮時と判じ、深町は彼女の部屋をあとにした。

入院から十日目。明け方目覚めると、深町からメールが届いていた。

受信時間は深夜零時頃。「収穫があったので、昼間に改めて連絡する」とのことだった。

昼食を食べ終え、人心地ついた頃に深町から電話が入った。

「ようやく参號器の謎が解けましたよ。といっても、事態が好転したわけではないんだが」

前置きしたうえで深町は、昨夜の蛇の件の顛末から、順を追って説明を始めた。

優樹菜の部屋から髪の束を引き取り、タクシーで事務所へ戻る車中、深町はその正体について、すでに確信めいた思いを抱いていた。

事務所に着くとリビングの隣室へ入り、注連縄の結界が張られた優樹菜参號器の前へと向かう。手にした髪の束を参號器の髪筋に当ててみたところ、ぴたりと長さが一致した。

髪の束を参號器の右腕の上にのせ、注連縄から少し離れて様子を確認してみる。

最前まで封じていたはずの妖気が、注連縄の外へと漏れだしてくるのがありありと感じられた。その妖気の質自体も以前と比べて格段に強く、禍々しいものへと変貌している。

「今まで私の結界が効いていたのは、あれがほとんど抜け殻に近い状態だったからなんですよ」

深町の考察では、優樹菜の部屋に潜んでいた髪のほうにこそ、参號器の魂ともいうべき中枢が移りこんでいたのではないかという。

「おそらく、泉沢さんが私のところに人形たちを持ちこむまでの間、参號器から抜け落ちた髪の一部が部屋に残ってひとつにまとまり、いつのまにかああいうおぞましい形になったんだと思う。泉沢さんが段ボール箱から人形を取りだす時に自然と抜け落ちたんだか、あるいは勝手に抜けて箱から這いだしてきたんだか、それは分かりませんがね」

深町は深町で、ひどくおぞましい想像を述べる。

「本体が乗り移った髪束が依頼主の家に潜伏しているんじゃ、タルパは好き放題に顔をだせるし、私が抜け殻を封印していたところでなんの抑止効果にもならない。ようやく道理が分かったので、差し当たり、すっきりだけはしました」

すでに処分済みの弐號器についても、おそらく同じだろうと深町は言う。

人形たちが事務所に届いてまもなく、八月半ばに弐號器を解体するまでの間、こちらのほうも注連縄の結界が効いていたのだという。

回収してきた髪の束を少しばらしてみたところ、長さ五十センチくらいの参號器の毛髪の中に、十センチほどの長さをした細い髪の毛も何本か混じりこんでいるのが確認できた。寸法からして、弐號器のもので間違いないだろうという。

「なるほど。あ、いやちょっと待って。髪の毛のほうに本体が移っているっていうことになると、処分したと思ってた弐號器もまだ、髪の毛に宿って稼動しているってことになりませんか?」

「いや、それはないと思う。優樹菜シリーズのタルパは、あくまで人形を素体に造られたものだ。たとえば人形の首を切り離した場合、中に宿っているタルパの核みたいなものが、胴体のほうに移動して動き続けるということはないはずでしょう？　だから、人形から分離した身体の一部を依り代にすることができたとしても、それは本体たる人形が健在であるという前提ありきの話で、人形そのものを潰してしまえば、何に核が移っていたとしてもタルパは消滅するはずです」

流暢な語り口で、理路整然と深町が答える。

「まあ、それなりに筋は通ってますね。なかなかの考察だと思います。ちょっと見直しました」

「受け売りですよ。さっき、台湾の小橋さんに連絡して聞いた。私も彼女の老骨に鞭打つような厚かましい真似をしてしまった」

「だから使い方間違っているうえに、小橋にひどいこと言ってるっての。で、不気味な髪の毛の蛇が出てきて、久しぶりに新しい展開を迎えたわけですが、これからどうするつもりです？」

「うん……かなりリスクの高い賭けにはなってしまうが、参號器を破壊してみようと思うんです。これまで私の封印が効いておらず、参號器のタルパが泉沢さんの許に現れ続けていたのだったら、我々が可能性を考慮する過程で勝手に思いこんでいただけの話で、四號器以降の優樹菜人形など、実在しなかったのかもしれない。ならばあとは、参號器を始末するだけだ。どう思います？」

悩ましげな声音で深町が言った。

確かに、四號器以降の人形については、これまで存在を立証する裏付けすらも得られていない。旧明道家を探し回っても発見することはできなかったし、実在しない可能性も十分に考えられる。だが、そうした理屈とは別に、現時点で参號器を破壊することについては、妙な胸騒ぎを感じて仕方なかった。

「いや、あんたさえよければもう少しだけ。そうだな、せめて今月いっぱいは様子を見てみたい。月末まで待って、これ以上新しい展開が何もなければ、その時は私も人形の始末に立ち会います。それでどうだろう？」

「いいでしょう。ではそうしますか。参號器は引き続き、警戒しつつ経過を見守ります」

「悪いね。ところで昨夜は、自分的に彼女の前で恰好よく決められたようですか？」

「うるさい。余計なことはいいから、さっさと退院して戦線復帰してください」

「オーキードーキー。じゃあ、また近いうちに」

ますます「らしく」なってきた深町の返事に満足すると、私は笑いながら通話を終えた。

いいね。だんだんよくなる。

［第九十話］穿たれる

夏休みの昼下がり、ＰＴＡの役員を務める森下《もりした》さんが、子供会で催す肝試しに使う照明機材を借りるため、小学校におもむいた時のこと。

機材は放送室にある。職員室で鍵を借り受け、戸外で盛んに鳴き交わすセミの声を聞きながら、誰もいない廊下を歩いて放送室へ向かう。

鍵を開けて中へ入ると、部屋の奥に目当ての機材が立てかけられていた。

よいしょと両手で抱えあげ、ドアへと向かって振り返る。

すると目の前に、少女の顔があった。

夏用のセーラー服を着た、中学生とおぼしき髪の長い少女だった。

「ねえ」

森下さんがぎょっとなって悲鳴をあげるより先に、少女のほうが口を開いた。

「見たい？」

森下さんの顔を見あげ、涼やかな笑みを浮かべながら少女が言った。

「見たいんだ？」

こちらが答えるまもなく、少女は勝手に答えを決めると、ふいに右手を振りかざした。

手には先端が鋭く尖った千枚通しのような物が、逆手持ちになって握られている。

それが額のまんなかに深々と突き刺さった瞬間、森下さんの視界が真っ暗になった。


夢から覚めるようにぼんやり意識が戻ると、放送室の床に大の字になって伸びていた。

すぐにはっとなって額を擦ってみたが、傷はおろか、血の一滴さえ確認できない。痛みもなく、呆然とした心地で起きあがる。時計を見ると、数分ほどしか経っていなかった。

我が身に何が起きたのか分からないまま、真っ青になりつつも機材を抱えて職員室へと戻った。

鍵を借り受けた教員に今しがた起きたことを話したものの、怪訝な顔をされただけだった。


その日の晩からだという。

森下さんは、この世ならざる者の姿が視えるようになってしまった。

寺の墓地で催された肝試しで子供たちを脅かすため、墓石の陰に隠れていた時だった。

背筋にざわざわとした嫌な気配を感じてうしろを振り返ると、雑然と並ぶ古びた墓石の間から無数の白い顔が暗闇に浮かびあがり、こちらをじっと見つめているのがはっきりと視えた。

その後も通勤中の路上や勤め先、買い物先や病院、葬祭場など、場所も時間もまったく選ばず、得体の知れない人影や異形などをしばしば目にするようになってしまった。

原因はおそらく、あの少女。

彼女に額を刺され、頭に視えざる穴を穿たれたからだと、森下さんは考えている。

ただそうは思えど、異常を来たしてしまった視覚を治す術は何もなく、少女の正体についても未だに不明のままだという。

仕方なく森下さんは現在、神社仏閣で買い求めた魔除けの御守りを肌身離さず大量に持ち歩き、なるべく妙なものと遭遇しないように怯えながら暮らし続けているそうである。

［第九十一話］赤いワンピースの女

今から三十年ほど前、真夏の深夜にあった話だという。

その頃、大学生だった伊佐木《いさき》さんは、遠方に暮らす友人と話をするため、自宅から少し離れた距離にある電話ボックスへ向かった。

電話ボックスは、民家が立ち並ぶ集落の細い路地を何度か曲がって抜け、周囲に田畑が広がる県道を進んでいった先にある。徒歩で七、八分ほどの距離である。

微妙に不便な場所にあるのだが、家の電話で夜中に長話をすると親からいい顔をされないため、夜間の通話は公衆電話でおこなうようにしていた。

暗く静まり返った集落を抜け、懐中電灯を片手に県道を進んでいくと、まもなく前方の道端に電話ボックスが見えてくる。

背後に鬱蒼とした雑木林が群れ立つ電話ボックスは、少しくすんだ乳白色の光を煌々と輝かせ、闇夜の中に浮かんでいる。ひと息ついて近づいていったのだが、よく見ると中に先客がいた。

どうやら若い女性のようである。

つかのま、どうしたものかと悩んだのだけれど、周囲に時間を潰せるようなものは何もない。だからといって、一度家へ戻って出直すというのも馬鹿馬鹿しい。次の利用者がいると分かれば、早めに通話を切りあげてくれるだろうと思い、電話ボックスの前で待つことにする。

四面ガラス張りのボックスから二メートルほど離れた距離まで近づき、自分の姿が向こうからそれなりに見える位置に立って、通話が終わるのを静かに待つ。

電話をしているのは二十代半ばくらいとおぼしき、可愛らしい顔立ちの女性だった。

黒い髪を頭のうしろに束ねたポニーテールに、半袖の赤いワンピースを着ている。

女性は薄いピンクの口紅を差した小さな顔を綻ばせ、何やら楽しげな様子で話をしていた。

なんとなく伊佐木さんのタイプの娘だったので、気づけば彼女の顔をじっと見つめていた。

すると彼女のほうも視線に気づいて、大きな瞳をこちらにすっと向けてきた。

あ、まずいと思ってすかさず目をそらそうとしたのだが、彼女は受話器を耳に押し当てながら柔々と目元を細め、親しげな笑みを浮かべてみせた。

これはもしかして、脈ありかも。

女性の笑みに嬉しくなった伊佐木さんも、彼女に向かって笑みを浮かび返してみせる。

すると女性は、受話器をおもむろに本体へ戻し、ガラス戸のほうにくるりと身体を向け直した。

彼女になんと声をかけようか。そんなことを思いながら、女性が外へ出てくるのを待つ。

まもなく女が電話ボックスから出てきた。

ただし、戸口を開けることなく、煙のごとくガラスの中を突っ切って。

はっと思った時には、すぐ目の前に女の顔があった。

同時に、魚の腐ったような生臭い匂いが辺りに立ちこめ、鼻腔をつんと刺激する。

悲鳴をあげるなりすかさず踵を返すと、あとは脇目も振らず、一目散に自宅へと逃げ帰った。


それからふた月余りも経った、ある秋の日。

件の電話ボックスの裏手に広がる雑木林の中から、女性の殺人死体が発見された。

街場で水商売をしていた女性で、言葉巧みに金銭を騙し取った常連客の男に乱暴された挙げ句、首を絞めて殺され、雑木林の土中に埋められていたのだという。

近所の住人たちの噂では、女性の遺体は赤いワンピースを着ていたとのことだった。

多少の同情はしたものの、女が殺されるに至った経緯を知ると、深夜の電話ボックスの中から浮かべて見せた、あの親しげな笑みがひどくあざとく、邪悪なものに感じられてしまったという。

［第九十二話］山ヌード

兼業農家の与島《よじま》さんが、夏場に地元の山へキノコ採りに入った時のこと。

山中のそれなりに奥深いところへ足を踏み入れ、採取を始めたのだけれど、もう二十年近くも続けていることなので、勝手は御覧《ごろう》じろというものだった。

熟練の観察眼で地面や樹下に生える目当てのキノコを次々と見つけだしては、慣れた手つきでもぎ取り、持参した籠の中へと放りこんでいく。

そうして夢中でキノコを採り続け、二時間近く経った頃のことだった。

視界の隅にふと、何かがちらつく気配を感じたので視線を向けると、鬱蒼と茂る木立ちの間を素っ裸の女が歩いているのが目に入った。

生白い肌にすらりとしなやかな体躯をした、髪の長い若い女だった。

暑い時期とはいえ、こんな山奥で素っ裸とは、どう考えてもおかしなことである。

一瞬、夢か幻でも見ているのかと思ったのだが、いくら目を凝らして見ても、女の姿は霞みも消えもせず、あくまで生々しい像を帯びて木立ちの間を歩き続ける。

ならばＡＶの撮影でもしているのかと思った。もしもそうなら、覗いてみたい衝動に駆られる。

女はこちらの気配に気づくこともなく、ゆったりとした歩調で傾斜のついた山肌を歩いている。

こちらも女から少し距離を取りつつ、静かな足取りで剥きだしになった尻を追いかけていった。

そうしていつしかすっかり我を忘れ、十分近くも女の尻を追い続けていた時である。

ふいに足元がふわりとなったかと思うと、次の瞬間、身体が闇の中へと落下した。

続いて「どすり！」と大きな音が鼓膜を震わせ、全身に凄まじい衝撃が走る。

女の追跡に熱中するあまり、足元に開いていた地面の裂け目に気づかず、叩き落ちたのだった。

幸い、脚のほうは無事なようだったが、代わりに右の肩がひどく痛んでずきずきと疼いていた。

どうやら打撲ではなく、骨を折ってしまったらしい。

「やっちまった……」と呻きながら、裂け目の地肌からはみ出た木の根や石に片手と両脚をかけ、
地面へ這い上ろうとしたところ、頭上からこちらを見おろす女と目が合った。

女は人形のように無機質な目で与島さんの顔をじっと見つめ、それからすっと顔を引っこめた。

ぞっとしつつも急いで裂け目から抜けだすと、女の姿はすでにどこにも見えなくなっていた。

ようやく相手が生身の人間ではないと気づいた与島さんはその後、燃えるような痛みを滾らす
右肩に半泣きしつつ、どうにか山をおりてきたのだという。

［第九十三話］骸骨の写真

都内に暮らす真紀穂《まきほ》さんから、こんな話を聞かせてもらった。

今から九年前、真紀穂さんがまだ大学生だった時のこと。

ある日、仲のよい友人たちと遊園地へ遊びに出かけた時、携帯電話のカメラで写真を撮った。

真紀穂さんが携帯を持った片腕を眼前に突きだし、その両隣に友人たちが固まるように並んでポーズを決めた、よくある構図のスナップ写真である。

ところが撮影した写真を見てみると、真紀穂さんの右隣に写っていた結菜《ゆうな》さんという娘の顔が、おかしなことになっていた。

笑みを浮かべる彼女の顔の真上に、半透明をした何やら白いものが写りこんでいる。

よく見るとそれは、人間の頭蓋骨だった。

半透明の骸骨は、結菜さんの輪郭としっかり重なり合う形で写りこんでいるので、なんとなく中途半端に仕上がったレントゲン写真のような印象も抱かせる。

とはいえ無論、カメラにそんな機能はなかったし、骸骨など写りこむはずもない。

「なんだろう、気持ち悪いね」と眉をひそめていると、当の結菜さんはみるみる顔色を青くさせ、

「わたし、もう終わりかもしれない」と言いだした。

「え？　どうしてよ？」と尋ねても、「なんだかよく分かんないけど、そんな気がする」などと答えるばかりで埒が明かない。

みんなで「心配することないよ」と慰めたのだけれど、結局その日、彼女は塞ぎこんだままで解散することになってしまった。


その翌日、結菜さんが亡くなったことをテレビのニュースで知った。

前日の深夜、自宅アパートから買い物に出たところを刃物で刺し殺されたのだという。

犯人は近所に暮らす無職の中年男で、長らく精神疾患を患っていたそうだが、犯行の瞬間まで結菜さんとはなんの面識もなかったそうである。

［第九十四話］黒電話

こちらも今から九年前、羽取《はとり》さんが大学に通うため、都内に暮らしていた頃の話である。

お盆に田舎の実家へ帰省した初日、羽取さんは夕暮れ時に、近所の菩提寺へ墓参りに出かけた。

実家の墓前に供物と線香を丁重に手向け、しゃがんで合掌していると、突然墓地のどこからか、

「じりりりりりん！」とけたたましく鳴り響く、電話の音が聞こえてきた。

初めは誰かの携帯電話の着信かと思ったのだが、どこを見ても周囲に人影は見当たらなかった。

音は一向にやむ気配がなく、夕闇に染まった墓地の空気をびりびりと震わすように鳴り続ける。

どこで鳴っているものやらと探り歩いていくと、墓地の片隅にひしめき並ぶ、古びた無縁仏の小さな墓石、そのなかのひとつにダイヤル式の黒電話がのっているのが目に入った。

音はこの黒電話から鳴っている。

だが、そばへと近づき様子を調べてみたところ、黒い筐体にケーブルのたぐいはついておらず、電源もないというのに勝手に音を鳴らしていた。

一体どうなっているのかと首を捻る間にも、電話はしぶとく鳴り続ける。

それでとうとう意を決し、受話器をむんずと掴みあげるなり、耳へとぐっと押し当ててみた。

「いま、とりにいったから」

受話器の向こうで、のどに痰が絡みついたような、濁った女の声が聞こえた。

「え？　何？」

気味の悪い声風とわけの分からない言葉にぎょっと驚き、すかさず聞き返してみたのだけれど、電話はそこで、ぶつりと鈍い音をたてて切れてしまった。

受話器を元へと戻そうとしたところ、いつのまにか握っていた受話器が手の中から消えていた。まさかと思って視線を落とすと、墓石の上にのっていた本体のほうも消えている。

しだいに事態の異様さが呑みこめてくるにつれて、みるみる背筋がそそけ立って堪らなくなり、羽取さんは半ば駆けるような足取りで墓地をあとにした。


帰宅すると、自宅の台所で夕飯の支度をしていた母が、床の上に白目を剥いて倒れていた。

折悪しくこの時、他の家族たちは風呂に入っていたり、庭先で夕涼みなどをしている最中で、誰も母の異変に気づく者はいなかった。

すぐに救急車を呼んだのだけれど、母はすでに死んでいた。死因は脳梗塞だったという。

［第九十五話］突っこんでくる

意味などまったく分からないけれど、とにかく恐ろしい体験だった。

そう言って、警備員の野見山《のみやま》さんが聞かせてくれた話である。

ある晩遅く、野見山さんが同僚とふたりで、管轄区域の中心近くにある河川敷に警備車を停め、呼びだしに備えて待機していた時のことだった。

フロントガラス越しに覗く、暗闇に染まった川のほうへ何気なく視線を向けると、向かい側の川岸のほうから何やら白くて丸いものが、こちらへ向かって飛んでくるのが見えた。

生白い顔をした女の生首だった。目算で、ダンプのタイヤほどもありそうな巨大な女の生首が、満面にぎらぎらした笑みを浮かべ、凄まじい勢いでぐんぐんこちらへ迫ってくる。

野見山さんと同僚が悲鳴をあげるよりも早く、首は車の前まで一気に至り、「ばあああん！」と凄まじい轟音を轟かせ、フロントガラスにぶち当たった。

ところが、びくつきながら顔をあげると、女の首などどこにもなかったのだという。

［第九十六話］乗っちゃった

池上《いけがみ》さんが趣味の登山で県外に出かけた時のこと。

朝方早くに自宅を出発し、まもなく目的地が近づき始めてきた頃、田舎道に立つ古びた神社の鳥居の根元に、日本人形がちょこんと座って置かれているのが目に入った。

長い黒髪に真っ白な顔をした赤い着物姿の人形で、早朝に神社とセットで見る光景としては、なかなか不気味なものがあった。

「うへえ、気持ち悪ぃ」と笑いながら、神社の前を通り過ぎる。

目的地に到着して後部座席を振り返ると、登山用具に紛れて日本人形が座っていた。

悲鳴をあげてすかさず車を飛びだしたが、そこからどうしてよいものかまったく判断がつかず、その日の登山も中止になってしまったそうである。

［第九十七話］成敗いたす

デザイナーの知友里《ちゆり》さんは数年前、それまで暮らしていた街場のマンションから、郊外に立つ古びた一軒家に引越した。

家は木造平屋建ての簡素な造りだったのだけれど、庭付きで日当たり良好。部屋数自体も以前のマンションより格段に多く、家の周囲は静かな環境にも恵まれているため、住居兼仕事場として快適に暮らすことができそうだった。


引越しから少し経った休日に、妹夫婦が幼稚園児の姪を連れて遊びにきた。

楽しいひと時を過ごしたのだけれど、姪が持参してきた人形をうっかり忘れていってしまった。

赤ん坊ぐらいのサイズで金髪頭をした、可愛らしい女の子の人形である。

すぐさま妹に連絡をすると、「明日引き取りにいく」とのことだった。

人形を居間の茶箪笥の上に置き、寝室として整えた隣の座敷で眠りに就いた。

辺りが水を打ったようにしんと静まり返った、丑三つ頃の時間である。

知友里さんは、隣の居間から聞こえてくる不審な声に気づいて目を覚ました。

声は男のようで、数はおそらく複数。

声音はひどく小さく、こちらからでは、耳をそばだてても何を話しているのかは聞き取れない。

ただ、同じ文句を延々と復唱しているらしいことだけは分かった。

泥棒かと思い、ぎくりと身が竦みあがったのだけれど、このまま放っておくわけにもいかない。

相手の正体を確かめるべく、恐る恐る布団を抜けだし、襖を細く開いて覗いてみる。

常夜灯の放つ橙色の薄明かりに照らされた居間の中では、茶箪笥の上に座る姪の人形の回りで、何やら小さなものたちが盛んにわさわさと蠢いていた。

それは、ちょんまげ頭に裃《かみしも》を羽織った、全長十五センチほどの小さな侍たちだった。

侍たちは口々に「成敗いたす」「成敗いたす」と声にしながら、両手に握った爪楊枝くらいのちっぽけな刀で、人形の足元を盛んに切りつけている。

全部で十人以上はいるようだった。人形の身体によじ登り、顔や腕を切りつけている者もいた。

思わず「ひっ」と短い悲鳴をこぼしたとたん、人形を切りつけていた侍たちがふっと声を止め、こちらへばっと一斉に首を振り向けた。小さいくせに、射貫くような凄まじく鋭い目をしていた。

たちまち意識が視界がぐらりとなって、知友里さんは意識を失ってしまう。

翌朝目覚めると、襖の前に倒れていたのだが、昨夜の出来事はさすがに夢だろうと思った。

しかし、居間の箪笥の上に座る人形を見てみると、全身に細い切り傷がびっしりとついていた。

人形を引き取りに来た妹に事情を説明するのに、ひどく難儀させられたそうである。

今でも知友里さんは同じ家に住み続けてはいるものの、この夜の一件を目の当たりにして以来、怖くて家には、一体も人形を置かないようにしているのだという。

［第九十八話］青い目の人形

青い目の人形とは、昭和二年（一九二九年）、当時のアメリカ合衆国が両国間の親善を目的に、日本へ寄贈した人形たちの通称である。正確には、友情人形という。

多少の個体差はあるものの、平均的には身の丈四十センチほどのサイズをした女の子の人形で、全部で一万三千体近い人形たちが、全国の小学校や幼稚園などに贈られた。

けれども時代が下って、日本が太平洋戦争に突入すると、青い目の人形は敵性人形と見做され、その多くが処分されることになってしまう。

そうした物々しい世情のなか、人形たちへの心ない仕打ちを忍びなく思った人々の手によって、一部の人形たちは天井裏や床下、物置の奥などに秘匿《ひとく》され、どうにか処分を免れることができた。

それでも現存するのは、わずか三四一体とされる。

辛くも戦中の災禍を生き延び、再び日の目を見ることのできた人形たちは、当時の日米関係と友情の大切さを語る資料として、今も全国各地の施設で大事に保存されている。

昭和四十年代の終わり頃であるという。

当時、田舎の小学校で教師をしていた久保《くぼ》さんの話である。

ある秋の日の放課後、久保さんが校舎の裏手にある焼却炉でゴミを燃やしていると、教え子の子供たちが数人、血相を変えてやってきた。

訊けば、すごいものを見つけてしまったのだという。

子供たちに手を引かれるまま、校庭の片隅にある古びた木造の外便所へ向かうと、入口の前に表が湿気と腐敗ですっかり黒ずんだ、小ぶりな木箱が置かれている。

蓋を開けると、中には淡いピンク色のドレスを着た、女の子の人形が収められていた。

子供たちの話によれば、便所の天井板が少しずれて開いていたので、中を探検しようと思って上にあがったところ、天井裏の奥へ隠すように置かれている、この箱を見つけたのだという。

一目しただけで、それが青い目の人形だとすぐに分かった。

悲しい迫害から逃れるため、長らく便所の天井裏に隠されていたのだろう。

子供たちの言うとおり、「すごいもの」だったし、大変なものが発見されてしまったと思った。

さっそく人形を抱え、校長室へと向かう。

ところが、久保さんから事情を聞かされた校長は、関係機関への報告や対応などが面倒なので、何も見なかったことにして処分しろと言う。

詳細までは明かさないが、彼はかなり偏った思想を持つ人物で、報告や対応が面倒というより、発見された人形そのものに強い嫌悪を抱いているようだった。

粘り強く説得を続けたのだけれど、校長の意志は頑として変わることなく、最後には激昂して机の上に置かれた人形を乱暴に掴みあげるなり、猛然とした足取りで校長室を出ていった。

向かった先は校舎の裏手。久保さんの制止も虚しく、人形は轟々と燃え盛る焼却炉の炎の中にくべられてしまった。

終戦からすでに二十年近く。ようやく見つけてもらって、あの娘もさぞや喜んでいただろうに。なんという可哀そうなことをするのだろう。

遣りきれない気持ちを抱えながら職員室へ戻り、まもなくした頃のことだった。

「お前がやったのかッ!」

顔色を真っ青にさせた校長が、全身真っ黒焦げになった人形を抱え、職員室へ駆けこんできた。

すっかり怯えきって我を失っている彼の訴えによれば、焼却炉に人形をくべて校長室へ戻ると、机の上に黒焦げになった人形が座って、彼の顔をじっと見つめていたのだという。

まるで身に覚えのない話だったが、そんなことが起きたとしても当然ではないかと思った。

無残にも黒焦げとなってしまった人形は、その日のうちに久保さんが地元の寺へと連れてゆき、手厚く供養してもらったそうである。

［第九十九話］こんな女じゃありません！

二〇一八年十月下旬。

深町から参號器についての報告をもらったその二日後、ようやく私は退院した。

ほとんど二週間近く横になっていたため、身体は若干なまり気味だったが、おかげで膵頭部に生じた大きな嚢胞はすっかり消え去り、背中に痛みを感じることもなくなっていた。

これでよほど無理をしない限り、当面の間は容態が安定しそうに思う。退院前に主治医からも「くれぐれも無理だけはしないように」と忠告を受けていた。

抱えている仕事が一段落したらそうするよと思いつつ、久しぶりに我が家へ帰ってくる。


入院している間、溜まりに溜まっていた細々とした仕事をこなしながら、さらに数日が経った、週末の午後三時近くのことである。益野君から電話が入った。

洞窟が見つかったのだという。

電話口で興奮気味に捲くし立てる彼の話によれば、こうだった。

「こないだの廃屋探訪から、友達とか職場の先輩とかにいろいろ訊いて回ってはみたんですけど、誰も知らないって話でした。廃屋の近所にある店の人とかにも訊いてみたんすが、こっちもダメ。それでしょうがないから、自分の足で探してみることにしたんすよ」

旧明道家の探索をおこなったその翌週から、益野君は週末に地元の友人たちと、付近の捜索を始めたのだという。

最初の週末は、家の裏手に広がる雑木林に分け入った。林の面積は外から見るよりかなり広く、探しがいこそあったのだけれど、念入りに調べ回ってもそれらしいものは見つからなかった。

次の週末は、家の近くにある土手の上や空き地の草むらなどを調べてみたが、こちらも空振り。初めは面白そうだと付き合ってくれた友人たちも飽きてしまい、ここで解散となってしまう。

「でも、俺はなんかあきらめらんなくて、今日もひとりで事故物件の近所を探しに来たんですよ。そしたら見つけた。とんでもないところにありました。家の近くにある小川のそばっす」

旧明道家の敷地を囲む外堀。その横手に沿って流れる、淀んだ小川の岸辺にあったのだという。

外堀に面した小川は、川筋をたどっていくと裏手の雑木林の中に続いていく。雑木林に入るとまもなく岸の両脇は、土肌が剥きだしになった黄土色の壁に挟まれ、谷底のような様相に変わる。

狭い岸辺に沿って川筋をさらにたどっていったところ、湿り気を帯びた川辺の岸壁にちょうど、人が歩いて入れるほどの大きさをした黒い穴が開いていたのだという。

「見つけた時はすっげえ興奮しましたけど、中には入ってません。怖いから。けど、郷内さんが一緒だったら入ってみたいっす。都合のいい時に連絡くれれば、いつでも連れてきますよ」

「いいぞ、マスキー。ありがとう、殊勲賞ものだよ！　予定がつきしだい、改めて連絡する」

益野君に礼を告げ、すぐに深町へ連絡を入れる。

「なんと！　素晴らしいな、彼は！　やはりこの間、あなたが提案したとおり、様子を見ていて正解だったかもしれない。これでさらに真相へ近づけるといいんだが」

「ですね。それで、いつ行きます？」

「すぐに行こう。善は急げだ。こういうことは早ければ早いほうがいい」

声を弾ませ深町は言ったが、時計を見るとすでに三時半である。これから私が仙台まで向かい、益野君にすぐさま現地へ連れていってもらうとしても、軽く六時を過ぎるだろう。

「いや、時間が時間ですよ。明日でもいいでしょう。今から行っても暗くて危ない」

「何を言っているんですか？　洞窟に入るのに周りが暗いも何も関係ないでしょう。いいですよ、だったら私ひとりで行ってくる。結果はまたあとで連絡します」

まいったな。どうやらやる気になりすぎたらしい。こうなるともう、止めても聞かないだろう。

「分かりましたよ、私も一緒に行きます。それから泉沢さんにも連絡しましょう。あとになって我々だけで行ったと知れば、多分あの人、怒ると思う」

「ああ、そうでしょうね。怒るだろうな。了解です。彼女のほうには私から連絡をしておきます。そっちは彼のほうに連絡を。あなたも病み上がりのところ悪いんだが、よろしくお願いします」

「へっ、あんたとはくぐってきた修羅場の数が違うね。大丈夫ですよ、これしきのこと」

通話を終えるなり、すぐさま益野君へ連絡をとり、彼の都合をうかがう。予期していたとおり、一にも二なくOKとのことだった。手早く身支度を済ませ、急いで最寄りの地元駅へ向かう。


一時間半ほどかけて仙台駅のロータリーへたどり着く。時刻はすでに午後の五時を過ぎていた。ロータリーの路肩に停められた益野君の車には、深町と優樹菜の姿もあった。

「せっかくの休日だってのに申しわけないね、益野君。今日はもうしばらく、よろしく頼む」

「全然いいっすよ。必要な道具も全部用意してきました。張りきって人形狩りに行きましょう」

心強い返事をもらって、すでに日が暮れかかって薄墨色に染まる仙台駅を出発する。

「さっきもお礼を言ったんですけど、彼って本当にすごい。洞窟、ばっちり見つけてくれました。まだ実物を見る前だけど、わたしが夢で見ている洞窟で間違いないと思います」

「そうであって欲しいです。いや、絶対にそうですよ。望む結果になることを期待しましょう」

後部座席から身を乗りだして語りかける優樹菜に言葉を返し、私も今日こそ探していたものが見つかることを心から祈る。

午後六時過ぎ。日がとっぷりと暮れ落ち、辺りが黒一色の暗闇に包まれた頃、ようやく県南の古びた空き家、旧明道家の門前に到着した。

外堀のそばに車を停めると、益野君が人数分用意してくれた懐中電灯をめいめいに借り受け、さらには防水用のレインコートまで貸してもらった。

「例の友達の父ちゃんがやってる、土木会社から借りてきたっす」

川辺の洞窟に入るということで、私も深町も優樹菜もそれなりの服装に身を固めていたのだが、いずれの支度も完全防水レインコートの効能には及ばない。ありがたく着させてもらった。

「足元の地盤、基本的にはしっかりしてますけど、それでも暗いっすから気をつけてください」

「了解。それでは洞窟まで、ナビゲートをよろしく」

益野君の先導で外堀側の岸辺から川筋を進み、家の裏手に面した雑木林の中へ分け入っていく。林の中へ入ると、それまで周囲にちらちらと見えていた人家の明かりや街灯の光もひとつ残らず消えてなくなり、懐中電灯の薄明かりだけが進路を照らす唯一の頼りとなった。

光を川岸の左右に向けると、益野君の言っていたとおり、黄土色の土を剥きだしにした岸壁が、視界を遮るように高々とそそり立っているのが見えた。夜風になぶられ、ざわざわと頭上で騒ぐ樹々の枝葉の音を聞きながら、おぼつかない足取りで漆黒に染まった岸辺を黙々と進んでいく。

そうして暗闇の中を五分近くも進み続けた頃だろうか。

先頭を歩いていた益野君が静かに足を止め、こちらへ身体を向け直した。

「あれっすよ」

彼が指差した岸壁のほうには、確かに人が歩いて入れるほどの丈をした、黒い穴が開いていた。

形は蒲鉾《かまぼこ》型に近く、横幅もそれなりにあるため、どうにかふたりが横に並んで入れるくらいの余裕はありそうだった。時間も時間なため、見ているだけで背筋がそそけ立つような感じがする。

「どうします？　全員で入りますか？　それとも誰かが代表で入ります？」

益野君が私と深町に尋ねる。

「そうだな。私と郷内さんが入る。君は外で泉沢さんと一緒に待っていてくれるかな？」

「ちょっと。勝手に決めないで。わたしも一緒に入ります」

深町が提案するなり、すかさず優樹菜が嚙みついた。

「だったら俺も入るっすよ。ひとりで外で待ってたほうが怖いじゃないっすか」

優樹菜に続き、益野君も深町の提案を蹴った。

「分かった。じゃあみんなで一緒に入ろう。けれども万が一、中で何かあったら指示をだすから、その時は我々の言うことを聞いてくれるように頼む」

深町の言葉に今度はふたりともうなずき、四人で中へ入ることになった。

「話はついたかな？　それじゃ、さっそく入るとしますか」

三人に声をかけ、洞窟の中へ向かって光を翳すと、墨で塗り固めたようなどす黒い暗闇の奥に死人のような形相を浮かべた優樹菜の顔が、ふたつ並んで薄ぼんやりと浮かびあがった。

ぎょっとなると同時に、傍らにいた益野君の口からも「うおっ！」と大きな声があがる。

「あったね。あれで間違いないでしょう。しかもふたつもあるみたい……」

懐中電灯が翳す光の先を見つめながら、呆れた声で優樹菜がつぶやく。

洞窟の内部は、横穴などが一切ない、奥へと向かってほとんどまっすぐな造りになっていた。奥行きは、目算でおよそ七、八メートル。初めは自然にできたものだとばかり思っていたのだが、中へ入ってみると、頭上と左右の壁面が古びて腐りかけた坑木で補強されていた。

果たして、どんな目的があって掘られたものかは分からなかったが、坑木の傷み具合から見て、だいぶ古いものだというのは理解できた。少なくとも、明道が生前掘ったものではないだろう。

懐中電灯の光を頼りに洞窟のどん詰まりまで進んでいくと、素っ裸の優樹菜を模した等身大の人形が二体、まるで異教の偶像のごとく横並びになって、背後の壁にもたれかかっていた。

「予想していたとおり、等身大だったか。しかも二体。だが、出来はどちらも参號器より悪いな」

深町の言うとおり、二体並んだ人形は、首から上こそ参號器と同じく、生々しいディテールと質感を帯びたシリコン製のリアルな造形だったが、首から下の造りはお粗末なものだった。

頭髪は弐、参號器と同じく、どちらも黒髪。右の人形は、首から下がマネキン人形とおぼしき、ひと目で作り物だと分かる不自然な光沢と、がちがちの質感を伴う女体で賄われている

左の人形は、裸のトルソーを胴体に用い、おそらく初めは四肢も造る予定だったのであろうが、胴から生える両手両脚は、中途半端に造られた金属の骨組みが刺しこまれているだけだった。

首の裏側を調べてみると、右の人形には「優樹菜肆《し》號器」、左の人形には「優樹菜伍《ご》號器」と黒字の細く几帳面な筆跡で横書きされているのが確認できた。

「なるほど。四じゃなくて肆のほうね。大字のルールでは確かにそうなるな。こだわる奴め」

「でも見てくださいよ。こだわる割には、肆號器と伍號器はひどく適当な造りになってしまった。流れを見ると、肆號器の製作に途中で失敗したものだから、伍號器はほとんどヤケクソになって造ったような印象を感じる。どうやら彼の絶頂期は、弐號器の完成までだったようだ」

深町の所感にうなずき、泥土で身体のあちこちが薄汚れた人形たちを見る。

「とはいえ、こいつらは単なる失敗作でもない。今度は感じますよね？　どうですか？」

「ああ。魂だけは芽生えたようだ。歪んだ情念のような悪い気をまざまざと感じる。間違いなく人形ベースのタルパですよ。ここに至るまで長かったが、ようやく見つけだせましたね」

出来はひどいものだったが、どちらの人形からも参號器と同じか、あるいはそれを上回るほど禍々しい、瘴気のようなものが全身から噴きだしている。

「回収してもこのサイズじゃ、おたくの事務所に運びこむのはやめておいたほうがよさそうだな。プランBですね。うちの仕事場で解体しましょう」

「そうさせてもらいますか。でもその前にうちから参號器も回収していかないと」

「ごめんね、バカな元夫のせいで迷惑ばかりかけてしまって」

ため息をこぼしながら詫びる優樹菜に「いいえ」と応え、さっそく人形たちを運びだす。

私と深町で肆號器を持ちあげ、益野君に伍號器を抱きあげてもらい、暗い洞窟から抜けだすと、やはり辺りを真っ暗闇に包まれた小川の岸辺を車に向かって戻り始めた。

今度は優樹菜が先頭に立ち、両手に懐中電灯を携えながら先導役を務めてもらう。

人形は大した重さではなかったが、サイズがサイズなので、深町とふたりで上半身と下半身を担架のごとく分担して持ち運んだのが、歩きづらくて仕方がなかった。

洞窟へ至る時より実に倍以上の時間をかけて、ようやく外塀の近くに停めた車まで戻ってくる。

時刻はすでに七時を迎える頃だった。今後の様々な予定を考えると、なるべく急がねばならない。

まずは参號器を回収するため、深町の事務所へ向かう。

「サイズ的に大きすぎるから、他の人形たちみたいに宅配で送りつけられなかったんだろうとは思うんですけど、でもどうしてあんな洞窟の中に隠しておいたんでしょうね?」

車が出発してまもなく、後部座席で首を傾げながら優樹菜が尋ねてきた。

「まあ、理由はいろいろ考えられますけど、単純に処分の手間が掛かりすぎるので、洞窟の中に隠したというより捨てたという説。あとは、出来が悪くて中途半端でも苦労して造った物なので、廃棄するのには忍びなくて、人目につかない洞窟に隠したという説。こんな感じですかね？」

私が答えると、深町が補足するように話を継いだ。

「だが、見た目は不出来であっても、あれらは両方ともタルパとして完成している。他にも何か意図があったんじゃないかと思うんだが、どうだろう？」

「なら、保険かな？　泉沢さんのところに届けられた弐號器と参號器が破壊されてしまった場合、役目を引き継いで泉沢さんを苦しめ続けられるようにするための保険」

「まあ、考えられますね。それなりに筋は通っていそうだ」

「あ、でもそれだけじゃないと、わたしは思うんだけど」

そこへ優樹菜が再び口を開いた。

「状況と結果から考えて、わたしの夢の中に今まで出てきていたのは、今日発見した洞窟の中の二体だったと思うんです。どういう意図があって、首を絞めていたのかまでは分かりませんけど。でも、わたしが起きている時に家の中に現れる〝偽物のわたし〟は、夢に出てくる偽物たちとは、やっぱりちょっと印象が違う感じなんです。現実に現れていたのが、弐號器と参號器のタルパで、夢に見るのが肆號器と伍號器のタルパ。それぞれ役割が違うという可能性も考えられません？」

「それも十分考えられると思います。新しい人形を見つけてもなかなか謎は消えてくれませんね。すみません、明確な答えがだせなくて」

「いいえ、いいんです。お化けの世界ってそういうものでしょう？　人が理解できない謎だらけ。元夫の頭の中身もだけど。まずは人形たちを全部処分して、あとは様子を見てみようと思います。つくづくお手間をおかけしますけど、よろしくお願いします」


それから一時間ほどで深町の事務所へ到着し、参號器と優樹菜の部屋から回収された髪の束を車に運びこんだ。

さらに一時間近くかけ、今度は私が仙台へ向かう際に使った地元駅のほうへ立ち寄ってもらう。駅の近くにある駐車場に停めた自分の車に乗り直し、そこから先は益野君の車と二台に分乗して我が家へと向かった。

そうしてようやく我が家へ到着したのは、午後の九時半を過ぎる頃。

どうにかぎりぎり作業を始め、日付けを跨ぐ頃までに終えられそうな時間だった。

「夜中に大人数で泥酔しながらカラオケ大会をやったって、どこにも聞こえないような家だから、思う存分作業に励めます。あともうひと踏ん張り、がんばっていきましょう」

車を降り、家の周囲に広がる森と闇ばかりの光景を指差しながら、深町たちに声をかける。

再び手分けして、三体の〝優樹菜〟を四人で家の中に運びこみ、仕事場のほうへと持っていく。部屋の中央に置いてある座卓が邪魔なので、深町と益野君のふたりに部屋の外へ移動してもらう。その間、私と優樹菜は畳の上に古新聞を隙間なくびっしりと敷き詰めていった。

畳に新聞紙を敷き終えると、その上に参號器から伍號器までの優樹菜シリーズを並べて横たえ、最後に益野君が金切鋸を始めとした、解体用の工具一式を持ってきて全ての準備が整う。

人形たちと優樹菜本人を交互に見比べながら、深町が言った。

「本当にいいんだね？　勿論、何か起きれば対応はするけど、実際のところ、ここに並んでいる人形以外に他の人形はもうないという保証もない。それでも本当に大丈夫なんだね？」

「うん、大丈夫。駄目だった時の可能性より、今夜で全部終わりになるっていう可能性のほうをわたしは信じる。予定どおり、やっちゃいましょう」

決心したような強い笑みを浮かべて、優樹菜が答える。

「分かった……。ならば始めるとしよう。終わるまで、どこか別の場所で休ませてもらうといい。自分を模した人形が解体されるところなんて、見ないほうがいいだろう」

「は？　何言ってんの？　わたしも一緒にやる。初めからずっとそのつもりだったんだから」

深町の提案に「信じられない」といった顔つきになり、優樹菜がすかさず言葉を返す。

「いや、さすがに画としてえげつないだろう。自分で自分を模した人形を解体するなんて！」

「わたしじゃないよ、こんなの！　失礼な！　わたしはこんなに萎れた感じの女じゃありません。そもそも髪の色からして違うし。ここに寝転がっているのは全部、わたしじゃなくて、わたしの元夫の変態が自分の都合のいいイメージで造りだした〝ガワ〟だけわたしとそっくりな別人です。だからわたしは遠慮なくバラバラにしてやるし、深町くんたちもわたしにヘンな気を回さないで、どんどんバラバラに解体していってください！」

清々しいほど淀みのない声風で一気に言い放つと、優樹菜は再び快活な笑みを浮かべてみせた。

「本人もこう言ってんだ。時間も遅いし、人手はひとりでも多いほうが助かる。始めよう」

肩を叩きながら声をかけると、さすがに今度は深町も、素直に「ああ」とだけ返した。

かくして四人で仲良く、優樹菜シリーズの解体を始めることになった。

益野君が以前、「高級ブランドで切れ味の滅茶苦茶いいやつばっかりっす」と言っていたのは、嘘でも誇張でもなく本当だった。

伍號器の剥きだしになった金属製の骨格に刃を当てて曳いてみると、木材でも切るかのようにいとも容易く、刃がどんどん中へと食いこんでいった。

「うええ、『八仙飯店之人肉饅頭』みたいっすね。相手が人形とはいえ、めっちゃキモイっす」

「マニアックなタイトルをだすねえ。まあ、確かに少なくとも気分があがることはないな」

益野君の感想に私も同意する。

「俺は部外者だし、泉沢さんの前で言うのもなんなんすけどねえ、なんかよく分かんねえっすわ。自分の思いどおりに女の人を改造っつうか、改変したいみたいな気持ち。女は器じゃねえっすよ。ンなことをするくらいなら、もっと自分の好みに近い相手を見つければいいじゃないすかね？」

「いや、そういう性癖を持つ人もいるんだよ。自分が好きになった人を自分色に染めあげるのが、好きっていうか目的っていうかな。まあ、俺にも斯様な心理はよく分かんねえっすわ」

ふたりでぼやきながら伍號器をバラしているところへ、ひとりで肆號器を解体していた深町が、はたりと顔をあげてつぶやいた。

「そうか、なるほど。だから號器の『き』は、機械の『き』じゃなくて、器の『き』ってことか。自分の願望や欲望を注ぐための『器』という意味だったのかもしれないな」

そこへ参號器の首を曳いていた優樹菜が口を挟む。

「百歩譲って、陰で人形相手にこそこそやる分には、『どうぞご勝手に』って思うしかないけど、わたしはそんな着せ替え人形みたいに都合のいい女じゃありません。バカバカしい」

「もっともですね。人間、基本的に自分がされたら嫌なことは人にすべきじゃないです」

「ですよね。隠されていた本性は、そういうことを全然理解できない最低な男でした」

私の感想に、優樹菜は鼻を鳴らしながら声高に応えた。

赤の他人が現場を見たら卒倒してしまいそうな不気味な解体作業は、一時間ほどで終了した。三体の人形たちは可能な限り細かくバラし、参號器から分離した髪の束は燃やして灰にした。解体中、人形たちはどれひとつとして不審な反応を見せることはなかった。いずれも金切鋸の刃が首筋を曳き始めてまもなく、全身から漂わせていた禍々しい妖気は消え去り、本当の意味でただの「器物」へと戻った。

解体した人形たちの残骸はいくつかのゴミ袋に分けて詰め、最終的な処分は益野君に依頼した。友人の勤め先で、跡形も残さず燃やしてくれるところがあるのだという。

「これで一応、やるべきことは終わった感じかな。ただ本当にもしも何か起きたら、遠慮せずに連絡をください。しばらく様子を見て、それで何も起きなくなれば全て解決と判断しましょう」

「ええ、分かりました。でも、わたしのほうはもう何も起こらないって信じてます。だから先にきちんとお礼を言っておきますね。今回は本当にありがとうございました」

今後の対応を伝えた私に、優樹菜は丁重に頭をさげてくれた。

「本当に謎の多い案件だったが、人形たちを解体したら私もなんだかすっきりした心地になった。あなたにはずいぶん世話になってしまったな。もしも今後、あなたに何か困ったことが起きたら、その時は私のほうがあなたにかならず力を貸しますよ。このたびはありがとう。感謝している」

深町にも礼を言われた。普段は偏屈なこの男にしては、気味の悪いぐらい素直な言葉だった。

「いいえ。おかげで珍しいケースに付き合えて面白かったですよ。いろいろ勉強にもなったし」

「前から奇妙に思っていたんだが、どうしてそんなに明るく振る舞っていることができるんだ？　多くを言う気はないが、いろいろ大変なことも多いだろうに」

「月並みな答えだし、なんの根拠もないけど、楽しくしていれば、楽しい未来がやってくるって信じているから。それだけですよ。無邪気な感じでいいでしょう？」

「なるほどね、よく分かった。私も今後はもう少し、前向きな姿勢で生きていくことにしよう」

悟ったような笑みを浮かべて、深町は頭を振った。

時計を見ると、すでに十一時を過ぎる時間になっていた。

仕事場の畳の上に敷いた新聞紙だけを手早く片づけてもらい、座卓はそのままでいいと伝えた。みんなで解体した人形の残骸を詰めこんだゴミ袋を仕事場から運びだし、益野君の車へのせる。

「これからふたりを仙台まで送って、そのあと残骸の焼却か？　大変だな。でも本当に助かるよ。また遊びに来なさい。少しぐらいだったら映画怪談にも付き合ってやる」

「いやあ、俺こそ貴重な体験ができて楽しかったっすよ。お言葉に甘えて、また遊びに来るっす。映画怪談いっぱい仕入れて」

厭な予告をされたのを最後に、車に乗りこんだ三人を玄関口から見送った。

さて。表向きは一応、無事に終わったようなので、始めるとするか。

車が家の門口を出ていったのを確認すると、急ぎ足で仕事場へ戻る。

赤い織布が敷かれた祭壇の前に座り、魔祓いの儀式に用いる銅剣を手に取って目の前に置く。

続いて祭壇の下に置いてある道具入れの箱の中から、今月初めに旧明道家の物置で発見された優樹菜番外器を取りだし、同じく祭壇の上へと横たえる。

そして燭台に刺したふたつの蝋燭に火を灯すと部屋の電気を消し、再び祭壇の前へと座り直す。

杞憂であればいいのだけれど、果たして結果は吉と出るか凶と出るか。

ゆっくりと呼吸を整え、心の準備ができると、私はひとりで「それ」に必要な儀式を始めた。

幕引き

滅ぼす災い

歪むから滅びる。
歪んでいるゆえ滅ぼされる。
全ては己の不徳の致すところ。
ここに裁きの時が来た。

［第百話］我《われ》が災い

祭壇の前に座して瞑目し、合掌しながら呪文を唱え始める。

それは平素、普通の仕事ではほとんど唱えることのない特殊な呪文だった。

招霊の呪文。書いて字のごとく、死者の霊を呼びだすための呪文である。

主に霊媒師が用いるものらしいのだが、日頃の拝み屋の仕事では、特に必要のない呪文だった。

これまで過去に唱えた数は、片手で数えられる程度である。

呪文を唱え始めてまもなくすると、背後に幽かな気配を感じ始めた。

同時に、獲物を狙う蛇が草むらの中から発するような、鋭く不穏な視線も感じ始める。

頃合いを見計らって眼前に置いた銅剣を右手に取り、静かに背後へ身を向け直す。

蝋燭の薄明かりに照らされた部屋のまんなかには、艶やかな黒髪を伸ばした素っ裸の優樹菜が両腕をふわりと横に垂らしてゆったりと屹立し、儚げな笑みを浮かべてこちちを見おろしていた。

やっぱりこうなるか。凶が出た。

立ちあがり、それに向かってすかさず銅剣を振るう。

優樹菜は風に煽られたように上体をわずかに仰け反らせてみせたが、顔に浮かぶ笑みは崩れず、すぐさま元のまっすぐな立ち姿に戻った。

こちらもすかさず、祭壇の上に横たわる優樹菜番外器を掴みあげて胸の前まで持ってくると、レジン製の細い首を時計回りにぼきりと捩じって、胴から首をもぎ取ってみせる。

だが、それでも眼前に突っ立つ優樹菜の姿は、消えも霞みもしなかった。

代わりに優樹菜の顔つきが一転、儚げな笑みから憤怒の一色に染まった凄まじい形相へ変わり、射られた矢のような勢いでこちらへ突っこんでくる。

どうやら暴走状態に入ったとおぼしい。

逃げる隙すらなく、ふたつの手のひらで胸をどんと押され、衝撃で祭壇の前に尻もちをついた。

再び銅剣を振るおうとしたのだが、それよりも速く目の前にすとんと膝を突いた優樹菜に右腕を掴まれてしまう。肉がちぎれそうなほど凄まじい力で押さえつけられ、肩がまったくあがらない。

左腕も同じように掴まれ、背後の祭壇に背中が押しつけられた。

目の前で膝を突き、私の両腕を掴む優樹菜の顔が、さらにぐっと近づいてくる。

大きく剝きだした瞳は怒りにふるふると打ち震え、べらりと捲れあがった唇から覗く白い歯は、今にも砕けてばらばらに飛び散りそうなほど、ぎっちりと食い縛られている。

目の前にいるのは、伍號器までの優樹菜でもなければ、泉沢優樹菜本人でもない。

泉沢優樹菜の元夫にして、優樹菜シリーズの創造主、野島明道である。

先ほど、招霊の儀式で野島明道の霊を呼びだしてみた。

招霊は決して万能ではないので、名指しで呼んでも相手が拒絶すれば失敗に終わることもある。

しかし、この男は来た。

おそらく、私の手元に優樹菜番外器があるからである。

伍號器までの優樹菜が処分されてしまった今、この男が今後も「優樹菜としての」存在を保ち、姿を維持していくためには、新たに優樹菜の姿を模した他のベースが必要となるのだ。

などと本人が思いこんでいるだけなのだと思う。現に人形を破壊してもこいつは消えない。

「お化けの世界ってそういうものしょう？　人が理解できない謎だらけ」

今夜、洞窟からの帰りの車中で、優樹菜が言っていた言葉を思いだす。

まさにそのとおり。長年こんな仕事をしていてさえも、道理の分からないことがたくさんある。

だが、それにしても今回の件は謎だらけだった。深町とふたりで、どれだけ頭を捻らせたことか。

「元夫の頭の中身もだけど」

そして今、目の前にいるこいつの頭は、お化けの世界以上に理解し難いことばかりである。

どうしてこいつは、優樹菜の姿を模しているのだろう。おまけに単なる見た目だけに留まらず、一部、タルパとしての特性も有しているようである。

本当に、私の頭では理解し難い話なのだが、おそらくこうなのだ。

多分この男は最終的に、自分が理想とする「タルパとしての優樹菜」を造りだすことを諦めて、今度は代わりに自分自身が「タルパの優樹菜」になる道を選んだのである。

今夜、件の洞窟の奥部で肆號器と伍號器の姿を目にした時、漠然と心に思い描いたことがある。

弐號器から伍號器までの製作の流れをたどってみると、こんな想像が成り立ってくる。

試作品という位置づけだったのか、あるいはそうした意図もなく造ったものかは定かでないが、明道は最初の番外器の製作を経て、さらに本格的な形で弐號器の製作に取り掛かった。

その製作過程、ないしは完成後に、明道の歪んだ情念と欲望がたっぷりとこめられた弐號器は、タルパとしての稼動を開始する。

おそらく彼は、信じられないような奇跡の実現に狂喜乱舞したのではないかと思う。

だが、実在する人物をモデルに創造したタルパというのは、なんらかの不具合が生じてしまう確率が非常に高い。詳細は不明ながら、弐號器も明道が到底納得できないような不具合を抱えて生まれてきたのだろうと思う。歓びと興奮から一転、大いに落胆したことだろう。

そこで今度は、新たに参號器を造りだすことにした。弐號器のタルパに生じた不具合の原因を自分なりに考え、サイズを等身大にスケールアップ。より本物の優樹菜に近い素体を造ることで、不具合の解消を目指すことにした。

ところが以前、深町が話していたとおり、等身大のリアルな人形を造るには、まずひとつめに材料費が嵩みすぎるという点。ふたつめには、複雑な稼動機構を備えた金属製の骨格を造るには、専門的な技術と設備が必要という二点がネックとなり、途中で製作を断念せざるを得なくなった。

ただ、その製作過程においては尋常ならざる想いを人形に注ぎこんでいたため、参號器もまた、タルパとして稼動を始めてしまう。勿論、こちらもなんらかの不具合を抱えた状態で。

ここから先は迷走が始まる。

一応、人間の形としては完成しているものの、首から下がマネキンの身体で賄われた肆號器は当初、もっとリアルな人形を首から下に用いて仕上げるつもりだったのではないかと思う。

だが、ラブドールにせよ、他の種類の人形にせよ、明道が本来、首から下の素体に宛がいたい人形たちはいずれも高額で金銭的に手がだせず、代わりに安価なマネキンを使用した。

結果はまたしても失敗。不具合を抱えた肆號器が誕生してしまう。

さらに迷走は続く。首から下の身骨に安いマネキンを使っても肆號器は一応、タルパとしての稼動だけは実現している。だから今度は、やはり安価で入手もしやすいトルソーを胴体に用いて、単純な可動機構を有する金属製の四肢を取りつけた、もう少し手のこんだ伍號器を製作してみた。

だが、結果はまたしても失敗。不出来なタルパがさらに一体増えただけだった。

この時点をもって明道は、人形をベースとしたタルパの製作を諦めてしまったのだろうと思う。

ここまでに至る流れが、優樹菜と離婚してからどれほどの歳月の内にあったのかは定かでない。

ただ、結論として「もう死にたい」と思うほど絶望したことだけは事実なのだろう。

それで本当に死を選んだ。今生を去る最後の腹いせに、自身の欲望を受け容れてくれなかった元妻へ怨念のこもった人形たちを送りつけてやることにして。

その結果、弐號器から伍號器まで全てのタルパたちが暴走を来たし、明道の死後からまもなく、優樹菜の家に現れるようになってしまった。

これが今回起きた一連の怪異における、そもそもの発端である。

「そうだよな？」

眼前で両目を剥きだす明道に尋ねると、荒んだ瞳のともし火と、二の腕に食いこむ指の先からじわじわと染み入るようにして、こいつがその後に動いた軌跡が、脳裏に茫漠とちらつき始めた。

一方、当の明道本人は、死後二ヶ月近くも経った頃、優樹菜の家へとやってきた。

交通手段は宅配便。荷物として届けられた、忌まわしき人形として。

明道が怨念をこめたのは、普通の人形ではない。元々、タルパのベースとして念入りに造られ、不具合を抱えているとはいえ、すでにタルパが稼動している「優樹菜シリーズ」の人形である。

そんなものへと宿りこんだ明道の怨念は、なまじの悪霊や怨霊たちとはまるで性質を異にする、まともな自我さえも失った掴みどころないの魔性として、結実することになってしまった。

故人の悪霊とも不出来なタルパともつかない、中途半端な存在になってしまった明道はその後、両方の特性をあやふやに展開しながら、私たちを翻弄することになった。

泉沢優樹菜という女性に執着する歪んだ思いと、己をタルパと認識する誤った思い。

ふたつの異様な思いは互いに絡まり合って融け合い、さらなる異様な思いを形作る。

魔性と化した明道は、在りし日に成功させられなかった「優樹菜シリーズ」の完成品にして、完璧なタルパを創造するため、今度は自分自身が「理想の優樹菜」になることにしたのである。

生前、明道という人間が優樹菜に抱いていた歪んだ情欲と執着は、弐號器と参號器の髪の毛で形成された長い束に宿って家の中に身を潜め、優樹菜と同じ空気を吸いながら生活を共にした。

その一方、己をタルパと思いこんでもいるため、深町の手で弐號器が破壊されたことを知ると、これ以上「本体」である人形を破壊させまいと、脅しの意味をこめて〝もうひとりの優樹菜〟の姿を模して彼女の前に現れ、手傷を負わせることもした。

実際は人形を何体破壊されようが、存在が消えることなどないというのに。

今際の際、人形たちにこめた優樹菜に対する恨みつらみの念など、もはやすっかり消え去ってどうでもよくなり、ただひたすら完璧なタルパであることだけが、今のこの男の望みなのだ。

だから今回の案件は、実害が極端に少ない。明道の目的が早めの段階で「優樹菜の不幸」から、「完璧な優樹菜になる」に切り替わったからである。

その一方、他のタルパたちの挙動はどうであったか？

明道の死後、暴走を起こして優樹菜の前へ現れるようになってしまった「優樹菜シリーズ」のタルパたちは、暴走を来たす以前に全員不具合を抱えていたタルパたちである。

創造主たる明道が優樹菜に強い執着を持つことに影響を受け、まるで本能のごとく彼女の家へ雪崩れこんではみたものの、特にやるべきこともなければ、やるべきことを考える頭もなかった。

特に深い意味もなく入浴中の優樹菜を覗いてみたり、寝ている優樹菜の肩を揺さぶったりして、彼女を脅かすくらいのものである。

けれども、優樹菜の夢の中に現れていたタルパたちのほうはどうだろう？

おそらくあれらは、肆號器と伍號器だったはずである。洞窟の中で優樹菜を追い回してみたり、首を絞めたりしていたのは、元々の不具合と暴走から生じる行為なのだろうが、結果的に夢から「洞窟」というヒントが得られ、我々は肆號器と伍號器の人形を発見するに至っている。

多分、その一点に関してだけは、彼女たちの本音だったのだ。見つけてほしかったのである。

明道は死に至る前、何か目的があって、肆號器と伍號器を件の洞窟の中へと隠したのではない。単に捨てただけである。宅配で送れるサイズではないし、失敗作ゆえ、愛着もなかったのである。

だが、たとえ不具合を起こしているとはいえ、それなりに意思が宿った罪もないタルパたちにそんな仕打ちをしたらどうなるか？　嫌われて本体の在処をばらされたというわけである。

そもそもこいつが、優樹菜のタルパを造る目的からして不純の極みなのだ。

くわしい内容については想像したくもないが、少なくとも孤独や心の傷を埋め合わせるために空想の友人や恋人を創るのとは、事情も方向性も違い過ぎる。常人には到底理解できないようなおぞましい性的欲望の捌け口としてタルパを利用しようとした、最低最悪の人間なのである。

オリジナルの優樹菜から拒絶反応を示されて離婚された挙げ句、欲望の埋め合わせにと造ったタルパたちにも見切りをつけられたのでは世話がない。

だがそうした一方で、呪術のプロでもないド素人が、たったひとりでこれだけの数のタルパを造りあげたという事実は、驚愕に値する。実在する人物をモデルにしたため、完成したタルパが不具合を起こすのは仕方がないとしても、その熱意と才能には尋常ならざるものがある。

歪んだ欲望が大きな原動力となって実現できたことでもあるのだろうが、そうであっても凄い。そんなことができる男が死したのち、今は何をしているものかと気になったのである。

これまで過去に手掛けた、故人が人形をベースに用いたタルパを相手にした二件のケースでは、最後に至るまでの段階で、悪霊と化した創造主もかならず目の前に姿を現していた。

だが、此度《こたび》の件においては、今夜の仕上げに及んでさえも、創造主はついぞ姿を現さなかった。それで事が全て無事に解決するなら構わないのだが、過去の経験則に基づき、一応「念押し」の確認と思って、招霊の儀式で野島明道の霊を名指しで呼びだしてみたのである。

結果はこのとおり。こちらが想像していたよりも、はるかにひどいことになっていた。

「死んだら今度は自分がタルパになるって？　さしずめお前は、優樹菜最終號器ってところか？　なれるかよ、バカが」

蒼ざめた顔に憤怒の形相を刻みつけ、気安く人の腕を絞めつける明道から目を逸らすことなく、嫌味をたっぷりこめた笑みを浮かべて嘲《あざけ》ってやる。

とたんに黒い瞳がぎゅっとすぼまり、針のように鋭い光を帯びた。

殺気を感じ、普段は使わないようにしている、かなり強い魔祓いの呪文を叫ぶ。

たちまち「びしり」と乾いた音をたて、それの顔面に蜘蛛の巣状の大きな罅《ひび》が入る。

呪文を数度反復したところで、罅だらけになった顔に浮かぶ肌の欠片がぼろぼろと剥がれ落ち、中から血の気の引いて蒼ざめた、頬筋のげっそり痩せた男の顔が現れた。

「お元気？」

苦笑混じりに挨拶をしてやると、明道の口があんぐりと開き、怒りと絶望が綯《な》い交ぜになった凄まじい咆哮をあげ始めた。

びりびりと鼓膜を震わす絶叫とともに、たちまち胸の辺りが苦しくなってくる。まるで心臓を鷲掴みにされてぎりぎりと握り潰されるような感覚に、こちらも苦悶の声があがる。

どうやら本気でキレたらしい。しかも本気でこちらを殺すつもりらしい。

「やればできる子だったのに、気づくのお前、遅いんだよ。ポンコツ野郎」

呻き声を堪えながらこきおろしてやると、叫び声はますます大きくなって、胸に広がる痛みも目眩いがするほど跳ねあがった。こちらも負けじと魔祓いの呪文を再開する。

先刻、顔面に生じた罅と同じく、生白い質感を帯びた胸や二の腕にも罅が入って、ずるずると皮膚が剥がれ落ちていく。中から見えてくるのは、がさがさに乾ききって萎れた青白い肌だった。

明道の身体の表面を覆う「優樹菜」というメッキが少しずつ剥がれていく。

だが当の明道そのものは、少しも勢いの弱まる気配を見せない。初めに銅剣を振るった時からまざまざと感じてはいたのだが、改めて実に厄介な相手だと思う。

明道はタルパではないが、タルパとして稼動した人形に宿ってしまったがゆえに、中途半端にタルパの特質を獲得してしまったのである。しかも長所のほうだけ獲得した。

なまじの魔祓いや封印が通じず、その身の守りは恐ろしく強固。

気配もタルパと同質なため、他のタルパたちに紛れこまれると、ほとんど所在が掴めなくなる。

さらにはこうして暴走状態に陥ると、そこらの悪霊などより、はるかに凄まじい力を発揮する。

それに加えて悪いことに、あくまでも本人が自分の本体を人形なのだと思いこんでいるだけで、実際は本体など存在しないということ。だから番外器を含め、「優樹菜シリーズ」の人形たちが全て破壊されても、こうして平然と動き回ることができるのだ。

そうした完全無欠に近い特質を持ち得た半面、唯一の欠点であり、同時に救いでもあったのが、他のタルパたちと同様、魔性と化した明道もまた、不具合を抱えていたということである。

思考は悉《ことごと》く単純化され、自分を人形ベースのタルパと思いこみ、基本的には胡乱《うろん》な存在として、優樹菜の家に居座り続けた。

私や深町の存在を邪魔だと思って襲おうと思えば、いつでも襲いかかることができたはずだし、今夜も洞窟で肆號器と伍號器を発見された時に、何か事を起こそうと思えば起こせたはずである。

今までこいつがそうした動きに出なかったのは、頭に不具合を抱えてバカになっていたことと、魔性と化した己の力がどれほど強いものかに気づいていなかったせいだろう。

実際、こうしてじかに相手をしてみると、つくづくこいつがバカになっていてよかったと思う。まともに動かれていたら、途中で誰かが死んでいてもおかしくない話だった。

だからこそ、やはりひとりで最後に念押しの確認をして正解だったと思える。

深町には申し訳ないのだが、封印と結界の作成が主力のあいつとこいつでは、相性が悪すぎる。相手をするなら、私のほうがまだ適任だといえる。そういう意味では幸運でもあった。

それに、まったく勝機がないわけでもない。かなりリスクの高い勝負になることは否めないが、挑んでみる価値はあったし、負けるつもりもなかった。

明道の咆哮に負けじと渾身の気力を振り絞り、魔祓いの呪文を叫び続ける。

心臓を握り潰されるような胸の痛みはますますひどくなり、おまけに魔祓いの悪影響も出始め、背中のほうにも鈍い痛みがじわじわと、円を描くように広がり始めていた。

視界が少しぐらぐらしてくる。意識もしだいにぶつりと一瞬、途切れるようになってくる。

だが、そんなことなどお構いなしに、死に物狂いで呪文を唱え続けた。

いいね。私もようやく「らしく」なってきた。そういえば今回の件は元々、深町から魔祓いに代わる、何かいい知恵を貸してもらおうと会いにいったのが、全ての始まりだったと思いだす。

忙しさにかまけて今まですっかり忘れていたのだが、だからといって、どうということもない。おそらく今後も彼にそうした件を相談することはないだろう。

これでいいのだ。ちまちました手は性に合わない。身体を張って、こういうボケと真っ向からやり合うほうが、やはりしっくり嵌まって血がたぎる。

多分、ここで仕留め損ねれば、この男は再び優樹菜のところへ戻るだろう。

予期せぬ暴走を来たして、己が秘めたる力に気づいた野島明道による、本当の災いが始まる。

だから絶対にしくじるわけにはいかない。かならずこの場でこいつを潰してやらねばならない。

身体を覆う生白い肌の方々が剥がれ落ち、今やぼろぼろになった女体をボディスーツのように着ている変態にしか見えない明道に向かって、絶えず呪文を吼え叫ぶ。そのたびに背中の痛みも一層激しくなり、視界のほうはぐらぐらと揺れながら、薄白くぼやけたようになってくる。

だがそれらに加えて、背中のほうでは痛みの他に、幽かな気配も感じられるようになってきた。

ふくふくとした温もりの中に凛とした気丈さも漂う、とても心地よい気配である。

身体の容態は最悪のほうへと向かっていきながらも、こちらについては良い兆しだった。

呪文は思っていたより効いてはいたが、それでも偽りの表皮を引っぺがしていくのがやっとで、肝心の明道自体が弱っていく様子は、今のところ見られない。

二の腕を掴む指の力は強いまま、口から出てくるおぞましい咆哮も、衰える気配が一向にない。

一方、こちらのほうはそろそろ限界が近づいていた。背中には大きな穴が開いたような激痛が情け容赦なく荒れ狂い、痛みのせいで気息も乱れ、しだいに呪文がつっかえるようになってくる。

悔しいことだが、おそらくこのままだと、先にこちらのほうが意識を失ってしまうだろう。

そうした気振りを察しているものか否か、こちらの両腕を押さえつけながら目の前で吼え荒ぶ明道の顔には、わずかに愉悦を感じる厭らしい色も浮かび始めているのが見えた。

まったくもって最低の男である。異常性癖のサディストめ。

自分なりにやれるだけはやった。手抜きは一切していない。あとは奇跡に賭けてみるとするか。

意識を失う前に、背後に感じる気配に向かって心の中で声をかける。

なあ、相棒。今までの話、聞いてたか。こういう男っていうのは、女の目から見てどう思う？

怒りたいんなら、そろそろ怒ってもいいんだぞ。

するとまもなく、気配がみるみる強まっていくのを感じた。ざわざわと背後で揺らめくそれは、激しい敵意に満ち満ちていたが、その矛先は私にではなく、目の前の男へと向けられている。

身体を限界まで使いきった甲斐があった。かならず報いてくれると思っていた。

勝ち誇ったような色さえ滲ませ、眼前で声を張りあげる明道の顔を見ていると、苛々してきて堪らなくなってくる。どうやら背後の彼女も、私と同じ気持ちらしい。

こんな時はなんて言う？　ちょうどいい。前から一度、リアルで言ってみたかった台詞がある。この機を逃したら、そうそう言える機会はないだろう。

最後の仕上げ、せっかくだから呪文の代わりに言ってみるか。頼むぞ、加奈江。信じてる。

「相手が悪かったな。もういっぺん余計に死ね。イピカイエー、クソッたれ！」

ありったけの声を振り絞って叫ぶなり、背後で揺らめく右の肩口から握り拳をぎゅっと固めた生白い腕が疾風《はやて》のごとく飛びだし、明道の顔面を直撃した。

とたんに「ぱん！」と空気を突き裂くような乾いた音が部屋じゅうに轟き、醜い顔面が頭ごと粉々に砕け散った。同時に首から下も、闇に消えるようにどろどろと目の前から消えてゆく。

姿も気配も完全に消えたことを確認するなり、背後を振り返ってみたのだが、もはやそこには影も形も見えなくなっていた。ただ、間違いなくどこか近くにいるとは思う。

今はまだこれでいい。それよりも、こうして再び奇跡が実現したことのほうにこそ意義がある。

奇跡を叶えるから、加奈江という。負けん気が強くて聡明だった、あの娘の名前の由来である。

次にふたりで起こす奇跡は、あの娘のために起こる奇跡であってほしいと希《こいねが》う。

「ありがとう、助かった」

仕事場の空に向けて感謝の言葉をつぶやくと、畳の上にばったりと倒れるように横たわる。

年季も絆も違うんだよ、と思った。こっちはもう、二十年以上も同じタルパと付き合っている。

タルパを使い捨ての道具のようにしか思っていなかった奴に負けるわけがないのである。

背中の痛みに加え、胸のほうでどくどくと波打つ痛みもだいぶひどかった。このザマだとまた、
病院に逆戻りだと思う。本当に今年は何回、入院する羽目になるのだろう。

だが、心のほうは晴れ晴れとしていた。久しぶりに力をだしきることができて心地よかった。

これから先、身体のほうはどうなったとしても、この前向きさだけは失いたくないな。

思いながら笑ってみると、未来はやはり暗くなかろうと、変わらず信じることができた。

歪んだ野望が潰え、優しい奇跡が過ぎ去った薄暗い仕事場の中、背中と胸を蝕むひどい痛みに
身を捩らせながらも、私はしばらく揚々と声をあげて笑い続けた。

Après-midi
PUBLISHING

Après-midi（アプレミディ）は
2021年に東京・新宿で誕生した出版レーベルです。
「国内・海外の知られざる文化や才能の発掘と継承」を理念に、
小規模ならではのこだわりと自由な発想を大切にしながら
活動を展開しています。

https://apresmidi-publishing.com

拝み屋奇譚
災い百物語

2021年8月13日 初版第1刷発行

著者 **郷内心瞳**

発行人・編集人 富永玲奈

装丁・本文デザイン・組版 中川理子

カバー画像 Ryan McVay／The Image Bank／ゲッティイメージズ

発行所 アプレミディ
〒162-0067
東京都新宿区富久町1-9-406
TEL 070-8356-0868
FAX 03-6733-7666
https://apresmidi-publishing.com

印刷・製本 株式会社 光邦

©Shindo Gonai 2021
Printed in Japan
ISBN 978-4-910525-00-6

定価はカバーに表示しています。
乱丁・落丁本はお取替えいたします。
本書の無断転載、複製、複写（コピー）、翻訳を禁じます。